बिहार की विरासत

वाणी प्रकाशन
21-ए, दरियागंज, नई दिल्ली-110002
फोन : 011-23273167, 23275710, 41562622
फैक्स : 011-23275710
e-mail : vani_prakashan@yahoo.com

बिहार की विरासत

और नवनिर्माण की चुनौती

सम्पादक

शिवदयाल

वाणी प्रकाशन

प्रकाशन के उत्कृष्टतम 61 वर्ष

vaniprakashan.com

सजिल्द पहला संस्करण : 2006
सजिल्द दूसरा संस्करण : 2024

वाणी प्रकाशन

4695, 21-ए, दरियागंज, नयी दिल्ली-110 002

फ़ोन : +91 11 23273167, 23275710

शाखाएँ

अशोक राजपथ, पटना-800 004, बिहार

कॉफ़ी हाउस कैम्पस, महात्मा गांधी मार्ग, प्रयागराज-211 001, उत्तर प्रदेश

महात्मा गांधी अन्तरराष्ट्रीय हिन्दी विश्वविद्यालय, वर्धा-442 001, महाराष्ट्र

36/ए, शेक्सपियर सरणी, रानी बिरला गर्ल्स कॉलेज के पास, कोलकाता-700 017, प. बंगाल

sales@vaniprakashan.in
vaniprakashan@gmail.com

BIHAR KI VIRASAT AUR NAVNIRMAN KI CHUNAUTI
edited by Shivdayal

ISBN : 978-81-8143-550-7
Social Studies/Politics

मूल्य : ₹ 495

जी.एस. ऑफ़सेट द्वारा दिल्ली-110 095 में मुद्रित

वाणी प्रकाशन का लोगो मक़बूल फ़िदा हुसेन की कूची से

लोकनायक जयप्रकाश की
प्रेरणास्पद स्मृति को...

अनुक्रम

संपादकीय

विरासत से निकलती संभावना की पगडंडी

आज जो बिहार है उसकी चर्चा मात्र एक 'अवशेष प्रांत' के रूप में ही नहीं की जाती बल्कि एक 'परिघटना' के रूप में भी की जाती है। यह बात अविभाजित बिहार पर भी लागू होती थी किंतु जिन कारणों से इसे 'परिघटना' के रूप में चिह्नित किया जाता है वे सब आज के अवशेष बिहार में ही मौजूद हैं। इस मायने में 'परिघटना' के रूप में बिहार आज भी अविभाजित और अखण्ड है। फिर भी बिहार पर विमर्श मात्र एक परिघटना पर विमर्श नहीं है, न ही यह एक विशेष भू-राजनीतिक क्षेत्र के समाज-जीवन, अर्थव्यवस्था और संस्कृति पर चर्चा करने का उद्यम है। वास्तव में बिहार की इस देश में जो ऐतिहासिक स्थिति है, उसके मद्देनजर विषयवस्तु के हिसाब से (जिसमें प्रचलित विकास और गत्यात्मकता के मुद्दे शामिल हैं) बिहार को राष्ट्रीय चर्चाओं में केंद्रीय स्थान प्राप्त हो जाता है, भले ही इसकी चाहे जितनी अनदेखी की जाए। यदि हम फलक को थोड़ा और विस्तार दें और उसमें दुनिया भर के विकास और पिछड़ेपन की सार्वभौम, सार्वदेशिक चर्चाओं को शामिल कर लें तो बिहार पर विमर्श वास्तव में वैश्विक विमर्श का ही एक हिस्सा बन जाता है।

वैसे बिहार का मामला इतना जटिल दिखाई देता है कि बात कहाँ से शुरू की जाए, तत्काल यह सूझता नहीं। बिहार पर जब सोचने बैठें तो आपके हर प्रश्न का जैसे प्रतिप्रश्न (उत्तर नहीं) उछलकर सामने आता है और आपको थोड़ी देर के लिए ऐसा महसूस होता है जैसे आपने प्रश्न पूछकर कोई गलती की, या कि प्रश्न पूछना आपके अधिकार और बूते की बात नहीं। इन दिनों बिहार में सवालों के जवाब मिलने मुश्किल हैं, हाँ, सवालों पर सवाल जरूर खड़े किए जा सकते हैं। लेकिन अपने गौरवशाली अतीत के मलबे के ढेर पर बैठे बिहार के बारे में बात सवालों के साथ ही शुरू करनी होगी। क्या तमाम तरह के दूरगामी उद्देश्यों वाले परिवर्तनकारी आंदोलनों की अगुआई करने वाला बिहार स्वयं अपने लिए जड़, और कहीं प्रतिगामी भूमिका का निर्वाह करता चला आया है? क्या बिहारी समाज अतियों

में जीने वाला समाज है? बिहार सामाजिक-आर्थिक विकास की चुनौती स्वीकार करने को तैयार नहीं? क्या हिंसा, भ्रष्टाचार और अव्यवस्था को बिहार ने संस्कृति के स्तर पर समायोजित कर लिया है? क्या लांछन और उपहास का पात्र बने रहना बिहार की नियति है, यानी कि इसका कुछ नहीं किया जा सकता? बिहार के पास देश और दुनिया को देने को अब कुछ भी शेष नहीं है? वास्तव में बिहार कुछ गहरे, सिरे से खुद को बदल रहा है? यदि हाँ, तो इसकी दिशा क्या है, इसका फलितार्थ इसे आगे ले जाने वाला है या और पीछे धकेलने वाला? क्या अब भी बिहार अपने आप में एक संभावना के रूप में बचा हुआ है?

आप उपरोक्त सवालों पर ज्यों ही गौर करते हैं, बिहार विमर्श में स्वतः शामिल हो जाते हैं। कभी-कभी ऐसा लगता है कि बिहार में जो अभी एक ठहराव दिखाई देता है, उसने उसे राष्ट्रीय प्राथमिकताओं की परिधि से जैसे बाहर कर दिया है (बिहार का कुछ नहीं किया जा सकता!)। अगर कभी इसकी चर्चा होती भी है तो इस आशंका के तहत कि कहीं देश के किसी अन्य भू-भाग, संस्था अथवा महकमे को यह 'बीमारी' (जड़ता, ठहराव, ढिठाई की छुतही बीमारी!) न लग जाए, नहीं तो सत्यानाश! बिहार जैसे एक अँधेरी सुरंग है जिसके अंदर कोई झाँकना नहीं चाहता।

कभी-कभी बिहार की चिंता करते एक ऐसे मरीज का ध्यान आता है जिस पर अलग-अलग इलाज-पद्धति एक साथ चलाने की होड़ लगी हो और अंत में उसे असाध्य मानकर मरने के लिए छोड़ दिया गया हो। बिहार की 'प्रयोगशील' जमीन पर हर 'इज्म', हर 'वाद' आजमाया गया—उसकी आत्यंतिक परिणतियों तक, और अंततः बात बनी नहीं। बिहार में कुछ भी हो जाता है लेकिन 'कुछ नहीं होता'। क्या यह पराजित लोक-मन का भाव-बोध है? बिहार आज न सिर्फ पराजय बल्कि निराश्रितता का दंश भी झेल रहा है, मानो इसकी सुध लेने वाला कोई नहीं, न यूपी, न बंगाल, न दिल्ली! बँटवारे ने जैसे इसके आत्मविश्वास को बिल्कुल ही खत्म कर दिया है। जितनी सुगमता से बिहार बँटा, लगा कि बँटवारा अनिवार्य परिणति ही था, और इससे यह भी साबित हो गया कि कम से कम बिहार के अंदर बिहारी राष्ट्रीयता अथवा देश-भावना का कोई अस्तित्व नहीं है—न शासक वर्ग में, न आम जन में। पिछली सदी के आरंभ में जब बिहार बंगाल से अलग हुआ था तब बिहारी उप-राष्ट्रीयता का एक ज्वार जरूर उठ खड़ा हुआ था जिसकी उम्र सौ साल भी नहीं रही। बहुत लोग इस 'बिहारीपन' के अभाव को बिहार की वर्तमान दुर्दशा का मूल कारण मानते हैं। कई इलाकों में 'क्षेत्रीयता' अथवा 'उप-राष्ट्रीयता' की यह भावना प्रचलित विकास का माध्यम बनी भी है। इस दृष्टि से कभी-कभी यह बात सही लगती है। इस कोण से अगर हम विचार करें तो स्पष्ट होता है कि बिहार में लगभग हर काल में ऐसी आत्मकेंद्रित दृष्टि का अभाव रहा है और इसके कारण वर्तमान में नहीं, अतीत में मौजूद हैं। वैसे भी किसी एक

क्षेत्र विशेष की बदहाली के लिए यह एकमात्र कारक नहीं हो सकता, इसीलिए बिहार की वर्तमान त्रासदी के लिए इस एक कारण के अतिरिक्त आर्थिक एवं सामाजिक-सांस्कृतिक कारकों को भी जिम्मेदार ठहराया जाता है। आधुनिक समाज में व्यवस्था लाने एवं उसे सुदृढ़ रखने के लिए आर्थिक गतिविधियों का विस्तार एक अनिवार्यता है। इस क्रम में आधुनिक विकास का मुख्य एजेंट औद्योगीकरण है। औद्योगीकरण कई मायनों में आधुनिकता का भी एजेंट है। औद्योगीकरण एक व्यापक प्रक्रिया है, जिसमें समाज-जीवन का प्रायः हर क्षेत्र समाविष्ट होता है। यह एक सच्चाई है कि आधुनिक विश्व-समाज औद्योगीकरण की ही बुनियाद पर टिका है। वर्तमान बिहार में इस दृष्टि से उद्योगों की अनुपस्थिति किसी अजूबे से कम नहीं है। यह बात सिर्फ बड़े उद्योगों के लिए नहीं कही जा रही। अखण्ड बिहार में भी झारखण्ड रहित क्षेत्रों में उद्योगों की उपेक्षा की गई।

लेकिन औद्योगीकरण का अभाव व आर्थिक गतिविधियों के संकुचन मात्र से ही आज के बिहार की पहचान नहीं होती। बिहारी समाज समाज-विज्ञानियों के लिए कम रहस्यमय और रोचक विषय नहीं है। जातिग्रस्तता ऊपरी तौर पर इसकी सर्वमान्य पहचान अवश्य है, किंतु बिहारी समाज में बढ़ती हिंसा और नृशंसता का एकमात्र कारण जाति नहीं है। अभी तक बिहार सहित समूचे भारत में भ्रष्टाचार के सांस्थानिकीकरण की बात स्वीकार की जाती रही है, किंतु पिछले बीस-एक सालों में हिंसा और अपराध का भी सांस्थानिकीकरण जिस तरह से बिहार में हुआ है उसने जैसे बिहार में रही-सही संभावनाओं को भी धूमिल कर दिया है। बिहार में संभावना का सबसे वृहत् क्षेत्र कृषि है और संगठित हिंसा के सबसे बड़े शिकार बिहार के गाँव रहे हैं। बिहार में हिंसा के कितने ही रूप हैं–'विचारधारा' से लेकर लफंगई और गुंडागर्दी या 'रंगदारी' तक। इसमें अगर स्टेट-वॉयलेंस या राज्य द्वारा की जा रही हिंसा को शामिल कर लें तो स्थिति और भी भयावह नजर आने लगती है। मानवाधिकारवादी बिहार को मानवाधिकार के आखेट-स्थल के रूप में चिह्नित करते हैं।

आज भारतीय रेलें बिहारी-पहचान की सबसे बड़ी संवाहक हैं। रेलों में ठुँसे बिहार के कोने-कोने से देश भर में रोजगार की तलाश में भटकते, उपेक्षा, अपमान और जलालत का दंश झेलते बिहारी मजदूरों से बिहार को पहचान मिलती है। ये अनाम, बेआवाज श्रमजीवी आतंकवाद/उग्रवाद प्रभावित इलाकों में अक्सर सोते हुए 'अनचक्के' मारे भी जाते हैं। चाहे वह जामनगर का पेट्रोकेमिकल कॉम्प्लेक्स हो या लेह-लद्दाख के सीमावर्ती क्षेत्रों की जमा देने वाली ठंडक में सीमा सड़क संगठन की कोई अतिसंवेदनशील सड़क परियोजना–वे हर कहीं हैं! उनके श्रम-स्वेद के बिना भारतवर्ष में कोई परियोजना खड़ी नहीं होती। अपनी जमीनी वास्तविकताओं को अपने पक्ष में बदलने में नाकाम रहे ये 'पलायित' मजदूर अपने-अपने कार्यक्षेत्रों में भी अपना कोई समवेत-स्वर बना पाने में नाकाम रहते हैं और संभवतः सबसे

सस्ती दर पर अपना श्रम बेचने को विवश होते हैं। तब भी इन पलायित मजदूरों की कमाई से बिहार के गाँवों को जिंदा रहने भर की खुराक मिलती है, और लगता है जैसे ये ग्रामीण बिहार की लाइफ-लाइन हैं।

पलायन सिर्फ श्रमजीवियों का हो रहा हो—ऐसी बात नहीं। बिहार से हर वर्ष बड़ी संख्या में बिहारी छात्र उच्च शिक्षा के लिए अन्य राज्यों में 'पलायन' करते हैं। अब तो माध्यमिक शिक्षा के लिए भी संपन्न अभिभावक अपने बच्चों को बाहर भेजने लगे हैं। 'बुद्धि' के इस पलायन में उल्लेखनीय बात यह है कि अनेक शिक्षा केंद्रों में आज 'बिहारी छात्रों' ने अपनी मेधा की धाक (या आतंक?) जमा ली है। मुश्किल यह है कि एक बार बिहार के बाहर कदम रखते ही ये छात्र 'राष्ट्रीय' और 'अंतर्राष्ट्रीय' हो जाते हैं, इनकी मेधा का लाभ स्वयं बिहार नहीं उठा पाता। ये स्थितियाँ बिहार में शिक्षा और रोजगार की स्थिति की संकेतक हैं।

किंतु पिछले तीन दशकों में जिस कारण से बिहार पूरी दुनिया में चर्चा में रहा है, जिसके कारण इसे एक घृणा-मिश्रित जुगुप्सा के साथ देखा जाता रहा है, वह है—एक पर एक, क्रमबद्ध ढंग से अंजाम दिए जा रहे नरसंहारों का सिलसिला। हर नरसंहार बिहार के माथे पर कलंक का एक और टीका गोद देता है।

इन 'कार्रवाइयों' में एक समूह सीधे अपने प्रतिद्वंद्वी समूह को निशाना नहीं बनाता बल्कि प्रतिद्वंद्वी के 'समर्थकों' अथवा 'स्वजातियों' को निशाना बनाया जाता है—वृद्धों, महिलाओं, यहाँ तक कि बच्चों को भी नहीं बख्शा जाता। बिहार में इस तरह 'वर्ग शत्रुता' की परंपरा का निर्वाह हो रहा है—निरपराध, निरीह, मासूम लोगों को मौत के घाट उतार कर। इसीलिए इन इकतरफा कार्रवाइयों को 'नरसंहार' कहा जाता है, न कि सामूहिक हिंसा, या 'ग्रुप क्लैश'। पूर्णिया के रूपसपुर चंदवा में 1971 में पहले जनसंहार को अंजाम देने वाले वहाँ के संपन्न भूमिपति थे जिसमें आदिवासी बटाईदारों को मार दिया गया था। पुनः 1977 में बेलछी नरसंहार हुआ जिसमें 15 दलितों की नृशंस हत्या हुई। इसके बाद एक लंबी सूची है जिसमें नित नई घटनाएँ जुड़ती चली जाती हैं। इन नरसंहारों का शिकार अगड़े, पिछड़े और दलित, सभी हुए। हिंसा-प्रतिहिंसा के इस बीभत्स दौर में नक्सल आंदोलन स्वयं गतिरोध का शिकार हो गया है, और प्रभावित इलाके के लोग न सिर्फ 'सामंत बनाम सर्वहारा' की लड़ाई में फँस रहे हैं, बल्कि कामरेडों की आपसी हिंसक कार्रवाइयों में भी मारे जा रहे हैं। नतीजतन बिहार के गाँवों में न समाजवाद आ रहा है, न पूँजीवाद (अथवा सामंतवाद) बल्कि घृणा, बर्बरता और अराजकता के पौ बारह हो रहे हैं।

यह एक सच्चाई है कि आजादी के बाद से बिहार में बड़े भूपतियों की संख्या बहुत घटी है और बड़े भू-धारी घराने लगातार टूटते रहे हैं। ग्रामीण बिहार उत्पादन के साधनों के स्वामित्व के लिहाज से आज की तारीख में 'सामंतवाद' का 'क्लासिकल' उदाहरण नहीं है, संस्कृति के लिहाज से जरूर है। किंतु हिंसक माहौल में सांस्कृतिक

स्तर पर किसी हस्तक्षेप की संभावना समाप्तप्राय हो जाती है। तथ्य तो यह है कि मण्डल के ज्वार के बाद से बिहार के गाँव अंदर से काफी बदले हैं, और यह लोकतंत्र के जरिए ही संभव हो सका है। यह बदलाव एक व्यापक नवजागरण में बदला जा सकता था लेकिन एक ओर तो वोट की राजनीति और दूसरी ओर हिंसा-प्रतिहिंसा के अंतहीन सिलसिले से नवजागरण का यह प्रस्थान-बिंदु ही विलुप्त हो गया।

आज लगभग हर आँकड़ा बिहार के खिलाफ है, चाहे वह उद्योग हो, व्यापार हो, कृषि हो, शिक्षा हो, रोजगार हो, आबादी हो, स्त्री-पुरुष अनुपात हो, या फिर कानून-व्यवस्था हो। आज बिहार सबसे कम शहरी आबादी वाला राज्य है, सबसे कम खनिज संसाधनों वाले राज्यों में शामिल है बिहार। यही नहीं, सबसे कम साक्षरता दर भी बिहार की है। राजस्व वसूली के क्षेत्र भी सिकुड़ गए हैं। अर्थव्यव्यवस्था ढलान पर है। राज्य स्वयं अपने कर्मचारियों को तनख्वाह तक देने की स्थिति में नहीं है। कितने सरकारी निगम-निकाय बंद हो गए, कितने कर्मचारियों को सालों से वेतन नहीं मिला। आए दिन आत्महत्या की खबरें सुर्खियाँ बनती हैं। हत्या से लेकर आत्महत्या तक, त्रासदियों की लंबी शृंखला है। नौजवान बेकार हैं। सरकार अपने संसाधनों से उन्हें रोजगार मुहैया कराने की स्थिति में नहीं है, जबकि उद्योगविहीन, विकासविहीन माहौल में रोजगार के नए अवसर सृजित नहीं हो रहे। कृषि क्षेत्र पर सबसे भारी बोझ है, लेकिन कृषि को कहीं बाढ़ लील रही है (आबादी का सर्वाधिक घनत्व बाढ़प्रवण इलाकों में है) तो कहीं जमीन परती पड़ी है। अब तो बिहार के विकास को लेकर, इसे वर्तमान दलदल से बाहर निकालने में सरकार की भूमिका भी बहस के बाहर हो गई है। सरकार की भूमिका-विहीनता के मद्देनजर अब कोई नहीं कहता कि राज्य को क्या करना चाहिए। कुछ करने की जिम्मेदारी और मजबूरी अब स्वयं बिहार की जनता पर है, जबकि बिहार में समुदाय टूटा हुआ है। टूटे हुए समुदाय को नए सिरे से कैसे जोड़ा जा सकता है कि एक नया विहान हो—यह लाख टके का सवाल है। समुदाय का टूटना सिर्फ राजनीतिक कारणों से नहीं है बल्कि सहज, श्रम आधारित, आत्मनिर्भर आर्थिक प्रक्रियाओं को पराश्रित, मशीन व पूँजी आधारित विकास की वर्तमान वैश्विक आर्थिक प्रक्रियाओं द्वारा विस्थापित करने के कारण है। टूटा हुआ समुदाय बिहार में पंचायती राज के लिए भी एक विषम चुनौती है। हाल के पंचायत-चुनावों से जो तस्वीर बनती है उसमें समकालीन राजनीति के समस्त छल-छद्‌म अंतिम इकाई, यानी ग्राम तक पहुँचने के साफ संकेत मिलते हैं। ऐसे में अगर यही प्रवृत्ति जारी रही तो पंचायती राज के माध्यम से सामाजिक-आर्थिक-राजनीतिक जड़ता तोड़ने की संभावना भी धूमिल पड़ जाएगी। वास्तव में 'समुदाय' पंचायती राज की पूर्व शर्त है। ऐसे में पंचायती राज संस्थाओं पर मात्र स्वयं को सक्षम और प्रभावी सिद्ध करने का ही नहीं बल्कि नए सिरे से समुदाय को बनाने और खड़ा करने का दबाव भी है। यह चुनौती विषम है लेकिन यह संभावनाओं का विशाल

क्षेत्र है। इस पर कल का समाज टिका है। पंचायती राज संस्थाओं के सशक्तीकरण से ग्रामसमुदाय की सरकारी तंत्र पर निर्भरता कम होती जाएगी और इससे नौकरशाही पर लगाम कसी जा सकेगी। दूसरे, इसके माध्यम से कहीं ज्यादा पारदर्शी व्यवस्था कायम हो सकेगी, जिस पर स्थानीय समुदाय का स्थायी दबाव होगा कि वे परिणाम दें। तीसरे कि इससे गाँवों में शांति, सौहार्द और परस्पर सहयोग की दिशा बन सकेगी। किंतु उपरोक्त के लिए पूर्व शर्त होगी कि ये संस्थाएँ अपने को अपराध, भ्रष्टाचार और क्षुद्र राजनीति के दुश्चक्र से कितना बचा पाती हैं। साथ ही शासन के स्तर पर उन्हें कितना सहयोग मिल पाता है।

ऊपर कहा गया कि कुछ करने की जिम्मेदारी और मजबूरी अब स्वयं बिहार की जनता पर है। सच तो यह है कि बिहार के लोगों ने अपनी दुर्द्धर्ष जिजीविषा की बदौलत अपने दम पर जीने के साधन जुटाए हैं। उन्होंने तमाम प्रतिकूलताओं को अनुकूलताओं में बदलने की कोशिश जारी रखी है। ऊपर से जड़ दिखने वाले बिहारी समाज में गत्यात्मक अंतरण का दौर चल रहा है। कृषि उपज से लेकर शिक्षा तक के क्षेत्र में स्वयं जनता की पहलकदमी ने नए रास्ते खोले हैं। इसका प्रमाण यह है कि बिहार में विगत वर्षों में कितनी ही कठिनाइयों के बावजूद कृषि-उत्पादन का रिकार्ड अच्छा रहा है। बिहार में आबादी का सबसे ज्यादा घनत्व बाढ़-प्रवण इलाकों में है। वहाँ लोगों ने बाढ़ के साथ रहने की अलग जीवन-शैली विकसित की है। शिक्षा के क्षेत्र में शासन की निष्क्रियता से राज्य में पढ़ाई-लिखाई ठप्प नहीं हुई, बल्कि निजी और स्वैच्छिक स्तरों पर विद्यालयों का जाल बिछ गया। रोजगार की तलाश में पलायित मजदूरों की थोड़ी-बहुत कमाई से ही सही, गाँवों में एक नया आर्थिक आधार बनता दिखाई दे रहा है।

दूसरी ओर बिहार में प्रगतिशील आंदोलनों की परंपरा (लेगैसी) अब भी कायम है। अब संभवतः उसका स्वरूप बदल गया है, आज इस परंपरा की उपस्थिति स्वयंसेवी क्षेत्र में काम कर रहे हजारों कार्यकर्त्ताओं में भी देखी जा सकती है। भले ही इस क्षेत्र के अपने दबाव हों, किंतु अब भी राष्ट्रीय-अंतर्राष्ट्रीय महत्त्व के मुद्दों पर आवाज यहीं से उठती है। आज भी बाजारवाद के खिलाफ जितनी आवाजें बिहार में उठ रही हैं, उतनी अन्यत्र नहीं। बिहार में कमियाँ बेशक हैं, लेकिन कभी-कभी तो लगता है जैसे बिहार को चुप कराने के लिए इसे नीचा दिखाने की कोशिश की जाती है। बिहार सदियों से मूल्य-निर्माण का क्षेत्र रहा है। बिहार में अतियाँ हैं लेकिन अब भी बिहार मनुष्य को 'आर्थिक प्राणी' मात्र मानने की अति से बचा हुआ है, इसीलिए मनुष्य को एक सामाजिक और नैतिक प्राणी रहने देने की जिम्मेवारी भी बिहार पर ही ज्यादा है। यह सवाल आधुनिक सभ्यता के मूल्य-बोध से टकराता है जो मनुष्य को जिंस बनाने पर आमादा है। वास्तव में बिहार की यही विरासत विकास के प्रचलित ढाँचे और मानदण्ड के लिए चुनौती बनकर खड़ी है। इन्हीं अर्थों में बिहार

के नवनिर्माण का महत्त्व समझ में आता है। इस पुस्तक की तैयारी और प्रकाशन के पीछे यही दृष्टि काम करती रही है। इसके लिए सुविज्ञ तथा अपने कार्यक्षेत्र में सुख्यात व्यक्तियों से आलेख आमंत्रित किए गए। इनमें चिंतक, समाजविज्ञानी, अर्थशास्त्री, लेखक, पत्रकार तथा जनकर्मी आदि शामिल हैं जो प्रकारांतर से बिहार में जारी जड़ता को तोड़ना चाहते हैं। इन्होंने उन विषयों पर लिखा है जो वास्तव में सिर्फ समस्या न होकर संभावना के क्षेत्र भी हैं।

इस पुस्तक की योजना उस समय बनी जब झारखण्ड राज्य के निर्माण का मार्ग प्रशस्त हो चुका था। मैं सौभाग्य मानता हूँ कि मुझे इस काम में किशनजी, सच्चिदा बाबू, ईश्वरी बाबू एवं महेंद्र नारायण कर्ण समेत समस्त लेखकों का स्नेह-सहयोग-मार्गदर्शन प्राप्त हुआ और उन्होंने कृपापूर्वक अपने आलेख दिए। जो मित्र योजना और विमर्श के स्तर पर आरंभ से ही मेरे साथ रहे उनमें खास तौर पर प्रियदर्शी के प्रति मैं आभार प्रकट करता हूँ। समय-समय पर सर्वश्री अनिल प्रकाश, नंद किशोर सिंह, विपेंद्र, सफदर इमाम कादरी तथा रणजीव ने जो मदद की, उसके लिए उनका आभारी हूँ। मैं प्रो. विनय कुमार कंठ तथा डॉ. जयमंगल देव को भी उनके सहयोग के लिए धन्यवाद देता हूँ। अपने युवा-मित्रों—सर्वश्री अरुण नारायण, हरे प्रकाश उपाध्याय तथा मृत्युंजय कुमार सिंह का भी आभारी हूँ जो हर समय मेरी मदद के लिए उपलब्ध रहे।

पुस्तक प्रकाशन में संस्थागत सहयोग के लिए मैं ईस्ट एण्ड वेस्ट एजुकेशनल सोसाइटी, पटना तथा सेंटर फॉर सोशल डेवलपमेंट एण्ड स्टडीज (सी. एस. डी. एस.), पटना के प्रति भी आभार व्यक्त करता हूँ।

मैं डॉ. शैलेश्वर सती प्रसाद तथा अपने कथाकार मित्रों—सर्वश्री भगवती प्रसाद द्विवेदी एवं शेखर के प्रति भी कृतज्ञता प्रकट करता हूँ जिन्होंने कठिन अवसरों पर मेरा उत्साह बनाए रखा और हमेशा सहयोग के लिए तत्पर रहे। कई अवसरों पर श्री विजयरंजन पाठक ने मेरे साथ जो श्रम किया उसके लिए उन्हें हृदय से धन्यवाद देता हूँ। पांडुलिपि तैयार करने में सर्वश्री शंभु कुमार कर्ण, मुकुल एवं रौनक ने जो सहयोग किया उसके लिए उनका आभारी हूँ। साथ ही अपनी बहन, डॉ. किरण बाला प्रसाद एवं पत्नी श्रीमती आभा सिन्हा तथा पुत्री सोना समेत परिवार के प्रत्येक सदस्य और श्री अनिल कुमार समेत सभी इष्ट-मित्रों के प्रति न सिर्फ कृतज्ञता बल्कि धन्यता और गौरव का अनुभव भी करता हूँ कि वे बराबर मेरे साथ रहे।

मुझे हर्ष है कि पुस्तक का प्रकाशन जेपी जन्मशती वर्ष में हो रहा है। आशा करता हूँ कि जिन्हें बिहार और बिहार के लोगों से प्यार है और जो वास्तव में इस अनोखे प्रदेश के लिए कुछ करना चाहते हैं, उन्हें इस पुस्तक से अवश्य ही एक दृष्टि मिलेगी। इस दिशा में पुस्तक अपनी उपयोगिता सिद्ध करे, यही इसका अभीष्ट है।

—शिवदयाल

पटना

बिहार की विरासत और वर्तमान नेतृत्व

❒ किशन पटनायक

अभी तक लिखे गए इतिहास के अनुसार बिहार लंबे समय तक भारतीय राष्ट्र के ऐतिहासिक अभ्युदय के केंद्र में रहा। क्रांतियों और विद्रोहों का उद्‌गम यहाँ से हुआ, जिनका लक्ष्य मनुष्य समाज को उदार और मानव कल्याणकारी बनाना था। महावीर जैन तथा गौतम बुद्ध के सघन प्रचार का यह क्षेत्र रहा; और बाद में दुनिया के सर्वश्रेष्ठ राजा भी यहाँ से हुए। चंद्रगुप्त मौर्य से अशोक मौर्य तक का काल भारतीय इतिहास का एक ऐसा कीर्तिमान रहा जो हमेशा बिहार राज्य का आदर्श बना रहना चाहिए। संस्कृत साहित्य से उपलब्ध जानकारी के हिसाब से चंद्रगुप्त शूद्र था। सम्राट अशोक उसका पोता था। 1992 में लालू प्रसाद यादव और उनके साथ शूद्र राजनीति के उत्थान ने चंद्रगुप्त की याद ताजा कर दी थी, कल्पना में चंद्रगुप्त इसी तरह कम उम्र और नाक-नक्शे का दिखाई पड़ा। चंद्रगुप्त और लालू प्रसाद की तुलना आगे नहीं बढ़ पाती है। चंद्रगुप्त के दरबार में चाणक्य था, चापलूसों की जमात नहीं। चंद्रगुप्त महान योद्धा था जिसने अपना शेष जीवन जैन संन्यासी की तरह बिताया (जैन साहित्य के अनुसार)। अशोक ने युद्ध से मुँह मोड़ लिया और बौद्ध होकर 'धम्म' का संवाहक बना। यानी दो महान दार्शनिक आदर्शों को लोकजीवन में उतारने का काम इस वंश के राजाओं ने किया। भारत का सर्वश्रेष्ठ ब्राह्मण राजनेता कौटिल्य था। वह भारत का प्रथम राष्ट्र निर्माता था (राजा न होते हुए)। मगध उसका विशेष क्षेत्र हो गया। विशाल मेधा वाला यह ब्राह्मण वशिष्ठ परंपरा का नहीं था। द्विज-क्षत्रिय राजत्व को दृढ़ करने के लिए वशिष्ठ ने राम द्वारा शूद्र संन्यासी का शिरोच्छेद कराया था। उसी परंपरा के पंडितों ने शिवाजी को राज्याभिषेक के लिए अयोग्य घोषित किया। कौटिल्य ने एक शूद्र को सम्राट बनाकर वर्णव्यवस्था को कट्टर न होने देने के लिए 'अर्थशास्त्र' की रचना की, ताकि कट्टर वर्णव्यवस्था के चलते भारतीय नगर

राज्य-व्यवस्था कमजोर न हो जाए। चंद्रगुप्त कोई सामान्य सूझ-बूझ का आदमी नहीं था। अगर सामान्य सूझ-बूझ का होता तो एक बार स्थापित हो जाने के बाद संकीर्ण स्वार्थ से या चापलूसों की कुमंत्रणा में फँस कर उसने कौटिल्य को मरवा दिया होता या भगा दिया होता। फिर वह (चंद्रगुप्त) बिहार का निर्माता न होता।

यह है बिहार की विरासत की पहली कड़ी। विरासत एक प्रकार की स्मृति है। यह स्मृति मानसिक तथा शारीरिक दोनों स्तरों पर होती है। यह खून में होती है और अवचेतन में होती है, उसी तरह काम करती है जैसे जीन (Gene)। यह जरूरी नहीं है कि हमारे कार्यकलापों में हमारी विरासत की सारी संभावनाएँ सक्रिय होती हों, किसी वंश की दो-तीन पीढ़ियों में अगर प्रतिभा का असाधारण विकास हुआ तो बाद की पीढ़ियों में भाटा आ सकता है। भौगोलिक क्षेत्रों के जनसमूहों के विकास का कोई नियम अभी तक मानव शास्त्र द्वारा उन्मोचित नहीं हुआ है। आनुवंशिक नियम भी स्पष्ट नहीं हो पाए हैं। इसलिए समूहों की विरासत की बात सिर्फ एक धारणा है—खोज के लिए एक अवधारणा है। यह सामूहिक पहचान बनाने का एक औजार है, क्षेत्रीय इतिहास के बारे में सचेतन होने पर उस इतिहास में सबकी भागीदारी का प्रतीक विरासत है। हालाँकि विरासतों को सूत्रबद्ध करने का कोई शास्त्र या पद्धति नहीं है। विरासत सिर्फ गौरवमयी और सकारात्मक नहीं होती है, अगर सकारात्मक विरासत है तो नकारात्मक विरासत भी होनी चाहिए। विरासत सिर्फ प्रेरणादायक नहीं होनी चाहिए, नकारात्मक विरासत से चेतावनी भी मिलनी चाहिए। अपने इतिहास को संवेदनशील होकर देखने से दोनों तरह की संवेदनशील विरासतें दिखाई पड़ सकती हैं।

गाँधी ने भारत में सत्याग्रह का पहला प्रयोग-क्षेत्र बिहार को बनाया और उसमें बिहारवासियों की शानदार भागीदारी रही। स्वतंत्रता आंदोलन के नेतृत्व में बिहार का अच्छा-खासा योगदान रहा। लेकिन यह योगदान स्वातंत्र्योत्तर बिहार के नवनिर्माण में सहायक नहीं हुआ। यह बात पूरे भारत के लिए भी कही जा सकती है। लेकिन बिहार के बारे में कहने के लिए स्वतंत्रता आंदोलन के बिहारी नेताओं का जिक्र करना पड़ेगा जिनमें सर्वोच्च स्थान राजेंद्र प्रसाद को मिला हुआ है। राजेंद्र प्रसाद न क्रांतिकारी थे, न मनीषी थे। नेतृत्व की अन्य योग्यताओं के अलावा कर्त्तव्यनिष्ठ, सादगीपूर्ण और समर्पित जीवन के कारण उनको इतना ऊँचा स्थान मिला और वह स्वतंत्र भारत के प्रथम राष्ट्रपति चुने गए। उनकी कुछ कमियाँ थीं जिनके कारण वह स्वातंत्र्योत्तर बिहार के नवनिर्माण में कभी प्रेरणा का स्रोत नहीं बन पाए। उनकी सामाजिक दृष्टि रूढ़िवादी विरोधी नहीं थी। स्वतंत्रता आंदोलन के नेता राजेंद्र प्रसाद के प्रति डॉ. लोहिया की श्रद्धा अवश्य थी, लेकिन आजाद हिंदुस्तान के नवनिर्माण के लिए राजेंद्र प्रसाद अप्रासंगिक हो गए। इस संबंध में लोहिया ने अपनी बेबाक टिप्पणी की थी जब राष्ट्रपति रहते हुए राजेंद्र प्रसाद ने सार्वजनिक ढंग से काशी में ब्राह्मणों

के चरण धोए। इस कर्मकांड के द्वारा उन्होंने अपने को मनुवादी जातिप्रथा का पोषक बना दिया। चंपारण सत्याग्रह बिहार में क्रांतिकारी भूमि-सुधार आंदोलन की पहली कड़ी हो सकता था। उसकी संभावनाओं को रोकने वालों में भी राजेंद्र प्रसाद जाने-अनजाने शामिल हो गए थे। कांग्रेसजनों ने शासक बन जाने पर चंपारण के अंग्रेज भूस्वामियों से मुक्त कृषि भूमि को आपस में बाँटना शुरू कर दिया था। लाभान्वित नेताओं की सूची में राजेंद्र प्रसाद का भी नाम रहा।

यह बात इसलिए महत्त्वपूर्ण है कि अंग्रेज भूस्वामियों के विरुद्ध लड़े गए चंपारण सत्याग्रह से भूमि और किसान संबंधी सुधारों की क्रांतिकारी परंपरा बननी चाहिए थी। बड़े भूस्वामियों का आधिपत्य और गैरहाजिर भूपति का होना बिहार की आर्थिक अवस्था में गतिहीनता का अभी तक प्रधान कारण बना हुआ है। अंग्रेज भूस्वामियों से मुक्त किए गए कृषि क्षेत्र को अगर भूमिहीनों और सीमांत किसानों को देकर सहकारी खेती का मॉडल शुरू किया जा सकता था जो शेष बिहार के लिए भी आदर्श बनता और वहीं से भूमि की मिल्कियत तथा कृषि के ढाँचे की एक नई धारा शुरू हो जाती। लेकिन गैरहाजिर भूस्वामियों का एक नया वर्ग चंपारण में ही पैदा कर दिया गया और भारत के प्रथम राष्ट्रपति को उसी में शामिल कर दिया गया। निश्चय ही यह एक विपरीत लक्षण था, नील की खेती कराने वाले अंग्रेज भूस्वामियों से इस वर्ग का अधिक सामंजस्य बनता है। दूध में मक्खी इसी तरह गिरी।

चंपारण सत्याग्रह पराधीनता से मुक्ति के आंदोलन की ही एक घटना नहीं थी, असली किसानों के शोषण और कृषि में अन्याय के विरुद्ध भी इसका एक मतलब निकलना चाहिए था जो कांग्रेस के नेतृत्व ने नहीं होने दिया, इसके लिए बड़े से बड़े कांग्रेस नेता दोषी हैं। नेहरू परिवार के पास फार्महाउस कहाँ से आ गया और राजेंद्र प्रसाद के परिवार को चंपारण की जमीन कैसे मिल गई?

बिहार के साम्यवादी आंदोलन में नेतृत्व हमेशा उच्चजाति का रहा, और समाजवादी आंदोलन का भी नेतृत्व 1955 तक उच्चजातीय रहा। उच्च जाति के होने के बावजूद साम्यवादी और समाजवादी नेतृत्व को भूमि में न्याय दिलाने का आंदोलन करना पड़ा क्योंकि ग्रामीण क्षेत्र में शोषण विरोधी संघर्ष का मुख्य मुद्दा भूस्वामियों से जुड़ा हुआ था। कहीं कोई खोट थी, क्योंकि साम्यवादी और समाजवादी राजनेता साठ के दशक से ही प्रभावशाली होने लगे, और सत्ता में आते-जाते रहे। न समाजवादियों ने, न साम्यवादियों ने, (न सर्वोदय वालों ने) बिहार में कभी भूमि की मिल्कियत में मौलिक परिवर्तन के लिए बड़ा आंदोलन किया। बड़े आंदोलन का मतलब है लंबे समय तक अभियान चलाना और बीच-बीच में संघर्ष करना। ऐसा किसी भी नेतृत्व की ओर से नहीं हुआ। गैरहाजिर भूस्वामियों के सवाल को किसी ने उठाया भी नहीं। एक सरल और पाखंडी उत्तर है, हम 'जोतने वाले को जमीन' की बात कहते रहे

हैं तो क्या उसमें गैरहाजिर भूस्वामी नहीं आते हैं? जी नहीं, तबीयत खराब है कहने से यह जानकारी नहीं बनती है कि कैंसर है, या कोढ़ हुआ है। मजदूरी बढ़ाने और बटाईदारों का हिस्सा बढ़ाने का आंदोलन निरंतरता के साथ कम्युनिस्टों ने किया है। समाजवादियों ने कुछ समय तक किया है लेकिन बड़े भूस्वामियों की और गैरहाजिर भूपतियों की समाप्ति के लिए कोई गंभीर आंदोलन नहीं हुआ है। चंपारण सत्याग्रह की विरासत को आगे नहीं बढ़ाया गया है।

जयप्रकाश नारायण भूमि सुधार के बारे में ज्यादा संवेदनशील थे, लेकिन सर्वोदय के अंदर जमीन की मिल्कियत और कृषि के ढाँचे के संबंध में कोई स्थिर नीति नहीं थी। 1967 में बिहार में संविद सरकार बनने के बाद जे.पी. ने कई बार भूमि-सुधार का सुझाव दिया था। 1974 में आंदोलन के समय उनके कुछ सहयोगियों ने मिल्कियत का सवाल उठाया और बोधगया में भूमि आंदोलन की शुरुआत हुई। बाद में जयप्रकाश नारायण के द्वारा संगठित छात्र-युवा संघर्ष वाहिनी ने बोधगया भूमि आंदोलन को लंबे संघर्ष का रूप दिया और उसे सफल बनाया। मिल्कियत और भूमि के बँटवारे के सवाल के ऊपर इतना बड़ा और कामयाब भूमि आंदोलन बिहार में और किसी ने नहीं किया। चंपारण की परंपरा यहाँ आकर पुष्ट हुई, विरासत से एक आगे की कड़ी बनी। लेकिन इसकी भी कोई धारा नहीं बनी, एक क्षेत्र की एक घटना के रूप में सीमित हो गई। क्योंकि छात्र-युवा संघर्ष वाहिनी ने कभी क्रांतिकारी राजनीति की दिशा में अपने को परिवर्तित नहीं किया। अगर करती भी तो क्या वह प्रभावशाली बन पाती? जनता दल, साम्यवादी तथा सर्वोदय समूहों में इस महत्त्वपूर्ण घटना को (बोधगया को) व्यापक राज्यस्तरीय रूप देने का कोई आग्रह नहीं था, इसलिए अकेले छात्र-युवा संगठन क्या कर पाता? आज की स्थिति में भूमिसंघर्ष की साम्यवादी विरासत को बिहार की मार्क्सवादी लेनिनवादी पार्टी (माले) ने एक निरंतरता दे रखी है। इस समूह के क्रांतिकारी तेवर और चरित्र के बावजूद कोई बड़ा भूमि आंदोलन या किसान आंदोलन उसकी विचारधारा से निकलना संभव नहीं है। विरासत में ही त्रुटिपूर्ण विचार उन्हें मिला है। उस विचार में दो मौलिक त्रुटियाँ हैं : पहली यह कि समाज को बदलने के लिए या अर्थव्यवस्था को मौलिक रूप से बदलने के लिए किसानों की कोई मुख्य भूमिका नहीं हो सकती, यह काम सिर्फ पूँजीवादी व्यवस्था के संगठित क्षेत्र के मजदूर कर सकते हैं। उनकी तुलना में किसान या तो प्रतिगामी हैं या ज्यादा से ज्यादा एक सहयोगी भूमिका के योग्य हैं। दूसरी त्रुटि यह है कि कम्युनिस्टों की समाजवादी व्यवस्था में छोटे किसान का कोई स्थान नहीं है। वह या तो सरकारी फार्म का मैनेजर होगा या खेतिहर मजदूर होगा। फिर भी किसान का क्रांति के लिए इस्तेमाल किया जा सकता है। वैचारिक त्रुटियों के बावजूद कम्युनिस्टों का जब क्रांतिकारी तेवर और चरित्र रहता है तो वे किसानों के एक तबके को संघर्षशील बना लेते हैं। बिहार में यह प्रयोग एक

बंद गली तक आ पहुँचा है। विरासत की कमजोरियों को सुधारने का समय आ गया है।

बिहार डॉ. राम मनोहर लोहिया का भी एक प्रयोग क्षेत्र रहा—खासकर इस राज्य की राजनीति में शूद्र नेतृत्व स्थापित करने के लिए। इसमें सफलता भी मिली। समाजवादी आंदोलन की एक धारा 1956 से लोहिया के नेतृत्त्व में चली और सारे देश में समाजवादी आंदोलन के हाशिए पर पड़े कुछ लोग लोहिया की धारा में शामिल हुए, जिनको लोहिया ने 'शिवजी की बारात' भी कहा। मुख्य धारा के लोग उनसे अलग रहे। बिहार में लोहिया का साथ देनेवाले लोग पिछड़े वर्ग के थे, कारण कि लोहिया ने अपनी जाति-नीति का सघन प्रचार शुरू किया था, और डॉ. अंबेडकर से मिलकर एक संयुक्त दल बनाने का प्रस्ताव रखा था। आठ साल बाद यह धारा व्यवस्थित हो सकी और बिहार में एक पूरा शूद्र कार्यकर्ता दल तैयार हो चुका था। कर्पूरी ठाकुर बिहार में दल के सबसे महत्त्वपूर्ण नेता बने। उसके बाद बिहार के सार्वजनिक जीवन में शूद्र प्रभाव बढ़ता ही गया, 1992 में लालू प्रसाद यादव इसके उत्तराधिकारी हुए। जाति-नीति (जाति विनाशनीति + आरक्षण नीति) बिहार में लोकप्रिय हुई। लेकिन आर्थिक नीतियों का कोई प्रयोग नहीं हो पाया। वर्ग संगठन के मामले में लोहिया का झुकाव किसानों की ओर था। छोटे किसानों की और अधिक राजनीतिक रूप से दृढ़ बनाना उनका एक लक्ष्य रहा। इसलिए 'अनार्थिक जोत' का सवाल उन्होंने बार-बार उठाया और दो एकड़ तक के किसानों को कर के बोझ से मुक्त रखने के लिए, उनको मुफ्त सिंचाई मुहैया करने के लिए लोहिया का दल माँग करता रहा। उनके अनुयायियों ने इस कार्यक्रम को एक औपचारिकता के रूप में ग्रहण किया, जब कि इसका मकसद यह था कि किसान समूह का राजनीतिक प्रतिनिधित्व छोटा किसान करे। अब तक किसान आंदोलन के नाम से जितने आंदोलन होते रहे हैं उनमें शीघ्र ही एक धनी किसान नेतृत्व हावी हो जाता है और आंदोलन की क्रांतिकारी संभावनाओं को नष्ट कर देता है। लोहिया द्वारा उठाए गए बिहार के शूद्र नेताओं ने पिछड़ों के उत्थान पर ही ध्यान केंद्रित किया, भूमि समस्या को कभी गंभीरता से नहीं लिया। कर्पूरी ठाकुर व्यक्तिगत रूप से भूमिहीनों तथा कमजोर किसान के प्रति सहानुभूतिशील थे, लेकिन कुल मिलाकर बिहार का समाजवादी नेतृत्व भूमि के सवाल पर उदासीन रहा। बिहार के पिछड़े नेतृत्व में धनी किसानों का एक तबका था, जो अपने वर्ग-स्वार्थ से ऊपर नहीं उठ सका। लोहिया अगर जीवित होते तो क्या करते यह मालूम नहीं, लेकिन लोहिया की अकाल मृत्यु (1967) के बाद शूद्र नेतृंत्व का झुकाव जातिवादी राजनीति के प्रति होता गया। उच्च तथा मध्य जातियों के लोग जातिवादी राजनीति को तीव्र करने लगे, प्रकट ढंग से करने लगे। जातिवादी राजनीति की वेदी पर भूमि-समस्या बलि चढ़ी, प्रगतिशील दलों का नेतृत्व मुँह से भूमि के प्रश्न उठाता रहा लेकिन

कार्यतः उसको गौण बनाता गया। समाजवादी नेतृत्व का एक हिस्सा तो हदबंदी कानून का भी विरोध करने लगा।

इसी तरह आर्थिक क्षेत्र में मौलिक परिवर्तन की विरासत बिहार में कमजोर रही। विरासत की चर्चा में भूमि को केंद्रीय महत्त्व देने का तात्पर्य यह है कि अंग्रेजों के शासन ने जिस प्रकार साम्राज्यवादी आर्थिक नीतियों का प्रचलन भारत में किया था, उसके चलते देश के कुछ क्षेत्रों में शहरीकरण और औद्योगीकरण बढ़ा और बाकी क्षेत्रों में पिछड़ापन व्याप्त हुआ। इन पिछड़े क्षेत्रों में जब भी आर्थिक विकास की गंभीर योजना बनेगी, उसमें कृषि अर्थनीति को तथा किसानों की आर्थिक-सामाजिक स्थिति को सुधारने का कार्य केंद्रीय महत्त्व का होगा। बिहार में शूद्र-दलित और महिलाओं की स्थिति को तभी सार्थक ढंग से सुधारा जा सकता है जब आर्थिक नीतियाँ भी प्रगतिशील हों। बिहार में सामाजिक न्याय के उभार से सामाजिक समानता का लक्ष्य पूरा नहीं हो सका क्योंकि आर्थिक नीतियों में कोई बदलाव नहीं हुआ। शूद्र उत्थान एकांगी होकर जातिवादी दलदल में बिखर रहा है। जातियों में नए समीकरण के चलते कुछ जातियों में मध्यम वर्ग पैदा हो जाएगा जो पहले नहीं था, कुछ जातियों का एक विशिष्ट वर्ग (मलाईदार तबका) भी हो जाएगा, लेकिन बिहार की आबादी का आधे से बड़ा हिस्सा घोर सामाजिक-आर्थिक पिछड़ेपन में ढकेल दिया जाएगा।

संभवतः कौटिल्य के समय से बिहार के सार्वजनिक जीवन में शूद्र और कृषि का केंद्रीय महत्त्व रहा है। कौटिल्य का फिर से उल्लेख करना प्रासंगिक होगा। कौटिल्य का अध्ययन करने वाला एक विद्वान लिखता है—कौटिल्य ने विवाह और सामाजिक संबंध के विषय में मनु, याज्ञवल्क्य और नारद से अधिक उदार और व्यवस्थित नीतियाँ बनाईं (शायद इसलिए 'अर्थशास्त्र' को मनुवादी पंडितों ने 'कौटिल्य-स्मृति' कहकर धार्मिक ग्रंथ का दर्जा नहीं दिया)। कौटिल्य बुद्ध जैसा वर्णव्यवस्था का विरोधी तो नहीं था लेकिन शूद्रों को उच्चतर दर्जा देने का पक्षपाती था। उसकी दृष्टि में शूद्रों से वैश्यों के समान व्यवहार किए जाने की बात थी। नए ग्राम बसाए जाएँ, उनमें शूद्रों की अधिक संख्या रहे, इस पर इसका जोर था क्योंकि शूद्र ही उत्पादक वर्ग है।

'अर्थशास्त्र' को आज अधिक प्रगतिशील ढंग से लिखना होगा, इसलिए कौटिल्य प्रासंगिक है। बिहार की राज्य-व्यवस्था जिस तरह चरमरा रही है उसमें चाणक्य-चंद्रगुप्त को संयुक्त रूप से एक जोड़ी के रूप में याद करना ज्यादा प्रासंगिक होगा। आज के संदर्भ में चंद्रगुप्त-चाणक्य जोड़ी का मतलब होगा बुनियादी परिवर्तनों के लिए तेजस्वी शूद्रों और उदारमना द्विजों का संयुक्त नेतृत्व इस मान्यता के साथ कि राजसत्ता में प्रथम स्थान पर शूद्र का अधिकार होगा। एक दुर्बल, पतनशील राज्य को इन दोनों ने मिलकर दृढ़ता प्रदान की थी, भारतीय राष्ट्र के अभ्युदय का केंद्र बनाया

था। उदार सामाजिक-आर्थिक नीतियों के द्वारा एक मजबूत जनहितकारी शासन-व्यवस्था के द्वारा चाणक्य भ्रष्टाचार रहित दृढ़ शासन-व्यवस्था का, उदार सामाजिक नीति, और विलक्षण बुद्धि का प्रतीक है। चंद्रगुप्त संन्यासी मन वाले योद्धा और शासक का प्रतीक है।

आधुनिक बिहार की विरासत में एक कारक शूद्रों का उत्थान है तो अन्य एक कारक मुसलमानों की स्थिति भी है। अलग झारखंड राज्य बनने के बाद मुसलमान को ही इस राज्य का एकमात्र अल्पसंख्यक संप्रदाय कहना गलत नहीं होगा। स्वतंत्रता के ठीक पहले बिहार में जो सांप्रदायिक दंगे हुए थे उनसे गाँधीजी को गहरा सदमा पहुँचा था। ये दंगे नोआखाली के बदले में हुए थे। बिहार की राजनीति में जैसे-जैसे शूद्र नेतृत्व अधिक प्रभावशाली होने लगा है, सांप्रदायिक दंगों की आशंका कम होती गई है। इस वक्त संघ-परिवार बिहार में कमजोर स्थिति में है और मुसलमान-समुदाय में भी पिछड़ों का जागरण हुआ है। इसकी शुरुआत स्वतंत्रता आंदोलन के दिनों में अब्दुल कयूम अंसारी के द्वारा हुई थी। कयूम अंसारी ने अखिल भारतीय स्तर पर पिछड़े मुसलमानों को संगठित करने का प्रयास किया था। वह बिहार के थे। शूद्र-मुसलमान सहयोग, पिछड़े मुसलमानों का जागरण—यह भी बिहार की विरासत में दर्ज हो गया है।

बिहार संकट से गुजर रहा है। लेकिन भारतीय राष्ट्र और मनुष्य जाति के लिए भी एक जीवन-मरण का संकट गहरा रहा है। जल्द वह समय आएगा जब नवनिर्माण की बड़ी कोशिशें भी होंगी। बिहार को एक नया नेतृत्व चाहिए। अगले बीस साल में यह नया नेतृत्व पैदा हो सकता है। बिहार के लोग अपनी विरासत से उत्साहित होकर अगर अपना क्षेत्रीय इतिहास ठीक ढंग से याद करना शुरू करें और विरासत की पूजा-आरती करके नहीं, उसकी आलोचनात्मक समीक्षा करके एक आत्मचेतना पैदा करें तो बिहार, जो इस वक्त भारत के पतन का सबसे बदनाम केंद्र स्थल है, भारत के नवनिर्माण का भी प्रधान केंद्र हो सकता है।

बिहार की प्रतिभा निर्माण में प्रकट नहीं होती है। बिहारी जनता का विशेष गुण है विद्रोह को विस्तार देना। बुद्ध-महावीर के समय से हम देख सकते हैं कि बिहार एक अच्छी प्रचार भूमि है। औसत बिहारी व्यक्तित्व में ऐसी एक संवेदनशीलता विद्रोह के प्रति है कि जल्द आग लग सकती है। गाँधीजी ने जन सत्याग्रह का पहला प्रयोग बिहार में सफलतापूर्वक किया। जे.पी. आंदोलन की निर्णायक शुरुआत गुजरात में न होकर बिहार में हुई। विद्रोह के किस पहलू, किस तत्त्व की तरफ बिहारी मन उद्वेलित होता है, यह समझना पड़ेगा। राजनीति में बिहारी जनता अक्सर गैर बिहारियों को चुन लेती है। भारत को बिहार से बनाने की परंपरा की स्मृति इसका कारण हो सकती है। बिहार की जनता के ऐसे कुछ रहस्यमय गुण हैं जो सही उत्प्रेरक के अभाव में अपराध और अराजकता की प्रवृत्तियों को गति दे रहे हैं।

अनुकूल परिस्थितियाँ बनने पर किसी भी क्षण बिहार का यह मन एक अखिल भारतीय क्रांतिकारी आंदोलन को खड़ा कर सकता है। परिस्थितियों का इंतजार करना सचेत बिहारवासियों के लिए दायित्वहीनता और मूर्खता माना जाएगा। परिस्थितियों का निर्माण करना उनके लिए ज्वलंत चुनौती है।

नोट : यह लेख वैचारिक निष्कर्ष नहीं है, विचार को आगे बढ़ाने के लिए कुछ टिप्पणियाँ हैं।

पिछड़ेपन का मूल कारण

❒ सच्चिदानंद सिन्हा

बिहार के पिछड़ेपन की समस्या को पूँजीवाद में निहित क्षेत्रीय असंतुलन की अंतर्निहित प्रवृत्ति के संदर्भ में ही समझा जा सकता है। पूँजीवाद के विकास की दो बुनियादी शर्तें हैं : एक, उत्पादन के लिए आवश्यक कच्चे माल की उपलब्धि और दूसरा, उत्पादित माल के लिए बाजार की उपलब्धि। चूँकि बाजार और बिक्री के फैलाव के साथ पूँजीपति का मुनाफा जुड़ा है, इनके निरंतर विस्तार का दबाव पूँजीवादी समाज में सदा बन रहता है। बाजार के फैलाव के लिए उपभोक्तावादी संस्कृति का निर्माण होता है और उत्पादन खर्च की कटौती के लिए ऐसी मशीनों के आविष्कार होते रहते हैं जिनमें कम से कम आदमियों को लगाकर ज्यादा से ज्यादा उत्पादन हो सके। पूँजीवाद अपने विकास की हर ऊँचाई पर अपने समकालीन समाज पर उपभोग और उत्पादन तकनीक के अपने मानकों को आरोपित करता है। इससे उन समाजों पर भी, जो पूँजीवादी नहीं है, उपभोग और उत्पादन तकनीक के मानकों को अपनाने का दबाव बना रहता है। बिना इन मानकों को अपनाए वे बाजार की प्रतिस्पर्धा में टिक नहीं सकते और उपभोग के स्तर में बराबरी नहीं प्राप्त करने से पिछड़े माने जाते हैं। कारण यह है कि पूँजीवादी उपभोग के मानक प्रचार एवं मनुष्य की नकलची प्रवृत्ति की वजह से सार्वजनीन माने जाने लगते हैं। इसी प्रक्रिया से सोवियत व्यवस्था के समतावादी मूल्य खत्म हुए और व्यवस्था अंततः नष्ट हो गई। अब चीन में भी यही प्रक्रिया जारी है। विशाल पैमाने पर उत्पादन के क्रम में उत्पादित वस्तुएँ छोटे पैमाने पर मानव श्रम से उत्पादित वस्तुओं से सस्ती होती हैं और इससे ये वस्तुएँ बाजार की प्रतिस्पर्धा में टिक नहीं पातीं। इस कारण पारंपरिक उद्योग-धंधे नष्ट होने लगते हैं और इसमें लगे लोग बेरोजगार और विपन्न होते जाते हैं।

पूँजीवाद के उद्गम और विस्तार के क्रम में गैर-पूँजीवादी दुनिया से पूँजीवादी समाजों के संबंध कई चरणों में विभिन्न स्तर के बने। प्रथम चरण में, मर्केंटाइल

युग (व्यापार द्वारा सोना-चाँदी जमा करने की प्रक्रिया) में यूरोप के कुछ देशों द्वारा गैर-यूरोपीय देशों की संपदा का व्यापार और लूट द्वारा दोहन हुआ। इससे उपलब्ध धन और व्यापार के फैलाव से औद्योगिक क्रांति हुई। दूसरे चरण में औद्योगिक क्रांति से निकली तकनीक से बड़े पैमाने का उत्पादन शुरू हुआ। इससे ब्रिटेन में उत्पादित सस्ते मालों के भारत के बाजारों पर लादे जाने से भारत के पारंपरिक उद्योग धंधे नष्ट होने लगे। तीसरे चरण में भारत के ही कुछ स्थानों पर, जहाँ आधुनिक पूँजीवादी औद्योगिक व्यवस्था के लिए स्थितियाँ अधिक उपयुक्त थीं यूरोप से आयातित तकनीकी आधार पर उद्योगों का विकास शुरू हुआ–प्रारंभ में अंग्रेजों द्वारा और बाद में कुछ भारतीयों द्वारा। कलकत्ता, मुंबई और मद्रास जैसे तटीय नगर तथा कुछ अन्य स्थान जहाँ बुनियादी संरचना अनुकूल हो सकती थी, नए औद्योगिक विकास के क्षेत्र बने। दूसरी तरह के क्षेत्रों में नागपुर, कानपुर आदि आते हैं। देश के दूसरे भाग जहाँ कच्चे माल जैसे खनिज एवं उद्योगों के लिए जरूरी कृषि उत्पादन–जैसे कपास, जूट, चाय आदि पैदा हो सकते थे या तो कच्चे मालों की आपूर्ति के क्षेत्र बने या स्वयं बिखरे उद्योगों के क्षेत्र। जिस तरह प्रारंभिक काल में सारा भारत ब्रिटेन का उपनिवेश बना वैसे ही बाद में भारत के ही औद्योगिक दृष्टि से अल्पविकसित क्षेत्र भारतीय औद्योगिक व्यवस्था के आंतरिक उपनिवेश बने। बिहार, असम, उड़ीसा एवं बंगाल का उत्तरी भाग आदि, तथा देश के विशाल वन्य प्रदेश तथा आदिवासी एवं पारंपरिक कृषि पर आधारित क्षेत्र इसी प्रक्रिया में आंतरिक उपनिवेश बने। चाय, गन्ना, रबर आदि के कुछ विशाल पूँजीवादी फार्मों को छोड़ बाकी खेती प्रायः अलाभकर बनती गई। उद्योगों और व्यापारियों द्वारा कृषिजन्य वस्तुओं के मूल्यों पर प्रतिकूल दबाव बनाए रखने के कारण विशेषकर फसल तैयार होने के समय किसानों की खेती घाटे की होती रही। पारंपरिक उद्योगों के नष्ट हो जाने से कृषि से प्राप्त आय के अतिरिक्त किसानों की आय का जरिया भी खत्म हो गया। इस तरह पूँजी संचय का वह साधन भी खत्म हो गया जो कृषि पर निवेश के लिए किसानों को उपलब्ध होता था। इसी से उस प्रचलित कहावत की स्थिति पैदा हुई, "खेती खेत को खाती है" यानी किसान की आय जब कृषि-कार्य को निरंतर जारी रखने लायक नहीं रहती तो खेत बेचकर गुजारा करने लगता है या भारी कर्ज के बोझ से दब जाता है। इस प्रक्रिया में मध्यम किसान छोटे किसान बन गए, छोटे सीमांत और सीमांत किसान भूमिहीन मजदूर बन गए। अधिकांश बड़े किसान भी कई पीढ़ियों में जमीन के बँटवारे से छोटे किसान होते गए। इनमें उनको छोड़ जिन्होंने नौकरी या किसी दूसरे आधुनिक उद्यम या व्यापार में धन अर्जित किया, प्रायः सभी की स्थिति दयनीय होती गई।

औपनिवेशीकरण और आंतरिक औपनिवेशीकरण के प्रथम चरण में देश के पारंपरिक उद्योग-धंधे नए उद्योगों की प्रतिस्पर्धा में खत्म हो गए और उनमें लगे

लोग भूमिहीन मजदूर बन गए। कुछ भूमिहीन मजदूरों की जातियाँ तो पूरी की पूरी इसी प्रक्रिया से कृषि मजदूर बनीं, उदाहरण के लिए नुनियाँ जो नमक और शोरा बनाने का काम करते थे, जुलाहे और तँतवा जो कपड़ा बुनने के काम में थे, चमार जो पहले चमड़ा उद्योग में लगे थे, धुनियाँ जो कपास धुनने का काम करते थे, तेली जो तेल पेरने का काम करते थे। इस चरण में लोहार, बढ़ई आदि आंशिक रूप से बेरोजगार हुए क्योंकि हलों एवं बैलगाड़ियों का अभी भी ग्रामीण जीवन में महत्त्व था, और घर बनाने के काम में लकड़ी के कामों के लिए अब भी लोहार एवं बढ़ई की जरूरत होती थी। चीनी मिलों के आने से गुड़ और शक्कर बनाने के पुराने उद्योग नष्ट हुए। इससे भी भारी संख्या में वे लोग जो इस उद्योग में लगे थे, बेरोजगार हुए। बिहार का स्थान चीनी उद्योग में देश में अग्रणी था। बिहार में जो चीनी मिलें स्थापित हुईं वे प्रायः अंग्रेजों की थीं जिनका मुनाफा अंग्रेज पूँजीपतियों को मिलता था। बहुत थोड़े से लोगों को ही काम मिलता था और वह भी साल के कुछ ही महीनों के लिए।

इस तरह औद्योगीकरण के प्रथम चरण में बेरोजगारी और भूमिहीन मजदूरों की संख्या में वृद्धि दो कारणों से हुई : पहला, पारंपरिक उद्योगों के नष्ट होने से और दूसरा, छोटी जोत वाले किसानों की विपन्नता से पैदा भूमिहीनता से। चूँकि नए तरह के उद्योग उत्तरोत्तर पूँजी प्रधान होते जाते हैं इनमें रोजगार देने की क्षमता विस्थापित किए गए मजदूरों की संख्या के अनुपात में लगातार कम होती जाती है, इसलिए यह व्यवस्था समग्र रूप से बेरोजगारी फैलाती है। लेकिन आंतरिक उपनिवेश के क्षेत्र में पड़ने वाले बिहार जैसे राज्यों में बेरोजगारी की मार दोहरी होती है। इसका कारण यह है कि औद्योगिक विकास के ऊपर वर्णित केंद्र जो पहले विकसित हुए उनमें ही आधुनिक उद्योगों के विकास के लिए आवश्यक बुनियादी संरचना का भी अधिक विकास हुआ—जैसे यातायात की सुविधा, ऊर्जा के स्रोतों का विकास, तकनीक में प्रशिक्षित मानव संसाधन का विकास, औद्योगिक शोध संस्थान आदि, और नगर क्षेत्र की तेजी से बढ़ती आबादी से एक हद तक सुनिश्चित बाजार का विस्तार। इसलिए बिहार जैसे आंतरिक उपनिवेश के क्षेत्र मूलतः कच्चे माल और अकुशल मजदूरों की आपूर्ति करने वाले क्षेत्र रह जाते हैं और तुलनात्मक दृष्टि से अधिक पिछड़े होते जाते हैं।

बिहार में घोर विपन्नता का दूसरा दौर सातवें दशक से शुरू हुआ जबसे तथाकथित हरित क्रांति की शुरुआत हुई और कृषि के आधुनिकीकरण का सिलसिला शुरू हुआ। इस दौर में बेरोजगारी के कारण ग्रामीण क्षेत्र से लोगों का विस्थापन इतने बड़े पैमाने पर हुआ कि बिहारी मजदूर पंजाब, हरियाणा, गुजरात, दिल्ली एवं मुंबई आदि सभी जगहों में झुंड के झुंड काम की तलाश में भटकते पाए जाने लगे। इन स्थानों पर अमानवीय स्थितियों में रहकर ये लोग अकुशल मजदूरों की आपूर्ति

कर रहे हैं। इनकी स्थिति का दहलाने वाला वर्णन अरविन्द मोहन की पुस्तक 'प्रवासी मजदूरों की पीड़ा' में देखा जा सकता है।

यह स्थिति कृषि प्रक्रिया एवं कृषि उत्पादों को खाद्य पदार्थों में बदलने की प्रक्रिया के मशीनीकरण से पैदा हुई है। इसमें सबसे प्रधान कारक बैलों की बजाए ट्रैक्टरों का जुताई, ढुलाई तथा दँवरी में लगाना हुआ है। इससे जो भूचाल लोगों के जीवन में आया है वह किसी भी गाँव में स्पष्ट रूप से देखा जा सकता है। मैंने अपने ही गाँव में पिछले तीस वर्षों में सब कुछ तेजी से बदलते देखा है।

पहले यहाँ छोटे से बड़े सभी किसानों के दरवाजों पर बैलों की जोड़ियाँ देखी जा सकती थीं। भूमिहीन भी जिनकी अपनी जमीन नहीं थी एक बैल या एक जोड़ा बैल रखते थे और भाड़े पर दूसरे के खेतों में हल जोतते थे। बहुत सारे लोग भाड़ा कमाने के लिए ही बैलगाड़ी रखते थे क्योंकि गाँव में माल ढुलाई का यही एकमात्र साधन था। छोटी दूरियों के लिए आदमियों की भी यही सवारी थी जिसमें लोग बाल-बच्चों और सामान के साथ एक जगह से दूसरी जगह जाते थे। यह धीमी गति की सवारी थी लेकिन लोगों की जिंदगी में भाग-दौड़ और हड़बड़ी भी नहीं थी। कृषि से लगा स्थायी रोजगार हल-बैल की खेती और बैलगाड़ियों से ही मिलता था। बैलों के दरवाजे पर होने का अर्थ था कि स्वयं बैलों के मालिक को इसकी देखभाल पर दिन के कई घंटे खर्च करने पड़ते थे या कोई स्थायी मजदूर इस काम के लिए रखना होता था। इसी तरह प्रत्येक हल के लिए एक हलवाहे की जरूरत होती थी। हल जोतने का काम वर्षा काल में जमीन गीली हो जाने के समय को छोड़ साल के अधिकांश समय चलता रहता था। धान की रोपनी के समय तो कदवा करने के लिए पानी में ही खेत की जुताई होती थी। फिर फसल काटने पर धान, गेहूँ, जौ का अनाज निकालने के लिए दँवरी भी बैल से ही होती थी। यानी बैल लोगों के विविध कामों व गतिविधियों का केंद्र-बिंदु था। मूलतः बैलों के लिए ही लोग गाय भी पालते थे और गाय के नर-बछड़ों को जतन से पाला जाता था जो बाद में बैल बनकर खेती के काम में आते थे। इन गायों के इर्द-गिर्द रोजगार का एक दूसरा ताना-बाना तैयार होता था। दूध से दही, मलाई, घी आदि तैयार करने और फिर उन्हें बेचने का एक व्यवसाय चक्र। बैलों के इर्द-गिर्द कृषि एवं घरेलू उद्योगों की एक संपूर्ण अर्थव्यवस्था अस्तित्व में थी। बैलों से ही तेल निकालने के लिए कोल्हू चलते थे और अनेक जगहों पर बैलों से ही पानी पटाने के लिए मोट एवं रहट। गाय एवं बैल का गोबर खेत के लिए सर्वोत्तम खाद प्रदान करता था, वहीं गोबर के उपले जलावन के काम आते थे। बैल के जीवन और कृषि का एक ऐसा चक्र था जिससे जमीन की उर्वरा-शक्ति का नवीकरण होता रहता था और गाँव का धन काफी हद तक गाँव में ही संरक्षित रहता था। इस व्यवस्था का महत्त्वपूर्ण पहलू यह था कि गाँव का एक समुदाय बनता था। हलों एवं बैलगाड़ियों

को बनाने एवं उनकी मरम्मत करने में बढ़ई एवं लोहारों की अनिवार्य भूमिका होती थी और किसानों से एक स्थायी लेन-देन का रिश्ता बनता था। किसानों और उनके खेतों पर काम करने वाले मजदूरों के आपसी रिश्तों के अलावा इनका संबंध गाँव के तेली, तमोली, धोबी, बढ़ई, लोहार तथा कई तरह के दूसरे आवश्यक कामों में लगे लोगों से होता था। इस तरह के समुदाय का गाँव के लोगों के व्यवहारों पर भी एक हद तक नियंत्रण होता था।

कृषि के आधुनिकीकरण का अर्थ यह हुआ कि सरकारी प्रोत्साहन पर रियायती दर पर ऋण पाकर बड़े पैमाने पर गाँव में ट्रैक्टर आ गए। गाँव में चार-पाँच ट्रैक्टर आ जाने से सैकड़ों लोग जो बैल के रखरखाव हल जोतने या बहलवानी में लगे थे, एकाएक बेरोजगार हो गए। ट्रॉली लगे ट्रैक्टरों ने बैलगाड़ियों को हाशिए पर डाल दिया। अब सारे गाँव की जुताई और ढुलाई का काम यह चार-पाँच ट्रैक्टर वाले करने लगे। अब कुछ संपन्न लोग जो ट्रैक्टर खरीद सकते थे सैकड़ों लोगों का रोजगार खाने लगे। उनकी आमदनी भी ट्रैक्टर वालों को मिलने लगी। और अंत में इनका फायदा ट्रैक्टर बनाने वाली कंपनियों और डीजल तैयार करने वाली कंपनियों को मिलने लगा। पहले दँवरी का काम भी बैल से ही होता था। इसमें समय लगता था और खराब मौसम में कभी-कभी नुकसान भी होता था लेकिन मजदूरों को रोजगार मिलता था और किसानों को बचत होती थी। अब ट्रैक्टर से लगे थ्रेशर से हफ्तों का काम एक दिन में हो जाता है। लेकिन किसानों को इसकी भारी कीमत चुकानी होती है। तीस से पचास रुपया क्विंटल तक दँवरी का खर्च लग जाता है। ट्रैक्टर के आने के दो घाटे तो बिल्कुल साफ दिखाई देते हैं। इसने मजदूरों की मजदूरी छीन ली और अब गाँव की वह आय जो गाँव में ही रह जाती थी डीजल कंपनियों एवं उर्वरक बनाने वाली कंपनियों को चली जाती है। अब गोबर के अभाव में उर्वरकों पर निर्भरता के कारण जमीन ऊसर होती चली जा रही है। जलावन का अभाव भी गोबर की कमी से बढ़ रहा है।

दरअसल ईंधन का घोर अभाव भी कृषि के चरित्र में बदलाव से पैदा हुआ है। संकर किस्म के मक्के की खेती का प्रचलन होने से लोगों ने भदई मक्के की खेती छोड़ दी है क्योंकि बरसात का मौसम इसके लिए अनुकूल नहीं होता। इससे अरहर की खेती नगण्य हो गई है। पहले लोग भदई मक्के के साथ अरहर बोते थे जिससे बिना किसी अतिरिक्त लागत के अरहर पैदा होती थी। चूँकि अरहर की खेती में साल का अधिक भाग चला जाता है इससे अकेले इसकी खेती लोग नहीं करते। अब अरहर की जगह रबी फसल में गेहूँ लगाई जाती है। अरहर की खेती खत्म होने से जलावन का एक महत्त्वपूर्ण स्रोत सूख गया है। संकर मक्का बौने किस्म की होती है और इसमें दाना तो अधिक होता है लेकिन पौधे इतने छोटे कि ईंधन के लिए कुछ नहीं बचता। गोबर का लोप होने से एवं कृषि-चक्र में

इस परिवर्तन से ईंधन का भयंकर अभाव पैदा हुआ है। गाँव में औरतों एवं बच्चों के दिन के चार-पाँच घंटे जलावन के लिए सूखी टहनियाँ तथा पेड़ के पत्ते आदि जमा करने में चले जाते हैं। यही वह समय होता है जिसे वे पहले दूसरे छोटे-मोटे काम जैसे चटाई बनाने, चावल कूटने, आटा पीसने, दाल दलने आदि में लगाती थीं। ये रोजगार वैसे भी अब डीजल या बिजली से चलने वाली आटाचकी, चावल और चिउड़ा कूटने तथा दाल दलने की मशीनों के आ जाने से समाप्त हो गए हैं। बाग-बगीचों की भूमि का भी पत्ते बटोरकर जलावन में ले जाने से ह्रास होता है जब तक अतिरिक्त खाद की व्यवस्था नहीं की जाए।

पारंपरिक आय और रोजगार के स्रोतों के खत्म हो जाने से गाँवों के नौजवान या तो पास-पड़ोस के शहरों या कस्बों में दिहाड़ी मजदूर का काम करते हैं या दूर-दराज के स्थानों पर घर-परिवार छोड़कर काम की तलाश में भटकते रहते हैं। इस तरह पूँजी का सबसे बड़ा स्रोत श्रम जो राज्य के आर्थिक विकास में योगदान करता, दूसरे राज्यों को कम कीमत पर उपलब्ध हो जाता है। इसका कारण यह है कि दूसरे राज्यों में भी काम खोजने वालों के अनुपात में उपलब्ध रोजगार बहुत कम हैं।

सामाजिक दृष्टि से इस विकास के अत्यंत ही विध्वंसकारी परिणाम हुए हैं। चूँकि अब गाँव के नौजवान आजीविका के लिए बाहरी क्षेत्रों पर निर्भर हैं और अपना अधिक समय बाहर ही बिताते हैं, ग्रामीण जीवन में पारस्परिकता और निर्भरता का आधार खत्म हो गया है। सभी व्यक्ति समुदाय से कटकर खुद-मुख्तार बन गए हैं। इसके साथ अगर हम विविध प्रलोभनों के बीच घोर अभाव जोड़ दें तो अपराध की प्रवृत्ति का बढ़ना तुरंत समझ में आ जाता है। अब बचपन से किसी व्यक्ति पर कोई सामुदायिक नियंत्रण नहीं रहने से आपराधिक कार्यों पर कोई अंकुश नहीं रह पाता। धीरे-धीरे छोटे अपराधों की ओर बढ़ने का प्रोत्साहन मिलता है। इस तरह चारों ओर छीना-झपटी, लूटपाट एवं हत्या का माहौल व्याप्त है। यह प्रवृत्ति कभी-कभी उकसावे से जातीय या सांप्रदायिक दंगे का रूप ले लेती है। अब यह उस राजनीति को ग्रसने लगी है जिस राजनीति ने लोगों की समस्याओं को नजरअंदाज कर देशी-विदेशी पूँजी के अंधाधुंध विस्तार को प्रोत्साहित किया था। अब बिहार आत्मघात की दौड़ में शामिल है। आपराधिक चरित्र के लोग विधायक और सांसद बनते हैं और राजनीति को और भी दिशाहीन बनाते हैं। वर्तमान बिहार की स्थिति को देखकर अब हम भूमंडलीकरण के दौर में रवांडा-बुरुंडी, नाइजीरिया आदि के खूनी कबायली संघर्षों को आसानी से समझ सकते हैं। बिहार भी एक आत्मघाती दौर में प्रवेश कर चुका है जिसका उत्स पूँजीवाद और तथाकथित उदारीकृत अर्थव्यवस्था में है।

विकास का वैकल्पिक रास्ता

❒ *ईश्वरी प्रसाद*

इन दिनों बिहार चर्चा के केंद्र में है। हिंसा की आम घटनाएँ, खासकर नरसंहारों ने बिहार को समाचार-पत्रों और दूसरे प्रचार माध्यमों की सुर्खियों पर ला दिया है। लोगों को बिहार के बारे में सोचने के लिए विवश होना पड़ रहा है। हिंसा का यह आलम है कि बिहार में सामान्यतः 10 जानें प्रतिदिन जाती हैं। अखबारों का अधिकांश हिस्सा हिंसा की वारदातों और भ्रष्टाचार की घटनाओं से भरा होता है। यह एक दिशाहीन, पतनोन्मुखी समाज का लक्षण है। यदि गहराई से देखा जाए तो मालूम होगा कि बिहार में अभी तीन तरह की हिंसाओं का तांडव चल रहा है। जाति-विद्वेष से उपजी पहली प्रकार की हिंसा है। हाल के वर्षों में हसनपुर, राजो बिगहा, अपसढ़ तथा मियाँपुर में जो हिंसक वारदातें हुई हैं उन्हें जातिगत हिंसाएँ ही कहना चाहिए यद्यपि इनके पीछे भी सिद्धांतों का आवरण मौजूद है। इनमें जाति-विद्वेष की प्रमुख भूमिका है। हसनपुर में 10 दलित, राजो बिगहा में 5 यादव, अपसढ़ में 11 भूमिहार और मियाँपुर में 34 यादवों की हत्या हुई है। ये सारी घटनाएँ किसी भौतिक लाभ के लिए नहीं, जातीय उन्माद के तहत हुई हैं। इसी तरह उग्रवादी घटनाओं में भी काफी लोगों की जानें जाती हैं। अखबार लिखता है कि बिहार में नक्सली हिंसा में प्रतिदिन दो-चार से लेकर दस-बारह लोगों की जानें जाती हैं। सरकारी आँकड़ों के मुताबिक इस राज्य में 1998 और 1999 में क्रमशः कुल 463 और 518 उग्रवादी घटनाएँ घटीं। यद्यपि ये घटनाएँ 'विचारधारा और सिद्धांत के औचित्य' के तहत घटती हैं, इनका कुल व्यावहारिक परिणाम किसी क्रांतिकारी लक्ष्य की प्राप्ति की दिशा में नहीं है। राजनीति से प्रेरित हिंसा तीसरे प्रकार की है। जिस राज्य में विधायकों का खाता समूह 302 का मुजरिम हो, उस राज्य में हिंसा के स्तरों व परिणामों के बारे में बहुत विश्लेषण करना बेकार है। बिहार वास्तव में एक बीमार राज्य है। इन सारी हिंसाओं की चपेट ने बिहार की अर्थव्यवस्था और समाज को क्षत-विक्षत कर दिया है। आम लोगों को

यह समझ में नहीं आ रहा है कि इन हिंसात्मक वारदातों से किस लक्ष्य की प्राप्ति होगी। इनमें अधिकांश हिंसा निरर्थक है।

बिहार का चर्चा के केन्द्र में होने का दूसरा कारण भी है। बिहार का विकास रुका हुआ है। इसका विकास देश के दूसरे पिछड़े राज्यों के समान भी नहीं हो रहा है। बिहार के पिछड़ेपन ने लोगों को दो वजहों से आश्चर्य में डाल रखा है। पहला, बिहार खनिज पदार्थों की उपलब्धता तथा उपजाऊ कृषि योग्य भूमि के लिहाजन देश के दूसरे भू-भागों की तुलना में प्रथम स्थान पर है। अपने प्राकृतिक संसाधनों के बल पर यह विकास का उदाहरण बन सकता है, फिर भी यह दरिद्रतम राज्य है। इस प्रश्न का जवाब नहीं मिलता कि क्यों बिहार का औद्योगिक और कृषि विकास रुका हुआ है? दूसरा, बिहार का गौरवमय इतिहास रहा है। अतीत में, जब आज की दुनिया के सभ्य कहे जानेवाले देशों के लोग जंगलों में निवास करते थे, सभ्यता के स्तर को प्राप्त नहीं कर पाए थे, बिहार सभ्यता के शिखर पर था। इतिहासकार कहते हैं बिहार ने सर्वप्रथम प्रजातांत्रिक पद्धति का प्रयोग किया था। चंद्रगुप्त मौर्य और अशोक जैसे राजनेताओं ने मगध साम्राज्य को देश के पैमाने पर फैलाया और शासन की बेहतरीन पद्धति का ईजाद किया। आज वही बिहार दूसरे राज्यों और देशों की नकल भी कर पाने की स्थिति में नहीं है—यह इसके पतन की सीमा है। साथ ही, सारे भारतीय महाद्वीप में 'बिहारी' शब्द अपमान के लिए इस्तेमाल किया जाता है। गाली के शब्दकोश में यह एक नया शब्द जुटा है। बिहार की चर्चा इसलिए भी होती है। क्या हो गया है बिहार को जिसके लिए प्रकृति इतनी उदार हो और जिसका इतिहास इतना गौरवशाली हो? यह चर्चा और चिंता का विषय है।

गिरावट का मापदण्ड

बिहार की गिरावट को कई ढंग से परिभाषित किया जा सकता है लेकिन सबसे आसान तरीका आर्थिक मापदण्ड है जिसे आँकड़ों के आधार पर स्थापित किया जा सकता है। इसीलिए यहाँ सिर्फ आर्थिक पिछड़ेपन की चर्चा होगी। राज्य की आर्थिक स्थिति का सामान्य अंदाजा इस राज्य के नागरिकों के जीवन-स्तर से लगता है और जीवन-स्तर का मापदण्ड प्रति व्यक्ति की आमदनी है। तरक्की करने वाले राज्यों में प्रति व्यक्ति आमदनी लगातार बढ़ती जाती है। इसी की वजह से लोगों में समृद्धि आती है और सामाजिक जीवन में खुशहाली बढ़ती जाती है। दुर्भायवश, बिहार की स्थिति इसके विपरीत है। नीचे के आँकड़ों से इसका खुलासा होता है। इससे यह स्पष्ट होता है कि बिहार के लोगों की आमदनी दूसरे राज्य के लोगों की तुलना में बहुत कम है। 1996-97 के आँकड़ों के मुताबिक बिहार के लोगों की प्रतिव्यक्ति आमदनी 3,835 रुपए थी। इसी वर्ष देश का औसत 10,919 रुपए था। अर्थात् बिहार के

लोगों की आमदनी राष्ट्रीय आय की तुलना में एक तिहाई भर है। यदि देश के विकसित राज्यों से बिहार की तुलना की जाए तो स्थिति और भी भयावह मालूम पड़ेगी। इसी वर्ष पंजाब के लोगों की आमदनी 18,213 रुपए थी। यानी बिहार के लोगों का भौतिक जीवन-स्तर पंजाब के लोगों की तुलना में मात्र 20 प्रतिशत था। यदि महाराष्ट्र और गुजरात से बिहार की तुलना की जाए तो इस राज्य की गिरावट का अंदाजा लग सकता है। इसी वर्ष महाराष्ट्र तथा गुजरात की प्रति व्यक्ति आमदनी क्रमशः 17,213 रुपए तथा 13,932 रुपए थी। बिहार के लोगों की आमदनी के निम्न स्तर के कई महत्त्वपूर्ण पक्ष हैं।

यद्यपि बिहार के लोगों की प्रति व्यक्ति आमदनी आजादी के वक्त भी कम थी, बाद के दौर में अंतर्राज्यीय फासला बढ़ा है। आजादी के वक्त बिहार की कृषि और उद्योग की स्थिति इतनी खराब नहीं थी। आजादी के बाद वाले 50 वर्षों में बिहार के घरेलू उत्पाद की वृद्धि दर मामूली रही है। आँकड़े बतलाते हैं कि 1950 से 80 के बीच राष्ट्रीय घरेलू उत्पाद का औसत 3.32 प्रतिशत के हिसाब से बढ़ा है। लेकिन बिहार का घरेलू उत्पाद मात्र 2.54 प्रतिशत बढ़ा। यह वृद्धि दर दूसरे राज्यों की तुलना में बहुत कम है। आजादी के प्रथम दशक में बिहार ने अच्छा आर्थिक प्रदर्शन किया था। लेकिन उसके बाद इसकी विकास दर कमती गई है। यह ध्यान देने की बात है कि इस दौरान बिहार की आबादी राष्ट्रीय आबादी की वृद्धि दर से कम थी।

बिहार की आर्थिक स्थिति का अंदाजा यहाँ के लोगों की गरीबी के स्तर से भी लग सकता है। इस राज्य में गरीबी रेखा से नीचे रहने वालों का अनुपात 55 प्रतिशत है जबकि देश में सिर्फ 36 प्रतिशत लोग ही इस दायरे में आते हैं। यदि बिहार की तुलना पंजाब से की जाए तो मालूम होगा कि पंजाब में सिर्फ 11 प्रतिशत लोग ही गरीबी रेखा से नीचे जीवन बसर करते हैं। अतः यह प्रमाणित हो जाता है कि बिहार देश का सबसे गरीब राज्य है।

किंतु बिहार की औसत प्रति व्यक्ति आमदनी तथा यहाँ के गरीबों के अनुपात से ही बिहार की बदतर हालत का तथा समस्या की गंभीरता का पूरा आकलन नहीं हो सकता है। सही आकलन के लिए राज्य को दूसरे आयामों में भी देखना पड़ेगा। पहला, गरीबी रेखा से नीचे रहने वालों की सिर्फ संख्या और अनुपात दूसरे प्रांतों से अधिक ही नहीं है बल्कि इनकी संख्या बिहार में लगातार बढ़ती ही जा रही है। दूसरे प्रांतों में इसका प्रकोप बिहार की तुलना में कम है। सरकारी आँकड़ों के मुताबिक गरीबी रेखा से नीचे रहने वालों की संख्या 60 और 70 के दशकों में दूसरे राज्यों में घटी थी लेकिन बिहार में इसके अनुपात में कोई अंतर नहीं आया। आँकड़े बताते हैं कि बाद वाले दशकों में बिहार में गरीबों की तादाद में भारी वृद्धि हुई है।

दूसरा, बिहार की गरीबी मूलतः देहाती है। शहरों की गरीबी देहाती गरीबी का ही विस्तृत रूप है। बिहार के देहातों में करीब 60 प्रतिशत लोग गरीबी रेखा

से नीचे जीवन बसर कर रहे हैं। वर्गीय नजरिए से देखने पर भूमिहीनों की 50 प्रतिशत आबादी और 'अति गरीबों' की 80 प्रतिशत आबादी देहात में रहती है। खेत में काम करने वाले मजदूरों का 77 प्रतिशत और भू-मालिकों का 42 प्रतिशत गरीबी रेखा के नीचे जीवन बसर करता है। ये सारे आँकड़े राष्ट्रीय औसत से अधिक हैं। अतः बिहार में दरिद्रों की सबसे बड़ी संख्या सीमांत और लघु किसानों की है। यदि बिहार की गरीबी का जातीय दायरे में विश्लेषण करें तो मालूम होगा कि अनुसूचित जाति की 79 प्रतिशत, और जनजाति की 73 प्रतिशत आबादी गरीबी रेखा से नीचे जीवन जीने को विवश है (अखण्ड बिहार में)। बिहार की बढ़ती गरीबी का सामाजिक पक्ष सबसे अधिक महत्त्वपूर्ण है क्योंकि बिहार के पिछड़ेपन को सामाजिक धरातल से हटकर समझने में हम यथार्थ के नजदीक नहीं पहुँच सकते हैं।

बिहार की आर्थिक गिरावट के साथ-साथ राज्य भारी हिंसा की चपेट में है। बिहार में हिंसा की वारदातों से सारा देश स्तब्ध है। आतंकवाद, नक्सली हिंसा, दिन-दहाड़े लूटपाट और असुरक्षित जिंदगी ने बिहार के जन-जोवन को क्षत-विक्षत कर दिया है। बिहार की प्रतिष्ठा गिरती जा रही है। ऐसे माहौल में बिहार में गिरावट के दो आयाम हैं। पहला, इस राज्य के जीवन में प्रगति के आसार कहीं से भी दिखाई नहीं देते। आर्थिक दृष्टिकोण से देखने पर राज्य की स्थिति लगातार बदतर होती जा रही है। राजनीति का अपराधीकरण तेजी से बढ़ रहा है। राजनीति में जिस रफ्तार से आपराधिक तत्त्वों का समावेश हो रहा है, ऐसा लगता है कि जल्द ही बिहार की विधान सभा में तथा संसद में जाने वाले सदस्यों में गैर आपराधिक तत्त्वों का प्रवेश नगण्य हो जाएगा। सामाजिक स्तर पर जिस ढंग से जातीय युद्ध छिड़ा है, पता नहीं यह बिहार को कहाँ ले जाएगा!

दूसरा, बिहार के पतन का जो सबसे महत्त्वपूर्ण पक्ष है, वह है आत्मविश्वास का उठ जाना। यह आम अनुभव है कि लोगों में बिहार के उत्थान की उम्मीद समाप्त हो गई है। अजीत मजुमदार ने बिहार के विकास की संभावनाओं की तलाश करते हुए अपनी रिपोर्ट में लिखा है—"यह एक हल्की टिप्पणी लग सकती है। लेकिन ऐसा विद्वत्जन, पेशेवर व्यक्ति, सरकारी नौकर तथा राजनीति में रहने वाला नेता, जो अभी सत्ता में नहीं है, मिलना मुश्किल है जिसे यह विश्वास हो कि इस राज्य की अर्थव्यवस्था में कम से कम देश के गरीब राज्यों के स्तर के बराबर की ऊर्जा हासिल करने की संभावना है। ऐसे व्यक्ति का मिलना मुश्किल है जिसे यह उम्मीद हो कि कानून-व्यवस्था को बरकरार रखने, न्याय बरतने, शिक्षा और स्वास्थ्य का बेहतर स्तर प्राप्त करने या आमदनी तथा जनकल्याण का समान बँटवारा करने के लिहाज से इस राज्य का प्रदर्शन आने वाले दिनों में खराब होने की बजाए सुधरेगा।" समसामयिक बिहार को देखकर यह मानना मुश्किल है कि इस राज्य

का कोई भविष्य है। आत्म-विश्वास का टूट जाना इस राज्य के पतन का महत्त्वपूर्ण पक्ष है। आत्मविश्वास में गिरावट ही आने वाले दिनों में इसके विकास में सबसे बड़ा व्यवधान साबित होगा।

पिछड़ने का राज

यह सर्वविदित है कि बिहार सबसे पिछड़ा राज्य है। लेकिन प्रश्न है कि क्यों? जिस राज्य के पास पर्याप्त खनिज पदार्थ हो, उपजाऊ कृषि भूमि हो और मेहनती लोग हों, वह विकास के मामले में सबसे पीछे क्यों है? इस मुद्दे पर कि बिहार क्यों पिछड़ रहा है, खासकर दूसरे राज्यों की तुलना में, विशेषज्ञों की अलग-अलग राय है। विश्लेषकों की राय उनकी अपनी सैद्धांतिक सोच के आधार पर बनती है। इसके सिवाय, राज्य के सरकारी सूत्रों का अपना खास नजरिया है। बिहार के पिछड़ेपन के कारणों पर जितनी चर्चाएँ होती हैं, उन्हें तीन भागों में बाँटा जा सकता है, पहला, पूँजी निवेश की कमी, दूसरा, भूमि-सुधार की अनदेखी और तीसरा, सामाजिक गतिरोध का बरकरार रहना।

विश्लेषकों का एक खास समूह बिहार के पिछड़ेपन के लिए पूँजी निवेश की कमी को जवाबदेह मानता है। सरकारी सूत्रों की भी यही राय बनती है। इन सभी लोगों का मानना है कि बिहार दूसरे राज्यों की तुलना में नहीं पिछड़ता यदि इस राज्य में भी भारी मात्रा में पूँजी निवेश होता। इस राज्य में पूँजी की कमी कई कारणों से हुई है। पूँजी निवेश की कमी के कारण ही बिहार में न तो पर्याप्त मात्रा में बुनियादी आर्थिक सेवाओं का विस्तार हुआ और न ही पर्याप्त कल-कारखाने खड़े हो पाए। पूँजी की कमी मूलतः चार कारणों से हुई है। पहला, राज्य का आंतरिक साधन कमजोर है। राज्य अपने स्रोतों से अपनी योजना का आधा खर्च भी नहीं उठा पाता है। विश्व बैंक की एक रपट, जो राज्य के कर वसूली की कोशिशों से संबंधित है, का निष्कर्ष है कि बिहार अपनी क्षमता का इस्तेमाल करने में दूसरे राज्यों की तुलना में 50 प्रतिशत भी सफल नहीं हुआ है। रपट के मुताबिक सेल्स टैक्स और एक्साइज के मामले में राज्य सरकार जितना कर वसूल कर सकती है उतना वसूल नहीं कर पाती है। नतीजतन राज्य को प्रशासनिक खर्च के लिए भी कर्ज लेने की जरूरत पड़ जाती है। 1994-95 के आँकड़ों के अनुसार बिहार सरकार द्वारा 6307 करोड़ रुपए की कर उगाही हुई और उस वर्ष कुल खर्च (योजना और गैर योजना) 7565 करोड़ रुपए हुए। यानी कर के मद का घाटा करीब 1257 करोड़ रुपए था। ऐसी स्थिति में सरकार पूँजी निर्माण पर खर्च नहीं कर सकती है। नतीजतन औद्योगिक विकास आधारित आर्थिक तरक्की की योजना को असफल होना था।

दूसरा, बिहार सरकार पूरी तरह केंद्र की वित्तीय सहायता पर निर्भर है। यहाँ

केंद्र से ही कई माध्यमों से अधिकांश पूँजी आती है, जैसे सींधे पूँजी निवेश के मार्फत, वित्त आयोग द्वारा कर वसूली का हिस्सा देकर, केंद्र द्वारा योजना में सहायता के मार्फत तथा अन्य तरीकों से। शुरुआती दौर में केंद्र सरकार ने कोयला, लोहा तथा भारी उद्योगों में बड़ी मात्रा में पूँजी निवेश कर बिहार की मदद की। अनुमान है कि मार्च, 1981 तक केंद्र सरकार द्वारा बिहार राज्य को 628 रुपए प्रति व्यक्ति का पूँजी निवेश हुआ। यह निवेश दूसरे राज्यों की तुलना में बहुत अधिक था। यह निवेश बिहार की धरती पर अवश्य हुआ लेकिन राष्ट्र की जरूरतों और लाभ को ध्यान में रखकर। निजी हितों की पूरे तौर पर अनदेखी की गई। नतीजतन बिहार को खास़ फांयदा नहीं हुआ है। केंद्र सरकार योजनाओं के कार्यान्वियन के लिए वित्तीय सहायता भी राज्यों को देती है। दुर्भाग्यवश योजना-सहायता राशि उपलब्ध कराने में केंद्र सरकार ने बिहार के साथ अन्यायपूर्ण व्यवहार किया है। बिहार को कभी भी राष्ट्रीय औसत के बराबर वित्तीय सहायता नहीं दी गई है। यद्यपि राज्य के पिछड़ेपन को देखते हुए इसे अधिक धन मिलना चाहिए था लेकिन इसे सदा ही कम धन-राशि मिलती रही है। आँकड़े बतलाते हैं कि बिहार के साथ नाइंसाफी हुई है।

तीसरा, केंद्र की सरकार ने बिहार को अपनी प्राकृतिक संपदाओं पर कर लगाने के अधिकार से वंचित रखा है। नतीजतन राज्य सरकार की राजस्व बढ़ाने की क्षमता बढ़ी नहीं। न्याय का तकाजा था कि या तो बिहार सरकार को अपनी प्राकृतिक सम्पदा पर दूसरे राज्यों की तरह अधिकार मिलना चाहिए था या फिर राष्ट्रीय हित में यह मान्य नहीं था तो केंद्र से विशेष वित्तीय सहायता मिलनी चाहिए थी ताकि राज्य का समुचित विकास हो सके।

चौथा, केंद्र सरकार ने भाड़ा समानीकरण की नीति के मार्फत बिहार को उद्गम स्थान होने के स्वाभाविक लाभ से वंचित रखा है। भाड़ा समीकरण के मार्फत बहुत सारी वस्तुएँ जो बिहार में उपलब्ध थीं वे दूसरे राज्यों में भी उसी कीमत पर बेची गईं। अतः बिहार को उपलब्धता का खास लाभ नहीं मिला। यद्यपि हाल में लालू सरकार के प्रयास से यह योजना समाप्त कर दी गई है, बिहार को लंबे अरसे तक इससे काफ़ी हानि हुई है। इन्हीं वजहों से बिहार में पूँजी निवेश की कमी हुई, नतीजतन राज्य का विकास रुका रहा।

बिहार को पूँजी निवेश की कमी अवश्य रही है लेकिन बिहार की पतनशील अवस्था को समझने के लिए यह शिकायत पर्याप्त नहीं है। कारण है कि यदि पूँजी मुहैया भी कराई जाती तब भी यह राज्य विकास नहीं कर पाता। जिस विकास-मॉडल को बिहार ने अख्तियार किया, वह सही नहीं था। बिहार औद्योगिक कारखानों के बल पर तरक्की करना चाहता था। यह पद्धति बिहार की परिस्थिति में उपयुक्त नहीं थी। साथ ही, पूँजी-अभाव की अवधारणा से दो प्रश्नों का जवाब

नहीं मिलता है। पहला, केंद्र सरकार के अन्यायपूर्ण रवैये के विरोध में बिहार का नेतृत्व क्यों खड़ा नहीं हुआ? क्यों यहाँ की जनता को इसके लिए गोलबंद नहीं किया गया? दूसरा, जो भी पूँजी और साधन उपलब्ध थे, इसका समुचित उपयोग क्यों नहीं हुआ? बिहार का गैर-विकास के मद का खर्च दूसरे राज्यों की तुलना में अधिक बढ़ा है। साथ ही, जो भी केंद्रीय सहायता आती है उसका उपयोग नहीं हो पाता है। क्यों?

बिहार के विकास के रुके रहने का एक दूसरा कारण भी काफी महत्त्वपूर्ण माना जाता है। वह है भूमि-सुधार का अभाव। विश्लेषकों का बड़ा समूह भूमि-सुधार की अनदेखी को बिहार के पिछड़ेपन का एकमात्र कारण मानता है। बिहार कृषि-प्रधान राज्य है। यदि खेती अविकसित है तो राज्य पिछड़ा अवश्य रहेगा। अविकसित खेती के दो प्रमुख पक्ष होते हैं—पहला, खेती की उत्पादकता में कमी और दूसरा, कृषि के उत्पादन-संबंधों में गड़बड़ी। सिद्धांत कहता है कि यदि उत्पादन-संबंध खराब है तो पूँजी निवेश भी समाज को आगे नहीं बढ़ा सकता है।

बिहार के विकास में रुचि रखने वाले कुछ विचारकों, खासकर वामपंथी लोगों, की यह अवधारणा है कि बिहार में भूमि के वितरण में भारी असमानता है। खेती पर श्रम करने वालों की न तो मिल्कियत में भागीदारी है और न ही उचित मजदूरी मिलती है। बिहार में भूमि चूँकि उत्पादन का प्रमुख साधन है, इसका वितरण असमान होने से विकास रुका रहेगा। यही नहीं, बल्कि पुराना पारंपरिक भूमि-संबंध विकास विरोधी है क्योंकि भूपति बिचौलियों की वजह से न केवल उत्पादन कम हो रहा है, बल्कि कृषि उत्पादित वस्तुओं का वितरण भी खराब है। इस व्यवस्था में जबरन मजदूरी की भी व्यवस्था है जिसके कारण मजदूरों का भारी शोषण हो रहा है। इस व्यवस्था में आर्थिक शोषण के सिवाय गैर-आर्थिक दमन भी कायम है। यह व्यवस्था स्वायत्त किसान समाज़ की विरोधी है। नतीजतन सारा समाज पिछड़ा हुआ है। मार्क्सवादी विचारकों के मुताबिक बिहार जब तक कृषि भूमि संबंधों में सुधार नहीं करता है, इसका विकास रुका रहेगा।

'अर्द्ध सामंतवाद' को मानने वाले विचारक भूमि-संबंधों पर काफी ज़ोर देते हैं। इसी विचार के तहत ग्रामीण इलाकों में नक्सल आंदोलन चल रहा है। लेकिन इसके बावजूद बिहार की पतनशीलता में भूमि-सुधार की अनुपस्थिति प्रमुख कारण नहीं मालूम पड़ती है। कारण है कि बिहार में 'कुलकों' की संख्या इतनी नहीं है कि वे बिहार की प्रगति के रास्ते को रोक सकें। जिन इलाकों में नक्सल आंदोलन हुआ है वहाँ भी भूमिहीनों और सीमांत किसानों की हालत बेहतर नहीं हुई है। 'अर्द्ध सामंतवाद' के प्रवर्तकों की दलीलों से कई महत्त्वपूर्ण सवालों का जवाब नहीं मिलता है। पहला, भूमिहीनों की खराब स्थिति के लिए सिर्फ किसान जवाबदेह क्यों है? भूमिहीनों का अधिकार सिर्फ खेतों तक सीमित क्यों है? शहर की अट्टालिकाओं

और उद्योगों पर उनका अधिकार क्यों नहीं है? दूसरा, वर्तमान खेती की व्यवस्था को बदलकर कौन-सी वैकल्पिक कृषि-व्यवस्था लागू की जाएगी, अभी तक यह साफ नहीं हो सका है। भूमि-सुधार के समर्थकों ने अभी तक किसी वैकिल्पक कृषि-व्यवस्था का प्रतिपादन नहीं किया है। इन प्रश्नों के उत्तर के अभाव में ऐसा लगता है कि 'अर्द्ध सामंतवाद' का व्यापक प्रचार गाँवों और खेतों को बर्बाद करने की नीयत से हुआ है ताकि शहर और उद्योग पनप सकें, समाज के लिए वैकल्पिक, बेहतर व्यवस्था की स्थापना के लिए नहीं।

बिहार को पतन की ओर ले जाने वाला असली कारण बिहार की सामाजिक व्यवस्था है। वर्तमान सामाजिक व्यवस्था के रहते बिहार किसी भी मॉडल के मार्फत तरक्की नहीं कर सकता है। जाति आधारित समाज तरक्की नहीं कर सकता है। जाति-व्यवस्था को नजरअंदाज करने के कारण ही हम उस बिहार को खोजने में असफल रहे हैं जिसने बुद्ध, महावीर, चंद्रगुप्त मौर्य, अशोक, सूफी संत और भक्त-परंपरा के कवियों का निर्माण किया और मानवता को नई ऊँचाइयों तक ले जाने का यश अर्जित किया था। समसामयिक बिहार की चेतना उस सामाजिक संरचना से तैयार हुई है जो इन महापुरुषों के प्रादुर्भाव का विरोधी है। अभी तक बिहार की खोज यूरोपीय नजरिए से की जाती रही है जो सरासर गलत है। बिहार की सामाजिक संरचना को जबरन ओझल कर पश्चिमी देशों की तर्ज के आर्थिक विकास की कार्य-योजना ही इस राज्य की त्रासदी रही है। पिछले पचास वर्षों के आर्थिक विकास के अनुभव ने नेहरू के उस सिद्धांत को गलत साबित किया है जिसमें उन्होंने कहा था कि औद्योगिक भारत की सड़कों पर यहाँ की सामाजिक संरचना अकेली भटकती फिरेगी, इसे कोई पूछने वाला नहीं होगा। वास्तविकता इसके विपरीत साबित हुई। जब तक वर्तमान सामाजिक संरचना के खिलाफ निर्णायक आंदोलन नहीं होगा, नया बिहार तैयार नहीं हो सकता है।

बिहार के विकास की व्यवस्था और आगे बढ़ने का रास्ता यहाँ का प्रबुद्ध वर्ग या तो पूँजीवादी रूपरेखा में या फिर इसके विपरीत साम्यवादी रूपरेखा में ढूँढ़ता है। यह बुद्धिजीवी वर्ग इन दोनों सिद्धांतों को सार्वभौम और चिरकालिक मानता है। ये शब्दावली के लिहाज से बहुत ही तर्कसंगत लगते हैं लेकिन ये दोनों सिद्धांत बिहार में व्याप्त सामाजिक जड़ता को समाप्त करने में पूरे तौर पर असफल हैं। बिहार की सामाजिक व्यवस्था की विशेषता है कि यह पूँजीवाद और साम्यवाद दोनों को अपने में समाहित कर पूरे समाज को अपनी गिरफ्त में रखता है। अभी तक के व्यावहारिक अनुभव ने यही साबित किया है।

बिहार की सामाजिक व्यवस्था ने एक खास प्रकार की मानसिकता को जन्म दिया है। इसे सवर्ण मानसिकता कहा जा सकता है। सवर्ण मानसिकता एक प्रकार की मनःस्थिति है जो एक लंबे अर्से में तैयार हुई है। इसे असत्य चेतना कहकर

नजरअंदाज नहीं किया जा सकता है। यह वह मनःस्थिति है जो बिहार के लोगों के दिलों के एक कोने में गैर-बराबरी को, प्रत्यक्ष या अप्रत्यक्ष रूप से, सँजो कर रखती है। यह वह मानसिकता है जिसे लंबे अर्से के पाखंडी आचरण ने निर्मित किया है। सवर्ण मानसिकता विचार के स्तर पर 'वसुधैव कुटुंबकम्' की ऊँचाइयों तक जाता है लेकिन व्यवहार में अपने ही समुदाय के लोगों को नीच भी समझता है। सवर्णता एक स्तर है जिसे सभी प्राप्त करना चाहते हैं। यद्यपि यह मनःस्थिति परंपरागत भारतीय समाज की है, समसामयिक समाज में इसका ऊपरी चेहरा बदला है, इसके बुनियादी तत्त्व आज भी कायम हैं। नयी आर्थिक और राजनीतिक मजबूरियों में इसने नया रूप धारण किया है। यही मनःस्थिति यहाँ के लोगों में वैसा मानसिक धरातल तैयार करती है जो विकास का अवरोधक है। बिहार के विकास को इसने श्रम के प्रति अरुचि, जोखिम उठाने में हिचक, पाखंडी चरित्र आदि कई तरीकों से बाधित किया है।

वैकल्पिक रास्ते की खोज

बिहार के लिए वैकल्पिक रास्ते की तलाश करना और उसे अमल में लाना आसान नहीं है। कुछ संकेत मात्र में बातें हो सकती हैं, कुछ नई दिशाओं की ओर इशारा किया जा सकता है। एक निश्चित वैकल्पिक योजना प्रस्तुत करना दो कारणों से मुश्किल है। पहला, 50 वर्षों में देश जितना रास्ता तय कर चुका है, इससे हट कर एक नई योजना का खाका खड़ा करना, साधारण काम नहीं है। यह देश नेहरूवादी योजनात्मक आर्थिक विकास के रास्ते से अपना सफर शुरू करके मनमोहनवादी उदारवादी नीति को अमल करने तक, एक लंबी दूरी तय कर चुका है। अभी भारत की सरकार ने अपनी पूरी ऊर्जा भूमण्डलीकरण में भारत की अर्थव्यवस्था को समाहित करने में लगा रखी है। यह रास्ता बिहार के लिए उपयोगी नहीं है क्योंकि यह औपनिवेशिक रास्ता है। इस माहौल में एक वैकल्पिक नीति की सिफारिश करना विपरीत धारा से टकराने के बराबर है। दूसरा, बिहार एक संघीय राष्ट्र का हिस्सा है। यहाँ शासन-व्यवस्था का ढाँचा संघीय अवश्य है लेकिन इसकी पूरी अभिव्यक्ति केंद्र आधारित है। बिहार स्वतंत्र राज्य की हैसियत से काम नहीं कर सकता है। केंद्र सरकार योजना तैयार करती, नीति निर्धारित करती है। राज्य के अधिकार-क्षेत्र सीमित हैं। ऐसी परिस्थिति में बिहार के लिए एक विपरीत रास्ते पर चलना आसान नहीं है। इन्हीं वजहों से एक वैकल्पिक मॉडल की पूरी रूपरेखा तैयार करना आसान नहीं है। फिर भी यदि बिहार की जनता तैयार होती है तो आर्थिक और सामाजिक दिशा में भारी फेर-बदल हो सकता है।

बिहार स्वयं में एक बड़ा बाजार है। बिहार को बाजार खोजने की जरूरत नहीं है। इसलिए बाहरी व्यापार पर आश्रित होकर विकास का रास्ता तय करना आवश्यक नहीं है। यहाँ अनेकों प्रकार के कृषि आधारित उद्योग स्थापित हो सकते

हैं। यहाँ की भूमि उपजाऊ है। यदि समुचित ढंग से खेती का विकास किया जाए तो खेती से अधिशेष तैयार किया जा सकता है और भारी मात्रा में पूँजी का निर्माण किया जा सकता है। यहाँ के किसान मेहनती हैं, उन पर खेती की पैदावार को बढ़ाने के लिए भरोसा किया जा सकता है। इन्हीं मान्यताओं के परिप्रेक्ष्य में यहाँ एक भिन्न विकास पद्धति की चर्चा की जाती है।

जिस वैकल्पिक विकास की चर्चा यहाँ की जा रही है उसकी दो मान्यताएँ हैं। पहली, बिहार का विकास प्रचलित आर्थिक विकास-पद्धति से संभव नहीं है। पिछले 50 वर्षों के अनुभव ने इसे साबित कर दिया है। शुरुआती दौर में केंद्र सरकार ने भारी उद्योगों पर दक्षिण बिहार में भारी मात्रा में पूँजी निवेश किया। इसका अनुकूल असर न तो दक्षिण बिहार के लोगों के जीवन-स्तर पर पड़ा और न ही शेष बिहार की आर्थिक प्रगति पर। जिस आर्थिक विकास की नींव डाली गई उससे 100 बिलियन डॉलर का विदेशी कर्ज देश के माथे पर लद चुका है। विकास के इस निराशाजनक अनुभव से सरकार उदारवादी नीति के मार्फत मुक्ति पाना चाहती है। मनमोहनवादी विकास-पद्धति भी देश के विकास को आगे बढ़ाने में असफल रही है, यह पिछले दशक का अनुभव बतलाता है। अतः विकास की वैकल्पिक अवधारणा का संदर्भ बनता है। यह वैकल्पिक अवधारणा देश के भारी उद्योगों को आधुनिक भारत के मंदिर का दर्जा नहीं देती और न ही भारत को विश्व बाजार का एक असहाय अंग बन कर भूमंडलीकरण की होड़ में शामिल करने की हिमायती है। वैकल्पिक विकास-पद्धति का मुख्य आधार स्वदेशी पूँजी और संसाधन होंगे, यद्यपि सीमित विदेशी पूँजी का इस्तेमाल अपनी शर्तों पर हो सकता है। वैकल्पिक विकास-पद्धति न उद्योग-प्रधान और न ही विदेशी व्यापार-प्रधान होगी, यह स्वदेशी, आवश्यकता आधारित आत्मनिर्भर विकास-योजना होगी।

वैकल्पिक विकास की दूसरी शर्त है कि इसकी अगुआई आजादी के बाद वाले नेतृत्व से भिन्न होगी। यह वैसा नेतृत्व होगा जिसकी प्रथम प्राथमिकता राज्य की समग्र तरक्की होगी। यह केंद्र सरकार का पिछलग्गू नहीं होगा। इस नेतृत्व के रहते केंद्र बिहार को आंतरिक उपनिवेश नहीं बना पाएगा और इस राज्य के विकास की जरूरतों की अनदेखी करने की हिम्मत नहीं करेगा। इसका लक्ष्य बिहार में पूर्ण रोजगार की स्थिति पैदा करने का होगा। यह स्थिति उपलब्ध पूँजी और आबादी के साथ एक तरह का सामंजस्य स्थापित करेगी। इस विकास का अग्रदूत न तो कुछ राष्ट्रीय कंपनियाँ होंगी और न नौकरशाही। भारत के विकास का अग्रदूत यहाँ का किसान-कामगार होगा।

सभ्य दुनिया को किसी भी राष्ट्र के विकास के दो ही रास्ते अभी तक मालूम हैं। ये सभ्यतागत रास्ते हैं, अर्थशास्त्र द्वारा प्रतिपादित तकनीकी रास्ते नहीं। ये दोनों रास्ते एक-दूसरे के सर्वथा विपरीत हैं। एक रास्ता खेती और उससे जुड़े गाँवों का

आधार मान कर आवश्यक आवश्यकताओं पर जोर देता है और इसीलिए यह स्वावलंबन को महिमामंडित करता है। दूसरा रास्ता उद्योग और उससे जुड़े शहरों को आधार बनाकर असीमित इच्छाओं को जन्म देता है और व्यापार को मानव समाज का उद्धारक बतलाता है। आधुनिक बुद्धिजीवी पहले रास्ते को बीते दिनों का प्रतीक मानता है और दूसरे रास्ते को आधुनिक सभ्यता का प्रतिमान समझता है। पश्चिमी सभ्यता से प्रभावित विद्वतूजनों ने पहले रास्ते के विषय में सोचना बंद कर दिया है। ये सारे विचारक सभ्यता के तीसरे चरण, ज्ञान आधारित सभ्यता, के स्वागत की तैयारी में लगे हैं। इसके विपरीत बहुत से लोग पश्चिमी सभ्यता को, जिसे गाँधी ने 'पिशाची सभ्यता' कहा था, मानव विकास का अवरोधक मानते हैं और यह विश्वास करते हैं कि यदि मानवीय सभ्यता को लंबे समय तक जीवित रहना है तो देर-सबेर ग्रामीण सभ्यता का अनुसरण करना पड़ेगा। यह सोच शहर विहीन मानव समाज की कल्पना नहीं करती, बल्कि शहरों के विकास को सीमित रख कर गाँवों से उनका सामंजस्य स्थापित करने की हिमायती है। बिहार यदि गाँव आधारित वैकल्पिक विकास-पद्धति पर चलने का मन बनाता है तो वह अपनी खोई हुई अस्मिता को फिर से प्राप्त करने लायक बन सकता है।

बिहार के वैकल्पिक विकास की पहली आवश्यकता है स्थानीयता। अभी तक की विकास-पद्धति विदेशी पूँजी, विदेशी अनुभव तथा विदेशी व्यापार पर आधारित रही है। नतीजा सामने है। लातिन अमेरिका के देशों का अनुभव तथा अभी हाल में दक्षिण-पूर्व एशिया के देशों की आर्थिक दुर्दशा इस बात का प्रमाण है कि विदेशी पूँजी और व्यापार आधारित आर्थिक विकास कितना कृत्रिम व अस्थायी होता है। इसलिए यदि सही अर्थों में बिहार का विकास करना है तो स्थानीयता की ओर अग्रसर होना पड़ेगा। यह स्वाभाविक और स्थायी पद्धति है।

स्थानीयता आधारित विकास-पद्धति की कुछ खास विशेषताएँ हैं। पहला, स्थानीयता आधारित विकास स्वावलंबन पर जोर देता है। स्थानीय साधन और पूँजी इसकी मुख्य चालक शक्ति होती है। चूँकि वैश्वीकरण की पद्धति आर्थिक और सांस्कृतिक विविधताओं को समाप्त करती है, इसका अंततोगत्वा नाश आवश्यक है। इसके विपरीत स्थानीयता का मुख्य स्वरूप स्थानीय जरूरतों पर आधारित उत्पादन-व्यवस्था है। स्थानीयता की पूरी अवधारणा इस मान्यता पर टिकी है कि मानव समाज अपने आसपास के इको सिस्टम से फला-फूला है। विभिन्न समाजों में रहने वाले मानवीय समुदायों की अपनी-अपनी संस्कृति, जीवन-शैली और सोच इसी से बनी है। अतः मनुष्य का वह स्वाभाविक परिवेश है। यह सुखी जीवन के लिए आवश्यक है क्योंकि यह स्वाभाविक और सहज है। जब मनुष्य को अपने स्वाभाविक परिवेश से तोड़ दिया जाता है, जैसा भूमंडलीकरण में होना निश्चित और स्वाभाविक है, उसकी उत्पादन-व्यवस्था और उपभोग-शैली दूर की परिस्थितियों से निर्धारित होने लगती है। मनुष्य-जीवन का यह

स्वरूप जिसमें उत्पादन, उपभोग और सोच की विविधताएँ समाप्त हो जाती हैं, अनेक आपदाओं को आमंत्रित करता है। इसीलिए स्थानीयकरण विश्व बाजार के लिए उत्पादन ढाँचा खड़ा करने का प्रबल विरोधी है। कारण है कि वैश्वीकरण मनुष्य को एक-दूसरे से तथा प्रकृति से अलग करता है।

स्थानीयता की अवधारणा का दूसरा प्रमुख आधार यह तथ्य है कि सही और तेज विकास लोगों की अपनी ऊर्जा और अंतःप्रेरणा से ही संभव है। जब मनुष्य की अंतःप्रेरणा और ऊर्जा को दूसरों द्वारा निर्देशित कर दिया जाता है, उसके काम करने की स्वाभाविक प्रवृत्ति समाप्त हो जाती है। बिहार के विकास के संबंध में इसका अर्थ है कि विकास का सही अग्रदूत किसान-कामगार ही हो सकता है। नेहरूवादी विचार-पद्धति ने देश के नवनिर्माण की जवाबदेही यहाँ के नौकरशाहों पर थोपी थी। नौकरशाह ही योजना बनाते, उसे कार्यान्वित करते और लोगों को निर्देश देते थे। यह प्रयोग पूरी तरह असफल हुआ है। अवरुद्ध विकास इसका प्रमाण है। नब्बे के दशक से, जब से उदारीकरण की नीति अपनाई गई है, इस देश के विकास का नियंता बहुराष्ट्रीय कंपनियों को बना दिया गया है। इसका अंजाम नेहरूवादी विकास-पद्धति से ज्यादा हानिकर होगा। इससे देश की आर्थिक स्वायत्तता समाप्त होगी। इसके विपरीत यदि किसान-कामगार को विकास की जिम्मेदारी दी जाती है तो बिहार का विकास आत्मनिर्भरता पर आधारित होगा व इसकी गति स्वभावतः तेज होगी। इससे काम के अवसरों का विस्तार होगा और स्थानीय साधनों का इस्तेमाल हमारी जरूरतों के मुताबिक किया जा सकेगा।

स्थानीयता के बारे में अनेकों भ्रांतियाँ पैदा की गई हैं। इसकी सबसे प्रखर आलोचना है कि यह व्यवस्था व्यापाररहित स्वावलंबी आर्थिक व्यवस्था की स्थापना करता है। आज के युग में स्वावलंबन जड़ समाज का निर्माण करता है। यह आलोचना गलत है क्योंकि इसमें व्यापार को रोका नहीं जाता है। सिर्फ व्यापार की प्रधानता को नहीं माना जाता है। इसकी दूसरी आलोचना है कि धनी देशों से सहायता तथा पूँजी निवेश बंद हो जाएगा। स्थानीयता की आलोचना यह कहकर की जाती है कि स्थानीयता शहरी संस्कृति की दुश्मन है, जबकि शहरी संस्कृति ही मानवता के विकास का आधार है। लेकिन ये सारी आलोचनाएँ गलत हैं।

कृषि आधारित विकास

बिहार गाँवों का देश है। खेती इसका प्रमुख आधार है। खेती पर मूलतः लोगों की आर्थिक स्थिति निर्भर करती आ रही है। बिहार में भूमि के ही चारों ओर हजारों वर्षों के प्रयास से सामाजिक संबंध विकसित हुए हैं। बिहार के लोगों की सांस्कृतिक बनावट में पूरे तौर पर कृषि की एकमात्र भूमिका है। यहाँ की अर्थव्यवस्था युगों से चलती आ रही ग्रामीण-व्यवस्था को समाप्त करने के बाद ही क्षत-विक्षत हुई

है, ब्रिटिश शासन ने यहाँ के गृह व कुटीर उद्योग-धंधों को मशीन से बनी वस्तुओं से प्रतियोगिता करा कर, सस्ती कीमत पर बेच कर तथा कामगारों को प्रतिबंधित करके समाप्त किया। नई कृषि नीति के मार्फत किसानों का शोषण किया गया। बिहार को असहाय कृषि आश्रित राज्य अंग्रेजों ने बनाया। आज तक कृषि विरोधी नीति से बिहार को छुटकारा नहीं मिला है। ऐसी स्थिति में बिहार की वैकल्पिक विकास-व्यवस्था को कृषि पर ही आधारित करना होगा। भूमि का स्वामित्व, इसकी व्यवस्था तथा उपयोग तथा उससे उपजे उत्पादन-संबंधों की अनदेखी नहीं की जा सकती है।

कृषि आधारित आर्थिक विकास विकेंद्रित होगा। इस विकेंद्रित व्यवस्था का संचालन ग्रामीण समाज द्वारा होगा। आचार्य राममूर्ति की धारणा है कि जो अर्थनीति विकेंद्रित होगी उसमें भूमि की पूरी व्यवस्था के लिए ग्राम-समुदाय को ही उत्तरदायी बनाना पड़ेगा। लगान, मजदूरी, खरीद-बिक्री, उत्तराधिकार, महाजनी आदि सभी बातों पर अंतिम निर्णय ग्राम-व्यवस्था का ही रहेगा, दूर राजधानी में बैठी सरकार का नहीं। वही व्यवस्था भूमि के साथ-साथ पानी, जंगल आदि उत्पादन के साधनों के उपयोग की भी योजना बनाएगी। खेती की पद्धति क्या होगी—पारिवारिक, सहकारी, सामूहिक या अन्य कोई, इसका निर्णय गाँव के लोग अपनी सभा में बैठकर करेंगे। ग्रामीण भारत के आर्थिक और सामाजिक प्रश्नों को अलग-अलग देखने से किसी का समाधान नहीं निकलेगा। अर्थनीति और समाज-नीति तथा जीवन के अन्यान्य उपादानों, धाराओं से जीवन-पद्धति बनती है। लेकिन यदि योजनापूर्वक नई जीवन-पद्धति बनानी हो तो अर्थनीति और समाजनीति पर पहले ध्यान देना पड़ेगा।

बिहार के लिए कृषि आधारित विकास ही उपयुक्त होगा। कृषि आधारित विकास का अर्थ है कि उद्योग और व्यापार इसके सहचर होंगे। इसमें उद्योगों को रोकने की योजना नहीं है। औद्योगिक विकास के लिए पूँजी का निर्माण कृषि से होगा, कृषि की बढ़ती क्रय-शक्ति इसके बाजार होंगे और कारखानों की तरक्की के लिए उपयुक्त तकनीक का ईजाद-विस्तार किया जाएगा। इस विकास-पद्धति में उद्योग की नहीं, कृषि की प्रधानता होगी और इसी की विकास-प्रक्रिया यह तय करेगी कि बिहार की अर्थव्यवस्था में उद्योग की बढ़ोतरी का क्या स्वरूप होगा और इस राज्य में व्यापार का क्या स्थान होगा।

पीछे मुड़कर देखने पर स्पष्ट मालूम पड़ेगा कि बिहार के विकास की योजना तीन स्तरों पर गलत दिशा में गई है। पहला, बिहार में भारी उद्योगों का विकास बिहार को ध्यान में रखकर नहीं, राष्ट्रीय आवश्यकताओं को पूरा करने के लिए किया गया है। इस पर ध्यान नहीं दिया गया कि राष्ट्र का स्वार्थ और राज्य का स्वार्थ हर परिस्थिति में मेल नहीं खाता है। दूसरा, आजादी के बाद बिहार में लघु उद्योगों का खात्मा समय से पहले किया गया है। इनसे बेकार हुए लोगों को नए

उद्योगों में लगते जाना चाहिए था लेकिन उन्हें कृषि पर बोझा बनाया गया। नतीजतन बिहार को चौतरफा मार पड़ी। न उद्योग बढ़ा न कृषि। आज बिहार में औद्योगिक मजदूरों की संख्या सिर्फ 2 प्रतिशत है, जबकि राष्ट्रीय औसत 4 प्रतिशत है। तीसरा, कृषि विकास की अनदेखी की गई। यहाँ का सत्ताधारी-वर्ग और तथाकथित प्रगतिशील बुद्धि-वर्ग किसान-विरोधी था। बिहार ने जितनी पूँजी उद्योग के विकास के लिए लगाई उतनी पूँजी कृषि विकास पर खर्च की होती तो बिहार का आर्थिक स्तर काफी ऊँचा होता।

कृषि आधारित विकास के कुछ खास पहलू और पूर्व शर्तें हैं। बिहार में सिंचाई की सुविधा को बढ़ाया जाए। यद्यपि आँकड़ों के मुताबिक सिंचित खेती का अनुपात अच्छा है तथापि कृषि आज भी मानसून पर आधारित है। जरूरत है सिंचाई पर अधिक पूँजी निवेश की। इसके साथ ही आधारभूत ढाँचे का विस्तार होना चाहिए। इसमें यातायात से लेकर खेती की जरूरतों और बाजार-व्यवस्था की तरक्की निहित है। वैकल्पिक विकास-पद्धति में बिहारी आबादी की शिक्षा और स्वास्थ्य सुविधाओं का विकास भी सम्मिलित है। यह प्रमाणित है कि खेती का विकास और गरीबी निवारण दोनों साथ-साथ होते हैं।

इस विकास योजना का दूसरा पहलू छोटे और गृह उद्योगों का विकास है। इन उद्योगों को संरक्षण देने की आवश्यकता है क्योंकि बड़े उद्योगों में इन्हें समाप्त करने की पूरी क्षमता है। जितनी पूँजी औद्योगिक विकास के नाम पर खर्च हुई यदि लघु उद्योगों पर खर्च होती तो हम बिहार के उन कामगारों के हुनर का राज्य के विकास में उपयोग कर सकते थे जिसे इन कामगारों ने हजारों वर्षों में सीखा और परिमार्जित किया है। यदि सरकार इन कामगारों की आर्थिक सहायता करती और इनकी तकनीक को क्रमशः विकसित किया जाता तो बिहार एक उद्योग-प्रधान राज्य के स्तर को प्राप्त कर सकता था।

कृषि-प्रधान विकास की कई निराधार आलोचनाएँ हैं। चूँकि खेती आधारित विकास-योजना गाँव आधारित होती है, आधुनिकता के पुजारी इसे समाज को पीछे ले जाने वाला नुस्खा कहते हैं। मार्क्स ने भारतीय गाँव को 'प्रतिक्रियावादी' की संज्ञा दी है। आधुनिकता के पोषक आलवीन टाफलर कृषि को औद्योगिक समाज का मलमूत्र भी कहते हैं। लेकिन ये दोनों विचारक भारतीय गाँवों के संदर्भ को समझने में असफल रहे हैं। भारतीय गाँव राष्ट्रीय विकास की हजारों सालों से चली आ रही प्रामाणिक इकाई हैं। सिर्फ गाँधी ने गाँवों को सही ढंग से पहचाना था। गाँधी को विश्वास था कि भारत के मृतप्राय गाँव को नन्दनवन बनाया जा सकता है। गाँव आधारित सभ्यता नगर आधारित सभ्यता से अधिक समतावादी और स्थायी होती है।

नई सामाजिक चेतना का निर्माण

बिहार देश का सबसे अधिक जातिवादी राज्य है। जातिवादी मानसिकता की जकड़न जितनी बिहार में प्रभावित करती है, दूसरे राज्यों में नहीं। जातिवादी मानसिकता ने बिहार को सबसे नीचा रखने में अहम भूमिका निभाई है। इसी की छाया में यहाँ की राजनीति चलती है। नौकरशाही पर इसका पूरा प्रभाव है। भ्रष्टाचार को संरक्षण देने में जाति-मानसिकता की बड़ी भूमिका है। बिहार में दूसरे राज्यों की तुलना में अधिक भ्रष्टाचार नहीं है, लेकिन सरकारी सम्पत्ति की लूट सबसे अधिक यहीं होती है।

जब तक लोगों की मानसिकता विवेकपूर्ण नहीं होती है, आधुनिक विकास संभव नहीं है। आधुनिक विकास के लिए आवश्यक है कि समाज में व्यक्ति एक स्वतंत्र इकाई हो और इसकी सोच विज्ञान-आधारित, विवेकपूर्ण हो। लेकिन दुर्भाग्यवश भारतीय समाज का व्यक्ति जाति के खाँचे से आजाद नहीं हुआ है। अतः समग्र रूप से बिहार के लोगों का चरित्र व आचरण आधुनिक सभ्यता के अनुरूप नहीं होता है। जरूरत है उसे विवेकपूर्ण बनाने की। यह सांस्कृतिक आंदोलन की बदौलत ही संभव है। बिहार में काफी लंबे अरसे से सामाजिक बदलाव के कोई आंदोलन नहीं हुए हैं। गाँधी का अस्पृश्यता निवारक आंदोलन भी राज्य में पूरी तरह सफल नहीं हुआ है। नतीजतन मानसिक जड़ता पर चोट नहीं पहुँची है। यह कैसे होगा, कौन करेगा—यह अलग सवाल है लेकिन ऐसा आंदोलन आवश्यक है।

उपसंहार

पिछले 50 वर्षों के आजाद भारत के आर्थिक विकास का सफर निराशापूर्ण है। स्वतंत्रता-संग्राम के दौरान जितने वादे किए गए थे, निरर्थक साबित हुए। आजाद भारत आर्थिक विकास के मार्फत एक नए राष्ट्र का निर्माण करना चाहता था जिसमें शोषण के सारे आयामों को समाप्त कर यहाँ के नागरिकों को गरीबी से छुटकारा दिलाया जा सके। दुर्भाग्यवश न तो शोषण के आयाम समाप्त हुए और न ही गरीबी मिटी। आर्थिक विकास के इस सफर में देश ने निर्देशित अर्थव्यवस्था से लेकर बिल्कुल उदारवादी आर्थिक नीतियों को अपनाया है। लेकिन स्थिति सुधरी नहीं है। दुनिया के गरीबतम देशों में भारत शुमार होता है। इसकी आर्थिक प्रगति मानो ठहरी हुई है। विश्व अर्थव्यवस्था में भारत की भागीदारी नगण्य है। विश्व-समुदाय में भारत की परवाह नहीं की जाती है। सब मिलाकर, विश्व-समुदाय में हमारा सम्मान घट रहा है।

इस अधोपतन का कारण है कि भारत ने विकास का गलत रास्ता अख्तियार किया है। पश्चिम के औद्योगिक देशों की देखा-देखी ठीक नहीं। भारत ने यह गलती की कि इसने भारी उद्योगों के मार्फत अपनी सारी समस्याओं का समाधान ढूँढ़ा।

हमने इंग्लैण्ड और अमेरिका बनने का सपना देखा। यही गलत था। इसी का अंजाम है कि देश पर 100 बिलियन डॉलर से अधिक का विदेशी कर्ज लदा हुआ है। आज हम विश्वबैंक, अंतर्राष्ट्रीय मुद्राकोष और विश्व-व्यापार संगठन के इशारे पर चल रहे हैं। एक ढंग से भारत ने अंग्रेजों से हासिल की हुई आजादी विश्व-व्यापार संगठन के हाथों खो दी है। भारत विश्व-समुदाय का एक लाचार सदस्य बनता जा रहा है। हमारी बेबसी का आलम है कि हमारे प्रधानमंत्री दुनिया के सभी देशों को विदेशी पूँजी का न्यौता दे रहे हैं। हमारी अर्थव्यवस्था की क्या स्थिति है, इससे स्पष्ट होता है।

बिहार को इस आर्थिक विकास के सफर में अधिक परेशानियाँ उठानी पड़ी हैं। कारण है कि बिहार बड़े औद्योगिक विकास मॉडल को अख्तियार करने के लिए तैयार नहीं था। यह तैयारी सिर्फ पूँजी इकट्ठा करके तथा कृषि के संबंधों को नया स्वरूप देने का ढिंढोरा पीटने से नहीं हो सकती है। जब तक बिहार की सामाजिक जकड़न को, जो हजारों वर्षों से राज्य के समाज को बाँधे हुए है, तोड़ा नहीं जाता, विकास के रास्ते प्रशस्त नहीं हो सकते हैं। बिहार के लोगों में जब तक बिहारी होने के गौरव का अहसास नहीं होगा, इसकी तरक्की रुकी रहेगी। अतः बिहार के पिछड़ेपन का प्रमुख कारण यहाँ की सामाजिक व्यवस्था है जिसे व्यापक जन-जागरण से ही दूर किया जा सकता है।

बिहार अपने में एक पूरा बाजार है। इसको आर्थिक और प्रशासनिक व्यवस्था का पुराना अनुभव है। युगों से यहाँ के गाँव एक अच्छी आर्थिक इकाई की हैसियत से काम करते आ रहे हैं। इसे नष्ट कर बिहार को शहर आधारित आर्थिक व्यवस्था बनाना न केवल कष्टदायक होगा बल्कि सदा ही यह प्रयास असफल रहेगा। गाँव और कृषि के विकास से होकर ही बिहार की तरक्की का रास्ता प्रशस्त होता है। हमें यह भूलना नहीं चाहिए कि बिहार समृद्ध किसान और उन्नत कृषि के ही बल पर अतीत में सभ्यता के शिखर पर आसीन हुआ था। आज भी इसकी नियति यही होनी चाहिए।

यहाँ इसी आशय को परिभाषित करने की कोशिश की गई है। हमें यह अच्छी तरह मालूम है कि जो समाज अपनी जरूरतों के बराबर ही उत्पादन करता और अपने उत्पादन के बराबर ही जीवनयापन करता है वह अपने को एक विकासहीन, जड़ समाज बनाता है। लेकिन इसके विपरीत अपनी अर्थव्यवस्था को विश्व-बाजार की जरूरतों और उसी के ढाँचे में तैयार करना उससे अधिक आत्मघातक है। भूमंडलीकरण एक औपनिवेशिक रास्ता है। बिहार को इसके विकल्प में खड़ा होना चाहिए और एक नया, स्वावलंबी विकास का मॉडल प्रस्तुत करना चाहिए।

विकास और पिछड़ापन : एक परिदृष्टि

❐ *महेन्द्र नारायण कर्ण*

चिंतन एवं नीति दोनों दृष्टियों से बीसवीं शती के उत्तरार्द्ध से विकास और पिछड़ापन सामाजिक विमर्श के केंद्र में रहा है। द्वितीय विश्वयुद्ध के बाद विश्व के अधिकांश देश औपनिवेशिक शासन तंत्र से मुक्ति के बाद अपनी अलग पहचान बनाने में जुटे। इन देशों में राष्ट्रीय पुनर्निर्माण के लिए जिस नए संघर्ष का उदय हुआ, विकास की संकल्पना उसकी ही निष्पत्ति है।

विकासशील देशों में विकास और पिछड़ापन की यह चर्चा अभी भी महत्त्व का विषय बनी हुई है, क्योंकि ऐसे देश औपनिवेशिक चंगुल से निकलने के बाद भी कई प्रकार के दबाव में रहे हैं। ऐसा माना जाता रहा है कि इन देशों में एक ओर तो परंपरागत रूढ़ियों एवं संस्थागत बंधनों के कारण वैसे ही नए विकास की दिशा अवरुद्ध रही, वहीं दूसरी ओर औपनिवेशिक शासन काल में आरंभ किए गए व्यवस्थागत परिवर्तनों ने वैकल्पिक विकास के स्वतंत्र मार्ग को भी लगभग बंद कर दिया था। जब ये देश औपनिवेशिक बंधनों से मुक्त हुए, तो स्वभावतः इनके समक्ष इन दोनों कारकों ने कई प्रकार की कठिनाइयाँ उत्पन्न कर दीं। एक तरफ इन्हें अपनी पारंपरिक कट्टरता को आधुनिकता की प्रवृत्तियों एवं प्रक्रियाओं के साथ सामंजस्य बैठाना पड़ा जो विकास के मार्ग को प्रशस्त करने की पहली शर्त थी, तो दूसरी तरफ सभी औपनिवेशिक बाधाओं को तोड़ विकास की नई शक्तियों को गहराई से अपनी जमीन पर स्थापित करना भी आवश्यक था। दूसरे विश्वयुद्ध के बाद एशिया, अफ्रीका और लातिनी अमेरिका के अधिकांश देशों की स्थिति को इस संदर्भ में सहजता से समझा जा सकता है, क्योंकि ये देश इस अवधि में ही स्वतंत्र हुए और प्रगति के रास्तों की तलाश अपने-अपने ढंग से शुरू की।

यहाँ इस तथ्य की चर्चा भी उपयुक्त है कि जहाँ कहीं भी पिछले कुछ दशकों में विकास से संबंधित विषय पर अध्ययन एवं शोध हुए वहाँ मुख्यतः इन पक्षों की

ही चर्चा हुई है जिनका जिक्र यहाँ किया गया है। सामाजिक अध्ययनों के प्रायः सभी अनुशासनों में यह परिलक्षित हुआ है। समाजशास्त्रीय अध्ययनों में तो यह तथ्य विशिष्ट रूप से सामने आया है। उन अध्ययनों के निष्कर्षों ने न केवल विकास से जुड़ी गुत्थियों को सुलझाने में मदद की है, बल्कि इनके द्वारा कई स्थापित अवधारणाओं तथा सिद्धांतों को चुनौतियाँ भी दी गई हैं। इसका प्रमुख कारण यह रहा है कि अब तक के प्रायः सभी सैद्धांतिक उपागम पश्चिम के विकसित देशों के ऐतिहासिक अनुभवों एवं सामाजिक-आर्थिक परिधि में ही विकसित हुए हैं। अविकसित राष्ट्रों की आर्थिक विपन्नता ने इन्हें बौद्धिक दीनता की चपेट में भी रखा है। अतः इन राष्ट्रों की सामाजिक संरचना को समझने के लिए सामान्यतः उन्हीं उपागमों को सामने लाना पड़ा है जो दूसरे परिवेश की उपज रहे हैं। भारत जैसे देशों में यह और भी स्पष्ट रूप से दृष्टिगोचर हुआ है। ज्ञान के विकास की योजनाओं पर बहस प्रारंभ होते ही पिछड़ेपन के कारणों को यहाँ के सामाजिक-संस्थागत व्यवस्थाओं के अंदर ही खोजा जाने लगा। हम पिछड़े हैं, अविकसित हैं, क्योंकि हम जड़ हैं, और परंपरा ने हमें सदियों से अपने चंगुल में दबाए रखा है। हम जब तक इन रूढ़ियों से मुक्त नहीं होंगे, हमारी उन्नति संभव नहीं है। इस दृष्टिकोण का परिणाम यह हुआ कि जो संस्थागत तत्त्व ब्रिटिश शासन के समय यहाँ की आर्थिक संरचना पर लाद दिए गए थे उनके दुष्परिणामों पर हमारा ध्यान कम ही गया। यदि ध्यान गया भी तो इन्हें दूर करने का कभी गंभीरता से प्रयास नहीं हुआ।

आजादी की लड़ाई के दौरान एक अन्य प्रकार का द्वंद्व भी मौजूद था। इस द्वंद्व की पृष्ठभूमि में अवस्थित था—नेतृत्व के बीच विचारधारा का विभेद। प्रमुख नेताओं के बीच विचार-भिन्नता के बावजूद उनकी मूल स्थापनाओं के बीच अनुकूलता स्थापित कर कोई ठोस दिशा नहीं बनाई जा सकी। सन् 1950 के बाद प्रारंभ हुई पंचवर्षीय योजनाओं के लचर वैचारिक आधार का एक महत्त्वपूर्ण कारण यह भी रहा है। इस तथ्य को एक विशेष संदर्भ में समझा जा सकता है। गाँधी-नेहरू के बीच का वैचारिक द्वंद्व आज भी हमें सालता रहता है। यह इतिहास की विडंबना ही है कि जब देश में आर्थिक विकास की योजनाओं को अमलीजामा पहनाया जाने लगा तो गाँधी नहीं रहे और योजनाओं का नेहरूकरण इतनी तेजी से हुआ कि हम इस चकाचौंध में फँस गए। राजनीतिक विकल्प कमजोर था और कोई दूसरा सैद्धांतिक समूह भी इतना सक्रिय नहीं था कि वह भविष्य की योजनाओं को न केवल नए सिरे से देखे बल्कि उसके ठोस स्वरूप को राष्ट्र के समग्र विकास के लिए प्रस्तुत कर सके। आगे अपनाई गई विकासमूलक रणनीति के खंडित वैचारिक आधार का कारण भी यही रहा है। प्रारंभिक दिनों में 'समाज का समाजवादी पैटर्न' इसका आधार बना, फिर इसे 'सामाजिक न्याय के साथ विकास' के औजार के रूप में उजागर किया गया। कुछ समय बाद यह 'गरीबी हटाओ' में बदल गया तथा आपातकाल के उपरांत जनता

शासन के समय गाँधी के विचारों को पुनः प्रचारित करने की असफल कोशिश हुई। आज नीति की छलाँग के पश्चात् विकास की दिशा और इसके प्रति नजरिया पूरी तरह बदल गया है।

कुल मिलाकर यह हुआ है कि 'विकास' एक नारा बनकर रह गया है, जिसका इस्तेमाल मात्र दलीय राजनीति को पुष्ट करने में होने लगा है। वस्तुतः इस प्रकार के नारों से सामान्यजन भी मोहित हो जाते हैं, क्योंकि भविष्य के सपने उन्हें साकार होते नजर आते हैं। इस ओर लोगों का ध्यान ही नहीं जाता कि आर्थिक विकास के लिए उठाए गए कदमों का दूरगामी प्रभाव क्या होगा।

'विकास' की अवधारणा 'पिछड़ेपन' की अवधारणा से जुड़ी है। यदि विकास की बात की जाए तो स्वतः पिछड़ेपन की चर्चा करनी होगी। क्योंकि मूलतः इनमें सापेक्षिक तत्त्व निहित होते हैं, चाहे इकाइयाँ देश हों अथवा समुदाय। पिछड़ापन एक ऐसा विषय है जिसके संकल्पनात्मक एवं व्यावहारिक दोनों पक्ष महत्त्व के हैं। स्थान एवं समय के अनुरूप इसका अर्थ बदलता रहता है। फलस्वरूप पिछड़ेपन को जब तक उसके सही संदर्भ में परिभाषित नहीं किया जाए, इस प्रश्न पर कोई भी विमर्श दिशाहीन ही रहेगा। दूसरी ओर इसके व्यावहारिक पक्ष के महत्त्व को भी कम कर नहीं आँका जा सकता है। यदि हम पिछड़ेपन के वैचारिक एवं नीतिगत आधार से परिचित हो जाते हैं, तब इसके उन्मूलन का रास्ता, किस प्रकार इसे समाप्त करने का रास्ता बनाया जाए, यह काम भी सरल हो जाता है।

मैंने इस निबंध में भी इसी पद्धति का प्रयोग किया है। प्रस्तुत विश्लेषण का प्रारंभ पिछड़ेपन एवं विकास के व्यापक संदर्भ एवं सैद्धांतिक आधार से किया गया है और पुनः बिहार की वास्तविकता को सामने रख कर चर्चा को आगे बढ़ाया गया है। मेरा मानना है कि यह उपागम हमें एक समग्र दृष्टि देगा और विषयवस्तु को सही ढंग से समझने में मदद भी मिलेगी।

इस विषय पर चल रहे विमर्श की मुख्य रूप से दो धाराएँ रही हैं। एक दृष्टिकोण के अनुसार पिछड़ेपन का सवाल आमलोगों की आर्थिक स्थिति से जुड़ा है। अरसे से इनकी निर्धनता और आर्थिक पिछड़ेपन ने गैर-बराबरी पर आधारित सामाजिक संरचना को न केवल जन्म दिया है, बल्कि उसे पुष्ट भी किया है। आर्थिक विपन्नता और सामाजिक गैरबराबरी का यह गँठजोड़ अत्यंत मजबूती से समाज को गतिहीन बनाए रखता है। अतः इस विचारधारा के अनुसार पिछड़ेपन एवं गैर बराबरी के समाधान का केवल एक रास्ता यह है कि आर्थिक विकास की गति को तेज किया जाए जिससे स्वतः समस्त विषमताओं का अंत हो जाएगा और समाज में समरसता स्थापित हो जाएगी।

दूसरी ओर कुछ लोगों की राय में गैरबराबरी और आर्थिक पिछड़ापन की जड़ सामाजिक संस्थागत कठोरताओं में निहित है। यह विचार पिछड़ेपन को आर्थिक

संरचनाओं से प्रत्यक्ष रूप से नहीं जोड़ता है। निर्धनता के कारणों को भी परंपरागत सामाजिक ढाँचे के अंदर ही ढूँढ़ा जाता है। उदाहरण के लिए भारत जैसे समाज में जातीय संरचना में निहित गैर बराबरियों के संदर्भ में ही पिछड़ापन को परिभाषित कर इस समस्या की गंभीरता को जाँचा-परखा जाता रहा है। फलस्वरूप इस तथ्य पर जोर दिया जाता रहा है कि सामाजिक-सांस्कृतिक, राजनीतिक एवं आर्थिक असमर्थताओं ने सदियों से समुदायों को पिछड़ा बना रखा है।

अपने आप में ऊपर के दोनों तर्क मजबूत हैं, किंतु सामाजिक-आर्थिक वास्तविकताओं के स्वरूप के मद्देनजर इनमें से कोई भी दृष्टि स्वयं में समस्या की जटिलताओं को स्पष्ट करने में पर्याप्त नहीं है। यह सही है कि औपनिवेशिक राष्ट्र आर्थिक संकट में रहते आए हैं, गरीबी, विपन्नता इसकी नियति रही है, परंतु पारंपरिक सामाजिक संरचना के विभिन्न तत्त्व भी परिवर्तन में कम बाधक नहीं रहे हैं। यही कारण है कि पिछड़े समाज में सामाजिक उत्पीड़न की समस्या गरीबी उन्मूलन के सवाल से कहीं महत्त्व अधिक की रही है। शोषण तथा उत्पीड़न समाजव्यवस्था के मूल तत्त्व रहे हैं। पिछड़ेपन के प्रश्न को इस आलोक में समझना नितांत आवश्यक है। हम तात्कालिक कार्यक्रमों के द्वारा कुछ लोगों को 'गरीबी रेखा' के ऊपर ला सकने में समर्थ तो हो सकते हैं, परंतु उन्हें सामाजिक उत्पीड़न के दबाव से उबार नहीं सकते। हम सुधार-कार्यक्रमों के द्वारा जातीय प्रतीकों पर चोट कर संतुष्ट भले ही हो जाएँ किंतु निर्धनता और आर्थिक गैरबराबरी की स्थिति में इन्हें पुनः सामाजिक उत्पीड़न की चपेट में आने से रोक नहीं सकते। अतः पिछड़ेपन को समझने एवं इसे समाप्त करने की दिशा में आगे बढ़ने के लिए यह आवश्यक है कि हम उन दोनों कारकों को ध्यान में रखें। इससे पहले कि हम बिहार की सामाजिक व्यवस्था की विशेषताओं एवं विकास की प्रचलित धारा से इसके रिश्तों पर विचार करें, इस परिकल्पना पर नजर डाल ली जाए कि क्या विकास प्रत्यक्ष रूप से सामाजिक संरचना विशेष की उपज है अथवा यह बाह्य मानवीय प्रयासों एवं परिस्थितियों द्वारा निर्देशित होती है? दूसरे शब्दों में, क्या विकास की दिशा और इसकी गति अंतर्वर्ती सामाजिक शक्तियों द्वारा नियंत्रित होती है या बाह्यवर्ती कारक ही इसका निर्धारण करते हैं? यह सवाल अत्यंत सरल दीखता है, परंतु गहराई में विचार करने पर इसकी गूढ़ता परिलक्षित होती है।

अंतर्राष्ट्रीय स्तर पर इस विषय से संबंधित जो बहस चलती है, यदि उस पर नजर डालें तो इसकी महत्ता स्वतः स्पष्ट हो जाएगी। पिछली सदी के पाँचवें-छठे दशकों के दौरान संयुक्त राष्ट्र ने अविकसित देशों के आर्थिक विकास के लिए उठाए जाने वाले कदमों पर विचार करने के उद्देश्य से एक विशेषज्ञ समिति गठित की थी। इस समिति की अनुशंसाओं में सबसे रोचक तथ्य यह था कि अविकसित देशों का विकास तब संभव है, जब इनके समाजों के सामाजिक संबंधों एवं संरचनाओं

को पश्चिमी पूँजीवादी देशों की तर्ज पर बदल दिया जाए। विश्व बैंक ने भी इस विचार से सहमति जताई थी। इस प्रकार के विचार के सभी लोगों ने यह स्पष्ट किया है कि अविकसित (विकासशील शब्द उस समय प्रचलन में नहीं था) देशों का विकास केवल विकसित देशों द्वारा इस्तेमाल किए जाने वाले आर्थिक तथा तकनीकी प्रक्रियाओं पर ही निर्भर नहीं है, बल्कि यह अत्यंत आवश्यक है कि इन देशों की सामाजिक संरचना ही नहीं, राजनीतिक व्यवस्था को भी पूँजीवादी देशों के अनुकूल बना दिया जाए। कई अमरीकी विश्लेषकों ने तो यहाँ तक कह दिया था कि यदि एशिया, अफ्रीका एवं लातीनी अमरीका के देशों को विकसित होना है तो उन्हें न केवल पश्चिमी संस्कृति को अंगीकार करना होगा, अपितु उन्हें यहाँ के सामाजिक मूल्यों को भी स्वीकार करना होगा।

मैंने इन तथ्यों की ओर इस दृष्टि से इशारा किया है कि विकास की दिशा को नियंत्रित करने वाली शक्तियों पर हुए विमर्श में इस बात पर बार-बार जोर दिया जाता रहा है कि विकास मूलतः किसी समाज-विशेष की आंतरिक व्यवस्था का परिणाम है। अतः जहाँ की सामाजिक संरचना एवं सांस्कृतिक विश्वदृष्टि परंपरा के बोझ से दबी है वहाँ विकास की संभावना अत्यंत क्षीण रहेगी। बहरहाल इस तर्क की सीमाओं को समझना कठिन नहीं है। यदि इस मंतव्य को स्वीकार कर लिया जाए तो हमें यह भी मान लेना होगा कि आज के पिछड़े देश न केवल अपरिवर्तनशील बल्कि इतिहासहीन एवं निष्क्रिय भी रहे हैं। यह विचार मानवीय इतिहास के उद्विकास की संभावनाओं को ही एक झटके में नकार देता है। कोई भी समाज पुड़िया में बंद रह कर जीवित नहीं रह पाया है। विभिन्न समाजों, संस्कृतियों एवं समुदायों के बीच आपसी लेन-देन, आदान-प्रदान ऐसी वास्तविकता रहा है जिसे निरस्त करना इतिहास को ही नकारना है। पिछली कई सदियों का वृत्तांत इसका सबूत है कि न केवल संस्कृतियों के बीच ही परस्पर हस्तांतरण होता रहा है बल्कि विभिन्न देशों के बीच आर्थिक संबंधों का सिलसिला भी काफी मजबूत रहा है।

अतः विश्लेषण के इस स्तर पर यह स्वीकारते हुए चर्चा को आगे बढ़ाएँ कि विकास और पिछड़ापन मात्र आंतरिक सामाजिक संरचना एवं मूल्यों की उपज नहीं है, अपितु इसका स्वरूप बाह्य एवं आंतरिक दोनों कारकों की आपसी अंतःक्रिया पर निर्भर करता है। बाहरी ताकतों के अंतर्गत राजनीतिक व्यवस्था एवं नेतृत्व, व्यापार और बाजार, अंतर्राष्ट्रीय आर्थिक संबंधों पर आधारित व्यवस्था जैसे तत्त्वों को शामिल किया जाता है, जबकि आंतरिक कारकों में सामाजिक स्तरीकरण का स्वरूप, परिवार एवं नातेदारी धार्मिक तौर-तरीका आदि महत्त्वपूर्ण हैं। दुनिया के पैमाने पर एक कपटी चक्र चलता रहा है जो अविकसित देशों को अपनी आंतरिक जटिलताओं तथा विरोभासों में फँसकर सदा पिछड़े रहने के लिए मजबूर करता है। अंतर्राष्ट्रीय स्तर पर प्रव्रजन, पूँजी का प्रवाह, व्यापार एवं वाणिज्य तथा क्षेत्रीय विशेषताओं के

स्वरूप जैसे सवाल निर्धन एवं धनी देशों के बीच की गैरबराबरी को बढ़ाते हैं। औपनिवेशिक आधिपत्य के दौरान हर समय सरकार का प्रयास रहा करता था कि उपनिवेश में केवल प्राथमिक वस्तुओं के उत्पादन को बढ़ावा मिले जिससे निर्यात अबाध गति से चल सके। श्रमशक्ति केवल इस क्षेत्र में ही केंद्रित रहे। स्वशासित राजनीतिक व्यवस्था द्वारा एक स्थिर शासन कायम नहीं हो और उपनिवेश में उपलब्ध प्राकृतिक संसाधनों का अधिकतम उपयोग हो। यह स्थिति काफी हद तक बाद में भी चलती रही। भारत के आर्थिक विकास की कहानी भी इसी दशा को दर्शाती है।

विकास को प्रभावित करने वाली आंतरिक शक्तियों की चर्चा सामान्यतः इस तथ्य से प्रारंभ होती है कि किस प्रकार किसी समाज-विशेष में बचत, श्रम एवं उद्यम का स्वरूप इन शक्तियों द्वारा निर्धारित होता है। उदाहरण के लिए अरसे से यह माना जाता रहा है कि परंपरा के चंगुल में रहने के कारण पिछड़े समाजों में लोग बचत तो करते हैं, परंतु इनका उपयोग उत्पादक निवेश के रूप में नहीं कर, मात्र पारंपरिक पद-प्रतिष्ठा अर्जित करने में कर देते हैं। अनुत्पादक व्यय एक सामान्य बात होती है। शारीरिक श्रम की प्रतिष्ठा नहीं होती। स्वतंत्र उद्यम में लगने से लोग हिचकते हैं। वैसे समाजों में जहाँ भूमि पर आधारित स्तरीकरण की जड़ें मजबूत होती हैं, यह स्थिति और भी जटिल होती है। यद्यपि इस तर्क का बोलबाला काफी दिनों तक रहा, किंतु आज करीब-करीब इसे त्याग ही दिया गया है।

अबतक की चर्चा से यह तथ्य सफाई से सामने आया है कि पिछड़ापन एवं विकास दोनों की दशा-दिशा मात्र अंतर्वर्ती कारकों द्वारा नियंत्रित नहीं होती, बाह्यवर्ती कारक कम महत्त्व के नहीं होते। यह सच है कि अंतर्वर्ती कारक विकास की गति को अवरुद्ध कर दिशाहीन बना सकते हैं, परंतु इनमें कई ऐसे तत्त्व भी विद्यमान होते हैं जो विकास को सुगम बनाते हैं। इस वास्तविकता एवं वैचारिक परिधि में ही अब बिहार के पिछड़ेपन की चर्चा की जाएगी।

आजकल भारतीय समाज, भारतीय ग्रामीण समाज, खेतिहर समाज-जैसी शब्दावलियाँ बखूबी चल पड़ी हैं, किंतु बिहारी समाज, हरियाणवी समाज, असमी समाज—जैसे शब्द कुछ ही दिनों से चलन में आए हैं। इसका एक कारण यह है कि आजादी के बाद देश में विकास की प्रक्रिया का प्रभाव विभिन्न क्षेत्रों पर समान रूप से नहीं पड़ा है। यदि इन क्षेत्रों को प्रांतों के नजरिए से देखा जाए तो कुछ प्रांत इस दौड़ में आगे निकल चुके हैं और कुछ पीछे छूटते गए हैं। विभिन्न प्रांतों के बीच इस दूरी को दर्शाने के उद्देश्य से ही प्रांत-विशेष को अलग-अलग कर देखने का रिवाज चल पड़ा है। बहरहाल 'बिहारी समाज' जैसे लफ्ज भौगोलिक-प्रशासनिक सीमा को रेखांकित कर पाते हैं, परंतु सामाजिक-सांस्कृतिक विशिष्टताओं का सीमांकन करने में अक्सर चूक जाते हैं। मैं यहाँ इस तथ्य को स्पष्ट करना चाहता हूँ कि

अगर बिहारी समाज नाम की कोई चीज है तो यह केवल एक भौगोलिक सीमा में स्थायी तौर पर बसने वाले लोगों का संकेत मात्र करा सकती है, यहाँ की सामाजिक संरचना एवं सांस्कृतिक खूबियों को सही ढंग से दिखा नहीं सकती। फिर भी प्रस्तुत विश्लेषण की आवश्यकता तथा तात्कालिक उद्देश्य को ध्यान में रखकर ही 'बिहारी' शब्द का इस्तेमाल किया गया है। यहाँ स्मरण करवा देना उचित होगा कि बिहार राज्य के विभाजन के बाद गठित शेष भाग को ही प्रयोज्य माना गया है। पिछड़ापन और विकास के संदर्भ में बिहारी समाज की विशिष्टताओं की चर्चा केवल उन्हीं तथ्यों को सामने रख कर प्रस्तुत की गई है जिनका प्रत्यक्ष संबंध सामाजिक संरचना एवं सांस्कृतिक परिवेश से है।

बिहार सामंती समाज-रचना का एक अन्यतम उदाहरण है जिसका मूल आधार अन्यायी जाति एवं खेतिहर सामाजिक व्यवस्था है। अतः परिस्थिति की ऐतिहासिकता के मद्देनजर हम जाति से ही चर्चा प्रारंभ करें! बिहारी समाज जातियों एवं उपजातियों का झुंड मात्र है। यहाँ नागरिक नहीं, केवल जातियाँ बसती हैं। अतएव बिहारी जीवन को समझने का सबसे आसान उपाय यह है कि इसे समाज में व्याप्त जातीय विषमता के संदर्भ में समझा जाए।

यह तथ्य निस्संदेह सही है कि बिहार में जातीय संरचना का स्वरूप वृहत् भारतीय परंपरा से हटकर विकसित नहीं हुआ है, किंतु यहाँ की पारिस्थितिक रचना, व्यावसायिक विशिष्टता, भाषाई विभिन्नता तथा ऐतिहासिक अनुभवों ने इसे स्थानीय एवं क्षेत्रीय रूप प्रदान किया है। जातियों का क्रम विभाजन और इसके द्वारा निर्मित सामाजिक अंतःसंबंध इस स्वरूप को असंदिग्ध बनाते हैं। सामाजिक पदस्थिति एवं इससे जुड़ी प्रतिष्ठा आपसी दूरी को न केवल परिभाषित, बल्कि निर्धारित भी करती है। सामाजिक, सांस्कृतिक, राजनीतिक तथा आर्थिक सभी असमर्थताएँ एक साथ जातीय संकीर्णता के साथ समूहबद्ध हो जाती हैं। ये संस्थागत विसंगतियाँ समाज को न केवल गतिहीन बनाती हैं, अपितु मन से दुर्बल एवं अक्षम भी। समाज को छोटे-छोटे टुकड़ों में बाँट कर तथा उसे पवित्रता एवं अपवित्रता के घेरे में बाँध कर एक ऐसे समुदाय का निर्माण होता है जहाँ व्यक्तियों का उत्साह इस स्तर तक भंग होता है कि निराशा और अकर्मण्यता उन्हें हर तरफ से घेर लेती है।

जाति-व्यवस्था की एक खासियत यह भी है कि इतिहास के विभिन्न कालखंडों में यह अपने बाह्य स्वरूप को परिवर्तित कर तत्कालीन परिस्थिति के अनुकूल बनाती रही है। परंतु ध्यान देने योग्य बात यह है कि विभिन्न युगों में इसका बाहरी रूप भले ही बदल गया हो, कभी इसके मूल तत्त्व में बदलाव नहीं आया है। परिणामस्वरूप जाति आज भी असमानता, दमन, शोषण तथा उत्पीड़न का हथियार बनी हुई है। दरअसल सामंती समाज में जाति एक ऐसा आधार है जो श्रेणीबद्ध समाज के निर्माण में अहम भूमिका अदा करती है। यह केवल जीवन के सामाजिक एवं धार्मिक पक्षों

को ही प्रतिबिंबित नहीं करती, बल्कि इसके आर्थिक तत्त्व को भी समान रूप से दर्शाती है। लोग अक्सर इस पहलू पर ध्यान नहीं देते। जातियों के बीच की सामाजिक दूरी को जीवन की अन्य महत्त्वपूर्ण उपलब्धियों से जोड़कर देखने से यह तथ्य स्पष्ट हो जाता है। ठोस अनुभवजन्य आधारों पर जाति के गतिशास्त्र को जाँचने-परखने पर वर्ग एवं जाति का अवधारणात्मक विभेद भी लगभग समाप्त हो जाता है।

बिहार में जातीय क्रमविभाजन तथा कृषिजन्य क्रमविभाजन के तादात्म्य का उदाहरण सामने रख इस तथ्य को स्पष्ट किया जा सकता है। भूस्वामित्व का जातीय आधार दोनों क्रमविभाजनों के सामंजस्य को खुलकर प्रस्तुत करता है। विश्लेषण की दृष्टि से बिहार की जातियों को चार सामान्य श्रेणियों में विभक्त किया जा सकता है–उच्च, मध्य, निम्न एवं दलित। उच्च श्रेणी में ब्राह्मण, भूमिहार, राजपूत तथा कायस्थ और मध्य के अंतर्गत कुर्मी, यादव, कोयरी, सूँड़ी–जैसी जातियों को सम्मिलित किया जा सकता है। तीसरे जातीय समूह में धानुक, केवट, हजाम आदि जातियाँ हैं जिन्हें यहाँ निम्न जाति कहा गया है। अंतिम समूह दलितों का है जिनमें चमार, दुसाध, मुसहर, डोम आदि प्रमुख हैं। जातियों का यह क्रमविभाजन मात्र संरचनात्मक स्वरूप को समझने के लिए किया गया है। यह हर क्षेत्र-विशेष में एक समान नहीं होता, फिर भी इस विभाजन से सामान्य स्थिति का बोध अवश्य हो जाता है। इसी तर्ज पर भूस्वामित्व के स्वरूप के संदर्भ में राज्य के अधिकांश लोगों को चार समूहों में बाँटा जा सकता है–बड़े किसान (भूस्वामी, पूर्व जमींदार), मध्य किसान, गरीब किसान (बटाईदार, खेतिहर मजदूर) तथा बटाईदार एवं भूमिहीन खेतिहर मजदूर। यद्यपि राज्य के विभिन्न जिलों में स्थिति असमान हो सकती है, फिर भी विभिन्न जातियों की सामान्य आर्थिक (खेतिहर) स्थिति को समझने के लिए इस प्रकार का विभाजन किया गया है। यहाँ जातीय समूहों को ध्यान में रखा गया है, व्यक्तियों को नहीं।

उपरोक्त जातीय क्रमविभाजन का सीधा संबंध भूमि क्रमविभाजन से है। जाति तथा भूस्वामित्व की पारस्परिकता एक ऐसा तथ्य है जिसे नजरअंदाज नहीं किया जा सकता। बिहार में जातियों की स्थिति मुख्यतः कृषि की अवस्था तथा ऐतिहासिक परिवर्तनों में निहित रही है। यद्यपि आजादी के बाद इन जातियों की कृषिजन्य स्थिति में कुछ महत्त्वपूर्ण बदलाव आए हैं, परंतु परिवर्तनों का स्वरूप उस हद तक व्यापक नहीं हो पाया है जो इनकी परिस्थिति में मौलिक तब्दीली ला सका हो। वैसे सबसे प्रमुख फेर-बदल मध्य जातियों की स्थिति में हुआ है। ये जातियाँ परंपरा से खेती से जुड़ी रही हैं तथा स्वयं खेतों में काम करने की अभ्यस्त भी। धार्मिक और सामाजिक बंधन इन्हें खेती के काम से अलग नहीं करते। फलस्वरूप मध्य एवं छोटी जोत के स्वामी होते हुए भी कृषि उत्पादकता से मिलने वाले लाभ की दृष्टि से इन मध्य जातियों के जीवन में आमूल परिवर्तन आया है। फसल की पैदावार बढ़ाने के उद्देश्य से पिछले तीन-चार दशकों में जो रणनीति अपनाई गई है उसका सबसे अधिक

लाभ उन मध्य किसानों को हुआ है जो स्वयं खेती में लगे रहे हैं। सिंचाई के नए साधन, उन्नत बीज, खाद, कीटनाशक दवाइयाँ, नए कृषि औजार–इन सभी सुविधाओं ने मिलकर कृषि-क्षेत्र की तस्वीर काफी हद तक बदल दी है। कृषि में आए इस परिवर्तन ने न केवल बिहारी समाज की वर्गीय रचना को रूपांतरित किया है, बल्कि यहाँ की राजनीति को भी गहराई से प्रभावित किया है।

उच्च तथा मध्य जातियों की तुलना में निम्न एवं दलित जातियों की सामाजिक-आर्थिक अवस्था में कोई मूलभूत परिवर्तन नहीं हुआ है। आज भी इन जातियों के लोग मुख्यरूप से भूमिहीन खेतिहर मजदूर हैं। बेशक इनमें कुछ लोग बटाई करते हैं, किंतु कृषि विकास से प्राप्त मुनाफे में इनका हिस्सा लगभग नगण्य है। शिक्षा एवं आधुनिक व्यवसाय की दिशा में भी वे आजतक पीछे हैं। कुल मिलाकर बिहार के सीमित आर्थिक विकास की दौड़ में दलितों को लाभ से वंचित ही रहना पड़ा है। इन जातियों की सामाजिक-आर्थिक परिस्थितियों में भले ही कोई उल्लेखनीय सुधार नहीं हुआ हो किंतु राजनीतिक चेतना की दृष्टि से बदलाव की एक स्पष्ट प्रवृत्ति देखी जा सकती है। इस नई चेतना का इस्तेमाल आंदोलन एवं संघर्ष के लिए हो रहा है। परंपरा से जो जातियाँ आत्मसमर्पण ही करती रही हैं, वे आज अवज्ञा तथा चुनौती देने की स्थिति में आ गई हैं।

बिहार के सामाजिक जीवन में जातीय संरचना के स्वरूप एवं अंतर्जातीय संबंधों के बदलते समीकरण पर नजर डालने से स्पष्ट है कि सवाल विकास एवं पिछड़ापन के व्यापक मुद्दों से प्रत्यक्ष रूप से जुड़ा है। विकास एवं आर्थिक उत्थान के लिए उठाए गए सीमित कार्यक्रम भी इन ढाँचागत बाधाओं की चपेट में आ जाते हैं। यह तथ्य उस समय और भी स्पष्ट हो जाता है जब हम बिहार की स्थिति की तुलना अन्य राज्यों से करते हैं। जिन राज्यों में सामाजिक स्तरीकरण का जातीय स्वरूप अधिक कठोर नहीं रहा है, वहाँ विकास की गति निश्चित तौर पर तेज रही है। कुल मिलाकर जाति-भेद की कठोरता तथा समाज में बढ़ती जातीय असहिष्णुता को विकास के बाधक कारकों के रूप में रेखांकित किया जा सकता है।

समाज-रचना का एक दूसरा मुद्दा महिलाओं की सामाजिक स्थिति का है। विकास एवं पिछड़ापन के संदर्भ में सामान्यतः इस तथ्य की ओर हमारा ध्यान कम ही गया है। परिवार से समुदाय तक महिलाओं की पदस्थिति पूर्णतः दूसरे दर्जे की बनी हुई है। केवल महिलाओं की काबिलियत को हीं नकारने का रिवाज नहीं है, बल्कि जहाँ भी इनकी क्षमता एवं भूमिका व्यावहारिक रूप से प्रदर्शित होती रही है, वहाँ भी उन्हें नजरअंदाज करना आम बात है। कार्यकुशलता एवं कौशल, कार्यशैली एवं अनुशासन–जैसे गुणों में महिलाओं का पुरुषों की अपेक्षा अधिक गुणवान होना लोगों को खलने लगता है। परिणामस्वरूप आर्थिक उत्पादन में इनकी भूमिका को समाज ने पूँजी के रूप में देखा तक नहीं है, इसे स्वीकार करना तो दूर की बात है।

स्त्री-उत्पीड़न सामंती समाज का मूलतत्त्व है। वस्तुतः उत्पीड़न के विभिन्न आयामों का समाज-विशेष में स्वतंत्र रूप से विकास हुआ है जिसका सीधा रिश्ता उस समाज में स्तरीकरण की संरचना से है। हम जातीय तथा जनजातीय समाजों के बीच की विविधताओं के उदाहरण के माध्यम से इस तथ्य को अधिक सफाई से समझ सकते हैं। जातीय समाज में स्त्री-उत्पीड़न का सवाल स्तरीकरण के स्वरूप से जुड़ा है। जातीय अधिक्रमान्तक व्यवस्था में बड़े-छोटे का प्रश्न जन्म से जुड़ा हुआ है। सामाजिक जीवन में महिलाओं की निम्न स्थिति का आधार भी करीब-करीब यही है। महिलाओं को औपचारिक एवं अनौपचारिक दोनों प्रकार के अधिकारों से वंचित किया जाना कोई नई बात नहीं है। वृहत् ब्राह्मणवादी फ्रेम में विकसित बिहारी समाज के विकास-क्रम में ये सारे तत्त्व समय-समय पर पूरी व्यवस्था के अंदर सिमटते आए हैं। जिस क्रम में जातीय कठोरता अधिक होती गई, लगभग उसी क्रम में महिलाओं की परिस्थिति कमोबेश निम्न एवं कमजोर होती गई। ब्राह्मणवादी व्यवस्था में स्त्रियों की आजादी का सिकुड़ना वैसा ही हुआ जैसा कि जातीय संरचना में दलितों का हुआ। फलस्वरूप ऊँची जातियों के संस्कार, उनकी विश्वदृष्टि, उनके सामाजिक मूल्य, महिलाओं की शुचिता का सवाल आदि सभी मुद्दे अन्य सभी जातियों के लिए संदर्भ-परिधि का काम करते रहे हैं। यह तथ्य सामाजिक सतह पर किस प्रकार क्रियाशील होते हैं इसका एक रोचक दृष्टांत बिहार के ग्रामीण क्षेत्रों से लिया जा सकता है। सामान्यतः निम्न एवं दलित जातियों की महिलाएँ घर से बाहर खेत-खलिहानों में कठिन श्रम करती रही हैं। परंतु जब कभी इन परिवारों की आर्थिक अवस्था कुछ अच्छी हो जाती है, तब परिवार-विशेष का मुखिया पहला काम यह करता है कि अपने परिवार की महिलाओं को दूसरों की जमीन पर मजदूरी करवाना बंद कर देता है। पुनः यदि आर्थिक स्थिति कुछ और सुदृढ़ हो जाती है, तब महिलाओं को श्रम करने ही नहीं दिया जाता। और, उन्हें घर के अंदर परदे में डाल दिया जाता है, क्योंकि ब्राह्मणवादी व्यवहार ही इन जातियों के लिए संदर्भ-दृष्टि हुआ करती है। बहरहाल स्त्री-उत्पीड़न बिहारी समाज के पिछड़ेपन का एक अत्यन्त महत्त्वपूर्ण पहलू है जिसे ध्यान में रखना नितांत जरूरी है।

विकास के संदर्भ में एक अन्य सामाजिक तथ्य की चर्चा काफी चल पड़ी है। लोग यह मान बैठे हैं कि बिहार में विकास का माहौल नहीं है, क्योंकि यहाँ आम लोग अनुशासित नहीं हैं। असहिष्णुता जीवन का पर्याय बन चुकी है। आधुनिक नागरिक भावनाओं का सर्वथा अभाव है। यह चित्रण किस हद तक सही है? क्या यह मूल बीमारी है अथवा उसका लक्षण मात्र? वस्तुतः यह चित्रण मध्यवर्गीय मनोवृत्ति का द्योतक है, क्योंकि बिहारी जीवन में वह नफासत और चालाकी नहीं है जो सामान्यतः लोग आम जीवन में देखना चाहते हैं। देहातीपन बिहारियों की जीवन-शैली का एक ऐसा पक्ष है जो लोगों को सोहाता नहीं है। मेरा मानना है कि ये सारे सवाल

बेमानी हैं। आज सामाजिक उच्छृंखलता का जो प्रदर्शन हो रहा है उसके मूल में परिवर्तन की वैसी प्रवृत्ति है जो लगभग उन सभी संस्कृतियों में उभरी है जिसका आधार कठोर श्रेणीबद्ध स्तरीकरण व्यवस्था में अवस्थित रहा है।

दरअसल बिहार में व्यापक हिंसा और तनाव का माहौल परिवर्तन की उस दशा को इंगित करता है जहाँ मूल सामाजिक रिश्ते जड़ से हिल गए हैं। जातीय समीकरण बदल गए हैं। अब तक जाति का इस्तेमाल रणनीति के तहत होता रहा है, परंतु अब तो यह खुलकर सामने आ गया है। यह एक खुली चुनौती बन गया है। राजनीति में उच्चजातियों की सत्ता का धराशायी होना और पिछड़ी व मध्य जातियों की चुनौती का न सिर्फ बरकरार रहना, बल्कि उनका बढ़ता हुआ दखल और जयघोष इस बदले हुए सामाजिक परिवेश के मूल में है। राजनीतिक सत्ता में वर्चस्व का टूटना और सामाजिक उत्पीड़न के खिलाफ संघर्ष के द्वारा सामाजिक सत्ता की जड़ें हिलाना—दोनों ही चीजें साथ-साथ संभव हो रही हैं। दुर्बल जातियाँ घुटने टेकने की जगह अवज्ञाकारी हो गई हैं। सामंती शोषण से ग्रस्त समाज का अंतर्विरोध संघर्ष और हिंसा में प्रकट हुआ है। परंपरा से पोषित दमन, अत्याचार और उत्पीड़न के खिलाफ आवाज जीवन की संस्थागत सामूहिकता, अनुशासन एवं सहृदयता को झकझोर रही है।

सामाजिक उथल-पुथल के इस परिवेश में विकास की दिशा और दशा दोनों प्रभावित होती हैं। बिहार में पिछले कुछ दशकों से विकास की दिशाहीन यात्रा भी इसी परिधि में परिचालित होती रही है। विकास के नारे अवश्य लगे हैं। परंतु विकास की खोज एक पिष्टोक्ति होकर रह गई है। आर्थिक तरक्की की अपेक्षाओं से सम्मोहित होकर वंचित समुदाय भी शासन करने वाले श्रेष्ठजनों द्वारा उठाए गए कदमों के दीर्घकालीन प्रभावों का सही आकलन नहीं कर पाए हैं। प्रभुत्वशाली वर्ग के लोगों ने विकास और पिछड़ापन का उद्घोष अपने प्रभाव में वृद्धि के लिए किया है, जिसका छलावरण आदर्शात्मक नीतिवचन तथा शिक्षाप्रद उपदेश में हुआ है। इसकी प्रबलता शासन एवं इसके तंत्र के चरित्र पर निर्भर करती रही है जिसके द्वारा विकास के कार्यक्रमों को उल्टी दिशा मिली है।

अबतक की चर्चाओं से स्पष्ट है कि बिहार में तीव्र गति से विकास के लिए परिवेश-निर्माण में कुछ हद तक यहाँ की समाज-रचना के तत्त्व बाधक रहे हैं, परंतु सारी जिम्मेदारी इन्हीं तथ्यों पर डाल देना वास्तविकता से मुँह मोड़ना होगा। प्रस्तुत विश्लेषण के प्रारंभ में यह रेखांकित किया जा चुका है कि विकास की दिशा केवल आंतरिक सामाजिक संरचना से तय नहीं होती। इसके लिए बाहरी ताकतों को भी समन्वित करना होता है। विकास की अवधारणा में गति का प्रश्न भी निहित होता है। विकास एवं परिवर्तन अपनी दिशा स्वयं निश्चित करता है, परंतु मानवीय प्रयास से जुड़ने से इसमें तीव्रता आती है और यह अपने लक्ष्य की ओर सहजता से बढ़ता है।

बिहार की सामान्य जनता अपनी जिजीविषा के बल पर अब तक टिकी हुई है। खेती हो अथवा पशुपालन, गृह उद्योग हो अथवा छोटे व्यापार, शिक्षा हो अथवा स्वास्थ्य सेवाएँ सभी क्षेत्रों में परिवर्तन हुए हैं। सिंचाई के साधन, उर्वरकों का इस्तेमाल, नए उन्नत बीज, कीटनाशक दवाइयों का प्रयोग—इन सभी वस्तुओं को किसानों ने अपने उद्यम से उपलब्ध कराया है। सरकारी स्वास्थ्य सेवाओं की लचर स्थिति में वैकल्पिक सुविधाओं की उपलब्धता बिहार के गाँवों की नई कहानी कह रही है, भले ही वह नीम-हकीमों के द्वारा संचालित हो। राज्य संपोषित प्राथमिक एवं माध्यमिक विद्यालयों की बीमार अवस्था में निजी विद्यालयों की संख्या में अपार वृद्धि हुई है जो शैक्षणिक अभाव को पूरा कर रही है। कुल मिलाकर हुआ यह है कि लोग अपने लिए स्वयं रास्ता निकाल रहे हैं। लेकिन जनता के प्रयासों की सीमा हुआ करती है। हर समय यह अपनी गत्यात्मकता नहीं बनाए रख सकती है। अंततः जनतांत्रिक व्यवस्था में राज्य को विकास का माध्यम बनना पड़ता है। यद्यपि विकास से संबंधित चिंतन में इस विषय पर मतभेद रहा है, किंतु इतना कहना पर्याप्त है कि बिहार में राज्य की भूमिका सीमित ही नहीं अपितु निराशाजनक रही है।

वस्तुतः बिहार में पिछड़ेपन की निरंतरता एक वर्ग-विशेष के हित में है। इस वर्ग के अंतर्गत विभिन्न जातियों के धनी एवं बड़े मध्य किसान, सूदखोर एवं निजी जमीन रखने वाले व्यावसायिक लोगों का समावेश है। जब कभी इस वर्ग को असंतुष्ट समूहों का सामना करना पड़ता है, वे हितों की रक्षा के लिए एकजुट हो जाते हैं, जातियों के बंधन टूट जाते हैं। यही वर्ग तात्कालिक लाभ के लिए बड़ी सहजता से जातीय सनक को उभार कर अपना काम साध लेता है। इस वर्ग के चरित्र को समझना कठिन नहीं है। आजादी के बाद यह वर्ग नए विकास कार्यक्रमों से सर्वाधिक लाभ उठाने में समर्थ हुआ। भूमि-सुधार के समय जमीन के हस्तांतरण में भी इनका हिस्सा अधिकतम रहा, जब जमींदार जमीन छोड़ रहे थे। सन् सत्तर के बाद विकास के कुछ नए काम हुए और पुनः इस वर्ग ने अधिकाधिक लाभ उठाया। बिहार में राजनीतिक नेतृत्व की दिशा भी इस वर्ग ने तय की है। फलस्वरूप दृष्टि और दिशा दोनों भावों की यथार्थता विकास की चर्चा से अनुपस्थित रही है। विकास के दोनों पक्षों—आदर्श एवं लक्ष्य तथा योजना एवं कार्यक्रम राज्य के चिंतन का विषय नहीं रहा है। आदर्श एवं लक्ष्य विकास की सैद्धांतिक पृष्ठभूमि प्रस्तुत करते हैं। हम किस दृष्टि से विकास चाहते हैं? हमारे भविष्य-निरूपण का स्वरूप कैसा है? जबकि दूसरी ओर, इस दर्शन एवं सिद्धांतों के अनुरूप योजना तथा कार्यक्रमों का कार्यान्वयन इसका व्यावहारिक पक्ष होता है। हम बिहार में इन सभी दृष्टियों से विपन्न हो चुके हैं।

आज बिहारी समाज की मूल समस्या विषमतायुक्त समाज में समता मूलक

समाज स्थापित करने की है। सामाजिक गैरबराबरी ने आर्थिक प्रगति में अवरोध पैदा किया है और विकास की रणनीति ने इस गैरबराबरी को पुष्ट किया है। एक ओर सामाजिक न्याय और समानता का नारा अवश्य लगाया है, परंतु विकास के कार्यक्रमों ने इस दिशा को बोझिल बना दिया है। आज सबसे बड़ी दुविधा यही है। किसी समाज की मानवीयता का निर्धारण इस तथ्य से होता है कि वह अपने कमजोर, वंचित तथा उत्पीड़ित सदस्यों को किस प्रकार सुविधा एवं सुरक्षा प्रदान करता है। किसी आधुनिक समाज में इस लक्ष्य की प्राप्ति के लिए समुदायों के प्रभावशाली सदस्यों पर उपयुक्त नियंत्रण रखना आवश्यक हो जाता है। सामाजिक न्याय की यही कसौटी है।

अतएव बिहार में 'विकास' को राज्य की कार्यसूची के केंद्र में स्थापित करने हेतु इसे बतौर आंदोलन जमीन पर उतारना होगा। यहाँ मैं आंदोलन शब्द का इस्तेमाल स्थूल राजनीतिक अर्थ में नहीं कर रहा हूँ। संकीर्ण राजनीति और दलीय भावना से ऊपर उठे हुए व्यापक जन-अभियान के तौर पर ही इस संकल्पना की अर्थवत्ता है। यदि इस अर्थ में आंदोलन को परिभाषित करें तो इसे सामूहिक प्रयासों की निरंतरता कहेंगे। हमें निरंतर सामूहिक प्रयासों के लक्ष्य एवं प्रक्रिया के तौर पर विकास को देखना होगा। इस प्रक्रिया में विकास के लिए आम सहमति बनानी होगी जो दलीय विचारधारा एवं संगठन के ऊपर होगा और इसमें विकेंद्रीकरण निहित होगा। विकेंद्रीकरण के अभाव में योजनाएँ न तो जनता के हितों के अनुरूप बनेंगी और न ही जमीन पर उतरेंगी। व्यापक जन भागीदारी अथवा यों कहें कि जन अभियान सही योजना के निर्माण तथा कार्यान्वयन के लिए जरूरी है। समग्रता के मद्देनजर विकास को बहुपक्षीय बना कर ही इसकी सफलता सुनिश्चित की जा सकती है। शोषण की प्रणाली को समाप्त करते हुए समता पर आधारित प्रतिमान ही बिहार के लिए विकास का वैकल्पिक मॉडल होगा।

दरअसल यह हमारा दुर्भाग्य है कि बदलाव के लिए उचित माहौल तैयार करने के लिए कभी सामाजिक आंदोलन नहीं चला। खण्ड-खण्ड में कुछ जातीय सुधार आंदोलन अवश्य चले, परंतु कभी वृहत् बिहारी अस्मिता एवं पहचान को एक समग्रता में पिरोने का काम नहीं हुआ। समाज सामंती उत्पीड़नों से ग्रस्त रहा और हमने ऊपर से वैसे कार्यक्रम लाद दिए जो सामाजिक परिवर्तन को कुंद करते रहे। अतः आज बदलाव के लिए विकास को एक माध्यम बनाना होगा। विकास के विभिन्न कार्यक्रमों का परिवर्तन के हथियार के रूप में इस्तेमाल हो तो शायद स्थिति तेजी से बदले। आज कृषि, उद्योग, शिक्षा, साक्षरता, स्वास्थ्य सभी मुद्दों के पुनः आकलन की जरूरत है।

बिहारी देश-भावना : कितना सच?

❐ हेतुकर झा

बिहारी 'राष्ट्रीयता' के प्रश्न पर यदा-कदा चर्चा होती रही है। मुझे 'राष्ट्रीयता' शब्द का उपयोग बहुत उचित नहीं जान पड़ता। 'बिहारी नेशनलिज्म' के लिए 'बिहारी राष्ट्रीयता' का प्रयोग कुछ भ्रम में डाल देता है। 'राष्ट्र' शब्द का उपयोग भारतीय साहित्य में मोनियर-विलियम्स के अनुसार (**ए संस्कृत-इंगलिश डिक्शनरी,** मोतीलाल बनारसीदास, अंतिम संस्करण, 1995, पृ. 897) 'राज्य' के संदर्भ में हुआ है, ऐसा राज्य जो स्वतंत्र हो। बिहार भारत का हिस्सा है और एक बड़े राष्ट्र के अभिन्न भाग होने के चलते इसकी स्वतंत्र राष्ट्रीयता का प्रश्न नहीं उठता। इसलिए 'बिहारी नेशनलिज्म' के संदर्भ में 'बिहारी देश-भावना' का प्रयोग करना प्रायः ज्यादा उपयुक्त होगा। 'देश' का प्रयोग ज्यादातर क्षेत्रीय समाज/संस्कृति के लिए होता आया है। राजनीतिक स्वायत्तता या स्वतंत्रता 'देश' की पहचान के लिए बहुत आवश्यक नहीं है। बिहार की राजकीय पहचान तो है जिसके चलते इसकी भौगोलिक सीमा निर्धारित है, लेकिन जब हम यहाँ के 'नेशनलिज्म' की बात करते हैं तब प्रश्न उठता है कि बिहार में रहने वालों में इस सीमा के अन्दर के भू-भाग से कितना लगाव है। इस भू-भाग के नाम से कितनी आत्मीयता है, अपने को वे इस नाम से किस हद तक पहचान करते हैं? ये सारे प्रश्न देश-भावना से जुड़े हैं। इसलिए यहाँ इन्हीं प्रश्नों के संदर्भ में बिहारी देश-भावना की वास्तविकता पर कुछ विचार प्रस्तुत किए जाते हैं।

पहले प्रश्न उठता है कि 'बिहार' शब्द का प्रयोग इस क्षेत्र में कब शुरू होता है? निकटवर्ती राज्यों में बंगाल या उड़ीसा राज्यों के अपने-अपने नाम से पहचान प्राचीन काल से जोड़ी जाती है, इसके लिए उनके इतिहास में उनकी भाषा, संस्कृति और राजनीतिक अस्तित्व से संबंधित बहुत से तथ्य हैं जिसके बारे में यहाँ जिक्र करना आवश्यक नहीं है। जहाँ तक बिहार का प्रश्न उठता है तो यहाँ का इतिहास

तो यही बताता है कि मध्य युग में इस शब्द का प्रयोग इस भू-भाग की पहचान के लिए प्रारंभ हुआ जिसके अंतर्गत आज का उत्तरी बिहार नहीं था। आज के बिहार में प्राचीन काल के मगध (जिसके अंतर्गत प्रायः आज का भोजपुरी भाषा-भाषी क्षेत्र भी था), तिरहुत (मिथिला) और झारखंड क्षेत्र सम्मिलित हैं। तिरहुत को बिहार सूबा के अंतर्गत 16वीं शताब्दी के दौरान शामिल किया गया। मुगल साम्राज्य के अंतिम समय में बंगाल के अधीनस्थ यह सूबा रहा और ब्रिटिश उपनिवेश काल में 1912 ई. में इसे उड़ीसा के साथ बंगाल से अलग किया गया। स्वाधीनता से पहले 1936 ई. में उड़ीसा बिहार से अलग हुआ। स्वाधीनता के बाद कुछ छोटे हिस्से (पुरुलिया) को इससे हटाकर बंगाल में मिलाया गया, वैसे साधारणतया इसका विस्तार बरकरार रहा है बीती शताब्दी तक किंतु नई शताब्दी की शुरुआत में ही अब झारखंड क्षेत्र एक अलग राज्य बना दिया गया है। इसलिए बिहारी देश-भावना के बारे में लिखना कुछ-कुछ अनावश्यक लग रहा है।

झारखंड राज्य की माँग कुछ वर्षों से काफी जोर पकड़ती रही थी। झारखंड के राजनेताओं की यह माँग राज्य एवं राष्ट्र के राजनीतिक दाँव-पेंच में प्रायः सार्थक प्रतीत होती रही है। यहाँ इसके विस्तार में गए बिना यह तो स्पष्ट है कि किसी न किसी स्तर पर झारखंड क्षेत्र में बिहारी देश-भावना नितांत शिथिल रही, जिसका परिणाम यहाँ तक हुआ कि एक बहुत बड़ा हिस्सा अंततः बिहार से अलग हो गया।

अब जरा बिहार के दूसरे हिस्से की तरफ दृष्टिपात करें। यह हिस्सा है बिहार का उत्तर-पूर्वी क्षेत्र जिसे तिरहुत या मिथिला कहा जाता है। प्राचीन काल से ही इसकी अपनी सांस्कृतिक और राजनीतिक परंपरा रही है। यहाँ बोली जाने वाली भाषा मैथिली है जिसका साहित्यिक भंडार बहुत समृद्ध है और साहित्यिक इतिहास भी लगभग चौदहवीं शताब्दी से अक्षुण्ण है। यह प्राचीन काल से ही संस्कृत विद्या का भारतीय स्तर पर एक केंद्र बना रहा। पंद्रहवीं शताब्दी से विद्यापति के गीत यहाँ के लोकमानस के अभिन्न अंग बन गए जो बंगाल और आसाम तक की वैष्णव-परंपरा को प्रभावित करते रहे। मिथिला के लोगों में अपनी संस्कृति और ऐतिहासिक परंपरा के चलते गौरव की भावना बन गई। सोलहवीं शताब्दी में जब इसे बिहार सूबा का हिस्सा बनाया गया तो यह एकीकरण मात्र प्रशासनिक स्तर तक सीमित रहा। मिथिला का बिहार के साथ सांस्कृतिक एकीकरण प्रायः नहीं हो सका, इसके बहुत ही ज्वलंत लक्षण दिखाई पड़ते हैं।

सांस्कृतिक एकीकरण होने से सांस्कृतिक अभिजात्य वर्ग पूरे क्षेत्र (जिसका एकीकरण होता है) के बारे में सोचते हैं। ऐसा नहीं होने से प्रशासनिक एकीकरण होने के बावजूद वे अपने-अपने सांस्कृतिक क्षेत्रों के बारे में सोचते हैं, उसके इतिहास की बात करते हैं। मिथिला में आंचलिक इतिहास-लेखन मुगलकाल से प्रारंभ होता

है। इस समय मुल्ला तकिया का लिखा हुआ **बयाज** का जिक्र मिलता है जो तिरहुत के इतिहास की बात करता है, इसके अतिरिक्त बिहार के अन्य भाग की चर्चा इसमें नहीं के बराबर ही है। (देखिए—इलियास रहमानी, 'अदहे इस्लामिया में दरभंगा पर एक मजमूई नजर', **मुआसिर,** मई-जून, 1949, खुदाबख्श लाइब्रेरी, नं. 10740)। इसके बाद अट्ठारहवीं शताब्दी में एक पंडित गोपाल झा का लिखा हुआ **श्रीमद्खंडवला कुल विनोद** मिलता है जिसमें तिरहुत के राजाओं के अतिरिक्त बिहार के किसी और हिस्से के बारे में कुछ नहीं लिखा है। उन्नीसवीं शताब्दी में उर्दू में सर्वप्रथम **रियाज-ए-तिरहुत** का प्रकाशन 1867 ई. में हुआ, फिर 1883 ई. में **आईन-ए-तिरहुत** प्रकाशित हुआ। इन दोनों पुस्तकों में भी तिरहुत के राजनीतिक, सांस्कृतिक और सामाजिक पहलुओं का ऐतिहासिक विवेचन मिलता है। बिहार के अन्य भू-भाग एकदम अछूते हैं। उन्नीसवीं शताब्दी के अंत में मैथिली भाषा में भी इतिहास लेखन प्रारंभ होता है। महामहोपाध्याय मुकुंद झा बख्शी का लिखा **मिथिला भाषामय इतिहास** में मिथिला के अलावा अन्य किसी भी क्षेत्र का प्रसंग बिल्कुल अनुपस्थित है। बीसवीं शताब्दी में महामहोपाध्याय परमेश्वर झा द्वारा रचित **मिथिला तत्त्व विमर्श** की भी यही स्थिति है।

यह तो हुई मिथिला के सांस्कृतिक अभिजात्य वर्ग की दृष्टि। बिहार के अन्य हिस्सों के सांस्कृतिक अभिजात्य वर्ग के बारे में भी कुछ बातें इस संदर्भ में आवश्यक हैं। उन्नीसवीं शताब्दी के उत्तरार्द्ध में बाबू रामदीन सिंह का लिखा हुआ **बिहार दर्पण** मिलता है जिसमें उन्होंने चौबीस ऐसे बिहारियों का जीवन-चरित लिखा जिसे पढ़कर विद्यार्थियों का चरित्र निर्माण हो। 'ऐसे चरित्र' वाले बिहारियों में उन्होंने मिथिला क्षेत्र से मात्र एक व्यक्ति जो पहलवान थे, की जीवनी के बारे में लिखा, बाकी सब लोग बिहार के पश्चिम और मध्य भाग के थे जिनके जीवन और कामों के बारे में इस पुस्तक में चर्चा की गई। उल्लेखनीय है कि मिथिला संस्कृत विद्या के लिए भारत में प्रसिद्ध रही है, शारीरिक बल या कसरती या पहलवानी के लिए नहीं इसलिए किसी एक पहलवान के बारे में लिखकर **बिहार दर्पण** में मिथिला की सांस्कृतिक और पांडित्य-परंपरा की अवहेलना की गई। वैसे भी मात्र एक मैथिल के बारे में लिखना खानापूरी करना प्रतीत होता है मिथिला क्षेत्र के नाम पर।

बीसवीं शताब्दी के आरंभ में पटना के प्रसिद्ध कवि शाद अजीमाबादी ने बिहार के इतिहास पर एक पुस्तक **नक्शे पैदार** लिखा। इसमें तिरहुत को बहुत कम जगह मिली। प्रायः पाँच-छह पृष्ठों में तिरहुत का ऐतिहासिक, सामाजिक ब्यौरा दिया गया जबकि पुस्तक दो सौ से अधिक पृष्ठों में लिखी गई।

उपर्युक्त विवरण से स्पष्ट होता है कि मिथिला के सांस्कृतिक अभिजात्य वर्ग बिहार के बारे में नहीं सोचते थे, वे जब संस्कृति और इतिहास की बात करते थे तो अपने को सिर्फ मिथिला की सीमा में ही रखते थे। मगध या भोजपुरी भाषा-भाषी

क्षेत्र को प्रायः वे सांस्कृतिक दृष्टि से गौण समझते थे। धर्मशास्त्रों में गंगा के दक्षिण के क्षेत्र को पवित्र नहीं माना गया है। इस कारण से भी मिथिला में 'मगह' के प्रति दूरी की भावना बनी रही। दूसरी तरफ मगध क्षेत्र के सांस्कृतिक अभिजात्य वर्ग बिहार की बात करते थे, मगर उनके 'बिहार' में मिथिला का स्थान बहुत गौण रहा। यहाँ डॉ. सच्चिदानंद सिन्हा के बारे में कुछ चर्चा करना आवश्यक लगता है। ये बिहार के अग्रगण्य नेता थे और बंगाल से बिहार को 1912 ई. में अलग करने में इनका बहुत बड़ा योगदान था। बाद में इन्होंने भी बिहारियों के बारे में अंग्रेजी में लिखा। इनकी पुस्तक में मिथिला से कुछ प्रतिनिधित्व हुआ और पहले लिखे गए बिहारियों के जीवन-चरितों की अपेक्षा यह पुस्तक विभिन्न क्षेत्रों के बिहारियों का ज्यादा प्रतिनिधित्व दर्शाती है।

स्वतंत्रता प्राप्ति से पहले तक बिहार के बारे में इतिहास लेखन (गजेटियर्स का उल्लेखन यहाँ छोड़ दिया गया है क्योंकि वे सरकारी अभिलेख माने जाते हैं) की यही गति रही, और यह बात स्पष्ट रूप से इंगित करती है कि मिथिला के सांस्कृतिक अभिजात्य वर्ग मगध के सांस्कृतिक अभिजात्य वर्ग से बहुत दूरी रखते थे। प्रायः इसी कारण से इन दोनों ऐतिहासिक हिस्सों में सांस्कृतिक एकीकरण नहीं हो पाया।

सांस्कृतिक दूरी सिर्फ अभिजात्य वर्गों तक ही सीमित नहीं थी। समाज के निम्न वर्गों में भी दूरी की भावना जड़ कर गई थी। उदाहरणस्वरूप हम दुसाध जाति के सामाजिक और सांस्कृतिक कार्यकलापों को ले सकते हैं। इस जाति की सलहेस-गाथा बहुत प्रसिद्ध है। मिथिला के दुसाध सलहेस को भगवान मानते हैं, उनकी पूजा करते हैं, उनके भजन गाते हैं। गाँव-गाँव में इनके 'स्थान' बने हुए हैं जहाँ इनकी पूजा होती है। इस गाथा में सलहेस नायक हैं और चूहड़मल का चरित्र खलनायक जैसा है (देखिए जार्ज ए. ग्रियर्सन, **एन इंट्रोडक्शन टू द मैथिली लैंगुएज ऑफ नार्थ बिहार,** एशियाटिक सोसाइटी, कलकत्ता न. 57, 1882, पृ. 4-21)। मगर गंगा के दक्षिणी क्षेत्र में चूहड़मल भगवान जैसे पूजे जाते हैं। अब तो बड़े मेले का भी आयोजन होता है, इन्हें दलितों के मसीहा के रूप में प्रतिष्ठा दी जाती है। यह महत्त्वपूर्ण दृष्टिभेद है तिरहुत के दुसाध जाति और मगध के दुसाध जाति के बीच।

मिथिला सांस्कृतिक दृष्टि से बंगाल, आसाम और उड़ीसा से बहुत निकट रहा, मध्यकाल से ही। मिथिला और बंगाल के पंडितों में नव्यन्याय की परंपरा के प्रति विशेष आकर्षण रहा। नव्यन्याय का जन्म मिथिला में हुआ और इस शास्त्र के उत्थान में (खास कर बुद्ध और जैन धर्म के नैयायिकों के विरुद्ध) मिथिला और बंगाल की साझेदारी रही। ब्रजबूली के माध्यम से वैष्णव पदों का निर्माण पूर्वी क्षेत्रों में उन्नीसवीं सदी से पहले प्रचुर रूप से होता था। साथ ही तांत्रिक या शक्ति मार्ग मिथिला, बंगाल और आसाम में भी बहुत प्रचलित था। इन सब कारणों से

मिथिला बिहार से बाहर के पूर्वी भागों से कई सदियों तक काफी हद तक जुड़ा रहा। विद्यापति का प्रभाव बंगाल और आसाम में हुआ, बिहार के पश्चिमी और गंगा के दक्षिणी भू-भाग में एकदम नहीं।

मिथिला का प्रायः किसी स्तर पर बिहार के साथ सांस्कृतिक एकीकरण नहीं हो पाया, और शायद इसके लिए कोई प्रयास भी नहीं किया गया। इसी के चलते स्वतंत्रता प्राप्ति से पहले और तुरंत बाद भी अलग मिथिला राज्य की माँग की जाती रही है। 1960 के दशक से बिहार में औद्योगीकरण का प्रयास शुरू हुआ। आधुनिकीकरण का मार्ग ऐसा है जिससे विभिन्न सांस्कृतिक परिवेश के लोगों का एक साथ रहना सुलभ हो जाता है। अगर यह प्रक्रिया जोर पकड़ती तो 'मिथिला', 'मगध' और 'भोजपुरी' भावना के साथ 'बिहारी' भावना को भी बल मिलता। मगर गत कुछ दशकों में उद्योगों की हालत बदतर होती गई, जिससे बिहार की गरीबी तो बढ़ी ही, बिहारी भावना का भी प्रायः ह्रास ही हुआ।

उपर्युक्त बातों के अतिरिक्त बिहार में एक और विशेष बात हुई जिसके चलते क्षेत्रीय भावना, चाहे मिथिला से संबंधित हो या मगध से, कमजोर होती गई, क्षेत्रीय पहचान व्यक्ति और पारिवारिक स्तर पर शिथिल हो गई। यह विशेष बात है जाति-भावना का उदय और उत्तरोत्तर इसका बलशाली होना। इस संदर्भ में कुछ ऐतिहासिक तथ्यों का जिक्र करना आवश्यक प्रतीत होता है। बिहार या यों कहिए कि उत्तर भारत में चौदहवीं शताब्दी में ही चण्डेश्वर, जो एक बड़े धर्मशास्त्री तथा राजनीतिशास्त्री माने जाते थे, ने अपनी पुस्तक **राजनीति रत्नाकर** में (के. पी. जायसवाल के अनुसार), राजनीति और जाति/वर्ण के संबंध को समाप्त कर दिया। इनके अनुसार राजा किसी भी जाति/वर्ण का हो सकता है बशर्ते कि वह प्रजा की रक्षा कर सके। इसके चलते जाति/वर्ण धर्म का महत्त्व समाज और राजनीति में कम हुआ। फिर भक्ति आंदोलनों और संप्रदायों के उदय से जाति-भावना शिथिल हुई। बिहार में भी नानकशाही और कबीर पंथ ने दूर-दराज के गाँवों तक पाँव जमाया। कुछ और छोटे-मोटे पंथ, जैसे शिवनारायणी पंथ, भी बिहार में खासकर जातिप्रथा के विरुद्ध कारगर ढंग से खड़े हुए। ब्रिटिश शासन से पहले बिहारी समाज में जाति-भावना का काफी ह्रास हो चुका था, ऐसा मानना असंगत नहीं हो सकता।

ब्रिटिश शासन में प्राचीन हिंदू धर्मशास्त्रों के आधार पर कानून-व्यवस्था स्थापित करने के सिलसिले में और अपने **'डिवाइड एण्ड रूल'** के सिद्धांत को सिद्ध करने में ब्रिटिश सरकार जाति-भावना को आगे बढ़ाने में काफी सफल रही। उन्नीसवीं शताब्दी के उत्तरार्द्ध में बिहार के इतिहास में पहली बार जाति-महासभाओं का गठन बिहार में प्रारंभ हो गया। बीसवीं सदी में यह क्रम और आगे बढ़ा, फिर 1914 से 1925 तक जाति के नाम पर हिंसा, झगड़ों और आंदोलनों के दृष्टांत भी सामने आए। जाति-महासभा का उपयोग राजनीति में 1930 के दशक से प्रारंभ हो गया

जो स्वतंत्रता प्राप्ति के दिनों तक आते-आते इतना प्रबल हो गया कि जातीय नेता को सत्ता की राजनीति में भाग लेने के लिए वैधता हासिल हो गई। स्वतंत्रता प्राप्ति के बाद जातिवाद और सशक्त होकर नए तेवरों के साथ उभरा और बीसवीं सदी के अंत तक आते-आते जाति जो पहले महज एक सामाजिक श्रेणी थी, अब 'राजनीतिक क्षेत्र' (**पोलिटिकल कंस्टिच्युएंसी**) हो गई। अब राजनीतिक सत्ता का आधार जाति है और जातिवाद के जरिए ही बिहार की राजनीतिक संरचना में गति होती है जिसका प्रभाव बिहार के समूचे भू-भाग में संस्कृति, उद्योग और समाज पर अधिकाधिक पड़ रहा है। इसलिए आज आप जहाँ भी बिहार में जाइए तो पाइएगा कि कोई भूमिहार है, ब्राह्मण है, कोई राजपूत, कोई यादव, कोई कोइरी, कोई दुसाध, वगैरह-वगैरह, लेकिन कोई बिहारी नहीं कहता है अपने को और न ही मैथिल या मगही या भोजपुरी।

क्या बिहार में शिक्षा की सरकारी व्यवस्था जरूरी है?

□ विनय कुमार कंठ

"उत्तरी बिहार के सहरसा जिले में एक गाँव है–वनगाँव। वहाँ स्थित एक विद्यालय है–राजकीय द्रौपदी कन्या प्राथमिक विद्यालय। यह प्रदेश के गिने-चुने सौभाग्यशाली विद्यालयों में एक है जहाँ कहने के लिए चार कमरे हैं, लेकिन ये कच्चे कक्षागृह खँडहर जैसे नजर आते हैं। तीन अलग-अलग घटनाओं में इस भवन का कोई हिस्सा गिरने से यहाँ के छह बच्चे जख्मी हो चुके हैं। अभी भी खतरा बना हुआ है कि कब यह इमारत पूरी तरह से ध्वस्त हो जाए। इसलिए बच्चे दो कमरों में घर से लाए गए बोरों पर बैठते हैं, उसमें भी दूसरे कमरे में तो अँधेरा ही अँधेरा है। कोई शिक्षा संबंधी साधन स्कूल में नहीं। ब्लैकबोर्ड टूटा हुआ है, खल्ली तक उपलब्ध नहीं। बच्चे या तो स्लेट पर लिखते हैं, नहीं तो खेलते रहते हैं।

खेल का मैदान गंदगी से भरा पड़ा है। नाली ऐसी भरी हुई जिसमें कोई छोटा बच्चा तो डूबकर मर ही जाए। चारों तरफ मच्छरों का साम्राज्य फैला है। कोई शौचालय नहीं। पड़ोसियों की शिकायत है कि बच्चे आस-पास की जगह गंदी करते हैं, शिक्षकों का कहना है कि पड़ोसियों ने मैदान को ही शौचालय बना डाला है।"

उपरोक्त विवरण पिछले दिनों प्रकाशित प्रोब रिपोर्ट से उद्धृत है। प्रोब समूह ने सितंबर से दिसंबर, 1996 के बीच बिहार, मध्य प्रदेश, राजस्थान, उत्तर प्रदेश एवं हिमाचल प्रदेश के 234 गाँवों का सर्वेक्षण किया–प्राथमिक शिक्षा की स्थिति का जायजा लेने के लिए। लेकिन खासतौर से बिहार के संदर्भ में यह विवरण न तो चौंकाता है, न यह अजूबा लगता है। शिक्षा बिहार में एक उपेक्षित क्षेत्र है, जो शोध के लिए उपयुक्त विषय तो हो सकता है, हस्तक्षेप के लिए एक बेहद जटिल मसला है।

जब सारी दुनिया में नई-नई क्रांतियों की बातें हो रही हैं, ज्ञान आधारित समाज

के निर्माण पर जोर दिया जा रहा है, बिहार में ज्ञान की संस्कृति उपेक्षा या अवहेलना का विषय ही नहीं, उपहास एवं अस्वीकृति का लक्ष्य भी है। समाज की यह विडंबना है कि पढ़े-लिखे वर्ग के प्रति धीरे-धीरे बढ़ने वाले अविश्वास की परिणति आज ऐसी मानसिकता में बदल चुकी है जिसमें ज्ञान के सम्मान का स्पष्ट अभाव दीखता है। पढ़ा-लिखा वर्ग कुछ लोगों के लिए पुराने सामंती समाज का प्रतीक है, और नहीं तो कम-से-कम एक विषमता आधारित सामाजिक व्यवस्था का प्रतिनिधि। नतीजा हमारे सामने है। शैक्षिक प्रगति के हरेक मानदंड पर हम औरों की अपेक्षा पिछड़ते चले जा रहे हैं। आइए पहले हम एक नजर डालें प्रदेश में साक्षरता और प्राथमिक शिक्षा की स्थिति पर।

साक्षरता और प्राथमिक शिक्षा

साक्षरता दर की दृष्टि से बिहार देश का सबसे पिछड़ा प्रदेश है। यदि 1991 में भारत में 52 प्रतिशत लोग साक्षर थे तो बिहार में मात्र 38 प्रतिशत। 1997 के नेशनल सैंपल सर्वे ऑर्गनाइजेशन के आँकड़े दिखाते हैं कि बिहार में बहुप्रचारित साक्षरता अभियान का कोई खास प्रभाव नहीं पड़ा। बिहार ही एक प्रदेश बचा जहाँ आधे से अधिक लोग निरक्षर रह गए। अब तो 2001 की जनगणना के भी अंतिम आँकड़े उपलब्ध हैं। यदि राष्ट्रीय साक्षरता दर 65.38 प्रतिशत पहुँच चुकी है तो बिहार में यह महज 47.53 प्रतिशत है। महिलाओं में साक्षरता दर तो और भी निराशाजनक है—मात्र 33.57 प्रतिशत।

प्राक् प्राथमिक स्तर एवं प्राथमिक स्तर पर नामांकन दर सरकारी आँकड़ों में तो बढ़ी नजर आती है, लेकिन जमीन पर वस्तुस्थिति कुछ और है। ज्यादातर विद्यालयों में आँकड़े सही नहीं हैं। लगभग दो वर्ष पहले शिक्षा में नागरिक पहल के लिए बने एक समूह के सदस्य के रूप में मैं पटना में नाला रोड स्थित एक स्कूल में गया। दो पक्के कमरे और एक बरामदा। फर्श कुछ टूटा हुआ सही लेकिन भवन और अहाते की दृष्टि से साधारण स्कूलों से कहीं बेहतर हालत में स्कूल था। पता चला कि एक ही भवन में चार-चार विद्यालय चल रहे हैं। उपस्थिति रजिस्टर उठाया तो यदि किसी कक्षा का नामांकन पैंतीस था तो उपस्थिति पच्चीस-तीस दिखाई जा रही थी और उपस्थित बच्चों की संख्या महज पाँच-दस थी। थोड़ी और पड़ताल से यह बात भी खुलकर सामने आ गई कि चारों स्कूलों में प्रायः वही लड़के-लड़कियाँ नामांकित हैं, थोड़े रद्दोबदल के साथ। किसी खास दिन यदि खास विद्यालय में भीड़ है तो समझ लें, वहाँ गेहूँ आया है! हम बच्चों को घूस देकर भी शिक्षा नहीं दे पा रहे। सरकारी आँकड़ों का यथार्थ से शायद ही कुछ लेना-देना है। मुमकिन है आँकड़ों के हिसाब से नामांकन दर बढ़ी हो, छीजन दर घटी हो लेकिन सरकार भी मानती है कि स्कूल के बाहर के बच्चों की संख्या आज भी बहुत बड़ी है। यदि बिहार में सरकारी आँकड़ों

के अनुसार 1997 ई. में विद्यालय जा रहे बच्चों की संख्या एक करोड़ से कुछ ऊपर थी तो बाहर छूट गए बच्चों की संख्या लगभग तीस लाख थी। बहुत संभव है कि स्कूल के बाहर बच्चों की संख्या वास्तव में कहीं अधिक हो। लेकिन दूसरा पक्ष है यह कि जो बच्चे स्कूलों में हैं उनके साथ भी नाइंसाफी है। शिक्षक कम हैं, विद्यालय भवनों का अभाव है या वे क्षतिग्रस्त हैं, भवनों में कमरे नहीं हैं या फिर यदि सब कुछ है तो कई शिक्षक विद्यालयों में आते ही नहीं, या फिर गैर-शैक्षिक कामों में अपना ज्यादा वक्त लगाते हैं। 1997-98 के सरकारी आँकड़ों के अनुसार यदि भारत में छात्र-शिक्षक अनुपात 48 था, तो बिहार में 78। बाद के वर्षों में अतिरिक्त नामांकन की वजह से और शिक्षकों की नियुक्ति न होने के कारण यह अनुपात और अधिक बढ़ चुका होगा। 1987 में शुरू किए गए 'ऑपरेशन ब्लैकबोर्ड' में यह लक्ष्य था कि देश के हर विद्यालय में कम से कम दो शिक्षक, दो पक्के कमरे और ब्लैकबोर्ड, चार्ट, पुस्तकालय इत्यादि जैसी न्यूनतम शिक्षण-अधिगम सामग्री मुहैया की जाएगी। प्रोब रिपोर्ट के अनुसार जिन 162 सरकारी विद्यालयों का उन्होंने सर्वेक्षण किया उनमें महज 58 प्रतिशत में दो या अधिक पक्के कमरे थे और 31 प्रतिशत स्कूलों में तो एक भी पक्का कमरा नहीं था। साठ प्रतिशत विद्यालयों में छतें चू रही थीं और ज्यादातर जगह मरम्मत जरूरी हो चुकी है। सर्वेक्षण दल की राय में 51 प्रतिशत स्कूलों में नए भवन की जरूरत है। यदि 72 प्रतिशत स्कूलों में पुस्तकालय नहीं था, तो 84 प्रतिशत में शौचालय की व्यवस्था ही नहीं थी। ये आँकड़े अधिसंरचना या सुविधाओं के अभाव को दर्शाते तो हैं, लेकिन यदि कोई इन विद्यालयों में जाए तभी उसे दुरवस्था का सीधा अहसास होगा। सुविधाओं का ऐसा अभाव दरअसल सरकार और समुदाय के स्तर पर शिक्षा की उपेक्षा के सूचक हैं। प्रोब रिपोर्ट ने एक चौथे अध्याय में विद्यालय के वातावरण संबंधी चार अनिवार्य पक्षों की पड़ताल की है—भौतिक अधिसंरचना, शिक्षकीय संसाधन, गतिविधियों का पैटर्न और सामाजिक भेदभाव। निष्कर्ष के तौर पर रिपोर्ट ने टिप्पणी की है कि शिक्षा में गुणवत्ता लाने की शर्तों की दृष्टि से प्रत्येक पक्ष में एक गहरी असफलता दीखती है। इन स्कूलों में बच्चों का विकास अवरुद्ध होता है। विद्यालय का बेरंग, अनाकर्षक स्वरूप बच्चों और शिक्षकों को निरुत्साहित करता है।

गाँव के सरकारी विद्यालयों में अब ज्यादातर गरीब, दलित वर्ग के बच्चे जा रहे हैं, संपन्न अभिभावक अपने बच्चों को निजी अंग्रेजी माध्यम के स्कूलों में भेजने लगे हैं, लेकिन दूसरी तरफ आज भी सरकारी स्कूलों में दलित एवं निम्नवर्ग के बच्चों के विरुद्ध भेदभाव बरता जा रहा है।

आगे की पढ़ाई

अद्यतन आँकड़ों के अनुसार झारखंड निर्माण के बाद बचे बिहार में कुल प्राथमिक

विद्यालयों की संख्या 37,366 है जबकि उच्च प्राथमिक विद्यालयों की संख्या मात्र 9764 है। ऊपर बढ़ें तो माध्यमिक स्कूलों की संख्या महज 2890 है। जाहिर है पाँचवीं कक्षा तक जाते-जाते ज्यादातर बच्चे स्कूल छोड़ चुके होते हैं, दसवीं कक्षा तक पढ़ाई का फिर कहना ही क्या?

वैसे तो प्रदेश में नौ विश्वविद्यालय हैं, कॉलेजों में भी नामांकन बढ़े हैं, लेकिन उच्च शिक्षा की स्थिति तो और भी बदतर है। वर्षों से शिक्षकों की नियुक्तियाँ नहीं हुई हैं, इम्तिहान समय पर नहीं हो पाते, शिक्षकों को वेतन का भुगतान समय से नहीं हो पाता, कैंपस में अनुशासनहीनता बढ़ी है, कहीं भी शिक्षण का माहौल नहीं दीखता। आज हालत यह है कि बड़ी संख्या में बिहार के लड़के-लड़कियाँ बाहर चले जा रहे हैं। दिल्ली तो एक केंद्र था ही, इधर पुणे और मुंबई जानेवाले छात्रों की संख्या भी बढ़ी है। अब तो शिक्षा के लिए बाहर जाने का सिलसिला स्कूली स्तर पर आ पहुँचा है।

इतिहास और आज का संदर्भ

बिहार में शिक्षा की क्या हमेशा से यही हालत रही है? कदापि नहीं। यदि हम नालंदा, विक्रमशिला, उदंतपुरी इत्यादि को भूल भी जाएँ तो आधुनिक काल में शिक्षा की ऐसी निराशाजनक स्थिति इस प्रदेश में नहीं रही है। यह सही है कि बिहार में आधुनिक शिक्षा की शुरुआत बंगाल की तुलना में देर से हुई और एक हद तक यहाँ का समाज पिछड़ गया। लेकिन दूसरी ओर पारंपरिक शिक्षा-प्रणाली की शक्ति के साथ अन्य कारक थे जिन्होंने शिक्षा के महत्त्व को प्रदेश में बचाए रखा था। 19वीं सदी के आरंभ के बुकैनन की रिपोर्ट के अनुसार प्रदेश में पारंपरिक प्राथमिक विद्यालय और संस्कृत-फारसी स्कूलों की अच्छी-खासी संख्या थी। मात्र पूर्णिया में उसने 643 प्रारंभिक विद्यालय एवं 110 संस्कृत विद्यालयों की संख्या बताई है। उसी प्रकार विलियम ऐडम की प्रसिद्ध रिपोर्ट के अनुसार बिहार के ग्रामीण क्षेत्रों में भी स्कूलों का एक बड़ा-सा तंत्रजाल फैला था। अंग्रेजी शिक्षा के विकास के साथ पारंपरिक विद्यालय धीरे-धीरे समाप्त होते गए, लेकिन एक अरसे तक समाज में अंग्रेजी शिक्षा के विरुद्ध एक नकारात्मक विरोध का भाव रहा। यदि धीरे-धीरे एक वर्ग-विशेष में अंग्रेजी शिक्षा की स्वीकृति बनी थी तो इसका फैलाव धीमी गति से हुआ। आजादी के समय यदि राष्ट्रीय स्तर पर साक्षरता दर 18.2 प्रतिशत थी तो बिहार में यह 16.7 प्रतिशत ही थी। साक्षरता या शिक्षा के संदर्भ में राष्ट्रीय परिदृश्य और राज्य परिदृश्य का अलगाव आजादी के बाद के वर्षों में तो बढ़ा है, पिछले दशक में उसमें एक चारित्रिक बदलाव नजर आता है।

यदि हम आजादी के पहले के समय, आजादी के बाद के लगभग चार दशक, और फिर पिछले एक दशक को तीन भिन्न कालखंडों के रूप में चिह्नित करें तो

लगता है शिक्षा के पिछड़ने के अलग-अलग समय में अलग-अलग कारण भले ही रहे हों, कुल मिलाकर हम लगातार पिछड़ते ही चले जा रहे हैं। पुराने कारण जहाँ के तहाँ बने रहते हैं, जबकि नए कारण अलग से जुड़ जाते हैं और नतीजतन बदहाली और बढ़ती जाती है।

कई समाज वैज्ञानिकों ने इसकी चर्चा समय-समय पर की है कि बिहार में सामाजिक पुनर्जागरण प्रायः अनुपस्थित रहा। बंगाल के सुधार आंदोलनों का, या कालांतर में दयानंद के आर्यसमाज का थोड़ा-बहुत प्रभाव सीमित वर्गों पर पड़ा लेकिन यह प्रभाव इतना कमजोर और सिमटा हुआ था कि व्यापक समाज को प्रभावित करने में यह पूर्णतया असफल रहा। मुट्ठी भर प्रवासी बंगालियों ने जरूर कुछ शिक्षण-संस्थान खोले। फिर बाद में कुछ डी.ए.वी. स्कूल/कॉलेज भी खुले लेकिन उनकी संख्या नगण्य थी और शिक्षा कुछ जातियों और वर्गों तक सीमित रही। समाज-सुधार या धर्म-सुधार की चेष्टाएँ बिल्कुल कमजोर थीं, यदि उनकी तुलना बंगाल, मुंबई या केरल से की जाए। सच पूछिए तो बिहार 'कमजोर आधुनिकीकरण' का एक पॉकेट था जहाँ आधुनिक मान्यताओं की वैचारिक आधारभूमि का निर्माण हो ही नहीं पाया। यदि सामाजिक क्षेत्र में स्थिति ऐसी निराशाजनक रही थी तो राजनीतिक क्षेत्र में बिल्कुल अलग स्थिति बनी। बिहार के समाज में सामाजिक-सांस्कृतिक चेतना के प्रगतिशील तत्त्व कमजोर भले हों, राष्ट्रीय आंदोलन के दौर में तेजी से राजनीतिक चेतना का विस्तार हुआ। गाँधी के चंपारण सत्याग्रह और असहयोग आंदोलन से लेकर भारत छोड़ो आंदोलन तक प्रदेश का तेजी से राजनीतिकरण होता है। राजनीतिक चेतना का यह फैलाव दूसरे और तीसरे चरण में भी लगातार होता रहा है। दूसरे चरण तक कम-से-कम राष्ट्रीय स्तर पर विद्यमान राजनीतिक विचारधारा का प्रभाव प्रदेश में स्पष्ट दीखता है, लेकिन तीसरे चरण तक जाते-जाते स्थिति प्रायः अराजक हो जाती है। राजनीति का जो स्वरूप समाज पर हावी होता गया उसमें तीन तरह के संदर्भ गौरतलब हैं—पहला, राष्ट्रीय आंदोलन का, दूसरा, आजादी के बाद की चुनावी लोकतांत्रिक राजनीति और तीसरा, राज्य के विरोध में खड़ी तरह-तरह की राजनीति जिनमें वामपंथी विचारधारा पर आधारित राजनीति सबसे प्रमुख है। तीनों में जो बातें समान हैं उनमें एक प्रमुख बात है माँग—अधिकारों की माँग, सुविधाओं की माँग, बेहतर जिंदगी की माँग। दूसरी बात है संघर्ष या प्रतिस्पर्द्धा। रचना, निर्माण, उत्तरदायित्व बोध, उद्यमिता, स्वावलंबन—जैसे मूल्य उत्तरोत्तर कमजोर पड़े। समाज में अविश्वास बढ़ता गया। परंपरा को चुनौती दी जाने लगी बिना किसी वैकल्पिक सामाजिक प्रतिबद्धता या मूल्यबोध के। दूसरे दौर तक तो कम से कम राजनीति में विचारों और आदर्शों के लिए जगह थी लेकिन पिछले दशक तक आते-आते विचारधारा से अलग हटकर सत्ता की राजनीति में ऐसी नई शक्तियों का उदय हुआ जो न तो परंपरा की जमीन पर खड़े हैं, न आधुनिकता

की। सच तो यह है कि उनके लिए विचार के प्रश्न ही बेमानी हैं—महज शब्द भर हैं, जिनका उपयोग वे मात्र अपने क्षुद्र स्वार्थों पर पर्दा डालने के लिए करते हैं। राजनीति का यह स्वरूप न तो सार्वभौम शिक्षा और व्यापक हित के लिए सहायक हो सकता है न अभिजनोन्मुखी उच्च शिक्षा के लिए, जिससे किसी वर्ग-विशेष को ही लाभ मिल सके। यही नहीं, कभी-कभी तो अजीब विडंबना की स्थिति बनती है। सामंती प्रथा का विरोध राजनीति के प्रिज्म से गुजर कर मेधा के विरोध का रूप ग्रहण कर लेता है। पढ़ा-लिखा वर्ग सामंती व्यवस्था का प्रतीक मान लिया जाता है, बौद्धिक क्षमता उपहास के साथ कभी-कभी विरोध का लक्ष्य भी बन जाती है।

ऐसा नहीं है कि यह सामाजिक मानसिकता बिल्कुल अकारण और अतर्कसंगत है। दो बातें यहाँ पर ध्यान देने की हैं। पहली बात कि इस पढ़े-लिखे वर्ग ने व्यापक समाज के लिए क्या किया? उसका योगदान क्या है? इस वर्ग के आत्मकेंद्रित चरित्र के कारण ही इसकी विश्वसनीयता उत्तरोत्तर घटती गई। सन् 1931 में 'आहुति' कहानी के पात्र के मुँह से प्रेमचंद ने कहा था कि यदि आजादी के बाद भी शिक्षित वर्ग वैसा ही स्वार्थी रहा जैसा वह आज है तो फिर स्वराज का अर्थ क्या होगा? उनकी आशंका शब्दशः सच निकली है खासतौर से बिहार के संदर्भ में। यही कारण है कि बिहार की राजनीति में ऊपर का तबका, जिसमें पढ़ा-लिखा वर्ग भी शामिल है, धीरे-धीरे सत्ता से प्रायः विस्थापित होता गया। कभी-कभी इसकी जो प्रतिक्रिया भी होती है वह रुग्ण या स्वार्थपरक मानसिकता का द्योतक है। जैसे निजी सेनाएँ, निजी विद्यालय, निजी सुरक्षा इत्यादि विभिन्न समानांतर व्यवस्थाएँ। या फिर यह पढ़ा-लिखा वर्ग बाहर जाकर नए अवसरों की तलाश करता है, कभी-कभी देश के बाहर जाकर भी। लगता है अभिजन समूह ने इस प्रदेश को भविष्यहीन मानकर भाग्य भरोसे छोड़ दिया है। इस वर्ग की प्रतिक्रिया शिक्षाव्यवस्था को सुधारने की दिशा में कहीं से भी सहायक नहीं। यदि मुट्ठी भर लोग सुधार की चेष्टा करते भी हैं तो पूरा माहौल इतना विकृत हो गया है कि या तो वे निष्प्रभावी रहते हैं या बना दिए जाते हैं। दूसरी ओर गाँव-देहात का या शहर की गंदी बस्तियों का साधारण व्यक्ति शिक्षा में कोई निश्चित भविष्य नहीं देख पाता। सवाल है शिक्षा से उसकी अपेक्षाएँ क्या हैं और आज की शिक्षा क्या उन्हें वह सब दे पाएगी? दुर्भाग्य है कि इसका उत्तर नकारात्मक ही हो सकता है। शिक्षा यदि व्यक्तिगत उन्नति के लिए है या ऐसे कौशल को सीखने के लिए जो जीविकोपार्जन का साधन बन सके या कोई नौकरी ही दे सके तब तो वह इसमें रुचि रखेगा, लेकिन वास्तविकता इससे सर्वथा भिन्न है। डिग्रियों के बाद भी नौकरियाँ नहीं हैं, हमारी शिक्षा हमें स्वनियोजन के लिए कहीं से तैयार नहीं कर पाती। निर्धन वर्ग के लिए जिस किस्म के निम्नस्तरीय शिक्षण की व्यवस्था है उसमें शायद ही किसी बच्चे के व्यक्तित्व का सही विकास

हो सकता है। रही बात पढ़े-लिखे लोगों के प्रति उसकी धारणा की—आज न तो वे आदर्श के प्रतीक हैं, न सफलता के। बिना पढ़े-लिखे या कम पढ़े-लिखे व्यक्ति कहीं ज्यादा सफल और प्रभावी दीखते हैं जबकि विद्वत्ता और आदर्श जीवन का सह-संबंध आज विरले ही मिलता है।

आज की तारीख में जो वर्ग सत्ता पर काबिज हो चुका है उसके लिए शिक्षा एक अप्रासंगिक व्यापार है। वह कमाने के या तरक्की के अन्य रास्ते अख्तियार करता है जो कई बार कानून के विरुद्ध भी रहता है। सिद्धांतविहीन राजनीति ने धीरे-धीरे सत्ता की कमान प्रायः आपराधिक तत्त्वों के हाथ में सौंप दी है। उस वर्ग की शिक्षा के सुधार में कोई रुचि नहीं। यदि अपने बच्चों को उसे अच्छी शिक्षा देनी है तो वह उन्हें बाहर भेज सकता है। सच तो यह है कि शिक्षित मध्यवर्ग भी यहाँ पढ़ाने की अपेक्षा अपने बच्चों को बाहर भेजना ज्यादा लाभप्रद मानने लगा है। आखिरकार क्या रोजगार के अवसर बच रहे हैं राज्य में, नए अवसरों का विस्तार तो नगण्य है ही। काम करना दिन-ब-दिन ज्यादा कठिन हो रहा है। नागरिक सुविधाओं की कमी बढ़ती चली जा रही है चाहे बिजली हो, या सड़क या पानी। कानून-व्यवस्था की स्थिति ऐसी है जिसमें संपन्न वर्ग खासतौर से असुरक्षा का शिकार है, विपन्न तो हमेशा से असुरक्षित और शोषित रहे ही हैं।

संक्षेप में, प्रदेश का कोई भी प्रभावी तबका आज शिक्षा के सुधार के बारे में ईमानदारी से सोच नहीं रहा है, प्रयास की बात तो दूर रही। जो थोड़े-बहुत लोग इसके बारे में सोच सकते थे, धीरे-धीरे उन्होंने विकल्प ढूँढ़ लिया और उनका कोई निहित स्वार्थ अब इस व्यवस्था में नहीं। जिस बड़े सामाजिक समूह का हित इससे सधता, उसका विश्वास कमजोर पड़ गया है और व्यवस्था को प्रभावित करने की उसकी शक्ति विश्रृंखलित है। जहाँ भी शक्ति और संभावना बनती है या बन सकती है वहाँ ऐसे तत्त्वों का बोलबाला हो जाता है जो अपने सीमित स्वार्थ से बाहर निकलने को तैयार नहीं है। इन सबके बावजूद यह सोचना गलत होगा कि यहाँ शिक्षा का भविष्य है ही नहीं।

एक और परिप्रेक्ष्य

यदि हम गौर करें तो शिक्षा को तीन तरह का समर्थन संभव है—राज्य का, बाजार का और समुदाय का। एक जमाना था जब शिक्षा पर सामुदायिक नियंत्रण था, खासतौर से नीचे के स्तर की शिक्षा पर। अंग्रेजों के जमाने से शुरू होकर आजादी के बाद के वर्षों में शिक्षा पर समुदाय के नियंत्रण को पूरी तरह से खत्म किया गया। इस परिवर्तन के समर्थन में कम-से-कम दो प्रधान तर्क हैं—पहला, हमारे लोकतांत्रिक गणराज्य में शिक्षा राज्य का दायित्व है और दूसरा, हमारा समाज गैरबराबरी के सिद्धांत पर आधारित है और समुदाय का नियंत्रण ऐसे सामाजिक मूल्यों को

बनाए रखेगा जो आज अमान्य और संविधानविरुद्ध हो चुके हैं। आजादी के चालीस-पचास साल गुजरते-गुजरते यह बात साफ हो चुकी है कि शिक्षा पर पूर्ण राजकीय नियंत्रण न तो संभव है, न वांछनीय। विकल्प यह बचता है कि शिक्षा के फैलाव को बाजार की शक्तियों के हवाले कर दिया जाए या फिर राज्य के समर्थन के साथ समुदाय की भूमिका को फिर से बहाल किया जाए। सच पूछिए तो इन बातों पर राष्ट्रीय स्तर पर नीति-निर्माताओं के बीच एक व्यापक सहमति बन चुकी है। चाहे-अनचाहे बिहार में भी ये बातें सामने आ रही हैं।

बिहार में प्रारंभिक शिक्षा पर प्रतिव्यक्ति व्यय देश में सबसे कम है। मानव संसाधन विकास मंत्रालय के अनुसार 1996-97 में जब देश में यह 391 रुपए था तो बिहार में मात्र 260 रुपए। लक्षद्वीप में यह 1926 रुपए है, हिमाचल में 773 एवं केरल में 629 रुपए। वैसे प्रति छात्र राजकीय व्यय का स्तर बिहार में देश के औसत से थोड़ा अधिक है, यानी 1235 रुपए जबकि देश के लिए आँकड़ा है 1207 रुपए। यहाँ कई निष्कर्ष निकाले जा सकते हैं। इनमें एक है कि राज्य में शिक्षा की उपेक्षा है किंतु उससे भी बड़ा सवाल है आबादी के हिसाब से अधिक संसाधन की आवश्यकता का। इसलिए जरूरी हो जाता है राजकीय सामर्थ्य को बढ़ाने के साथ संसाधन का बेहतर उपयोग और गैरराजकीय समर्थन की पूरक भूमिका को प्रोत्साहन। समुदाय की भूमिका को बढ़ाकर और बाजार की शक्तियों का उपयोग करके ऐसा करना मुमकिन होगा और किसी न किसी तरह से राज्य उस दिशा में अग्रसर हो चुका है। पिछले दशक में प्रदेश में दो तरह के कार्यक्रम हुए हैं—एक ओर साक्षरता अभियान और दूसरी ओर बिहार शिक्षा परियोजना, और फिर राज्य प्रारंभिक शिक्षा विकास कार्यक्रम (स्पीड)। पहला कार्यक्रम यदि साक्षरता पर केंद्रित था तो दूसरा कार्यक्रम प्रारंभिक शिक्षा पर। शिक्षा पर ज्यादा ध्यान, ज्यादा बहस और ज्यादा व्यय तो हुआ ही है, आज नहीं तो कल इसके कुछ अच्छे परिणाम निकलेंगे।

दूसरी ओर प्रारंभिक शिक्षा के कार्यक्रमों में गाँव के स्कूलों की देखभाल के लिए ग्राम-शिक्षा-समिति का गठन हुआ है। हाल में पंचायत चुनाव भी हुए। इन सबका अवश्यंभावी प्रभाव होगा कि निम्नतम स्तर पर समुदाय की भूमिका क्रमशः संस्थाबद्ध और मजबूत होगी। इसके भी दूरगामी सकारात्मक परिणाम होने चाहिए।

तीसरी बात की ओर एक बिल्कुल अलग तरह से प्रोब रिपोर्ट भी इंगित करती है। वह बात है शिक्षा की बढ़ती हुई माँग। यदि माँग है और राज्य के शिक्षातंत्र के द्वारा उस माँग की पूर्ति नहीं हो पाती तो बाजार के अपने नियम स्वाभाविक रूप से लागू होंगे। शिक्षा बढ़ेगी और शिक्षा-व्यवस्था को माँग के अनुरूप ढालना भी होगा, यानी शिक्षा में जो गुणवत्ता का सवाल आज उठ खड़ा हुआ है वह भी कल और महत्त्वपूर्ण मुद्दा बनेगा।

इन बातों के अलावा भी इस बात का प्रमाण है कि कुछ लोग निस्संदेह शिक्षा

के बारे में प्रतिबद्धता के साथ सोच रहे हैं और शिक्षा के क्षेत्र में काम कर रहे हैं। प्रतिबद्ध संकल्प बाजार की शक्तियों से भिन्न है लेकिन वह भी स्थितियों को अपनी ओर से प्रभावित करेगा। यदि दुनिया भर में ज्ञान आधारित समाज बनाने की बात कही जा रही है तो कब तक हम बिहार को एक द्वीप बनाकर रख सकते हैं! बिहार संभावनाओं का प्रदेश है। आज निराशा का माहौल है, प्रतिभा का पलायन है, अराजकता है लेकिन परिस्थितियाँ और माहौल तो समय-समय पर बदलते हैं। माहौल बदलेगा जरूर और संभावनाओं की जो तलाश शुरू हो चुकी है वह तब यथार्थ का रूप ग्रहण कर पाएगी।

बिहार में शिक्षा : एक अनुभव

❐ *योगेन्द्र*

4 नवंबर, 1996 का दिन था। 'आज' अखबार में एक खबर पर नजरें स्थिर हो गईं। यह खबर विभिन्न विश्वविद्यालयों के लिए कॉलेज सेवा आयोग द्वारा लिए व्याख्याताओं के इंटरव्यू के रिजल्ट से जुड़ी थी।

यह खबर पढ़ कर देह में झुरझुरी हो आई और रिजल्ट देखने की उत्सुकता मुझे घेरने लगी। 20 मई, 1996 को मैंने व्याख्याता पद के लिए इंटरव्यू दिया था और मुझे कतई उम्मीद नहीं थी कि मैं उस पद के लिए चुन लिया जाऊँगा। मैं झिझकते हुए इंटरव्यू में शामिल हुआ था, क्योंकि इंटरव्यू से पूर्व ही हवा में घूसखोरी की गंध थी। शासन-प्रशासन का जैसा भद्दा चेहरा उस वक्त बन गया था कि उसमें सहज ही मन में विश्वास हो गया था कि व्याख्याता पद पर नियुक्ति उसी की होगी जिसके पास मोटी रकम होगी। लोग लाखों-लाख रुपए घूस की ऐसे चर्चा करते, जैसे लाख रुपए सचमुच हाथ का मैल हो। मुझे अच्छी तरह याद है कि मैंने उस दिन अन्य कोई भी खबर नहीं पढ़ी थी, क्योंकि मन आशाओं और आशंकाओं के बीच उद्विग्न था।

मैं उन दिनों एक सरकारी माध्यमिक स्कूल में कार्यरत था। स्कूल दस बजे तक पहुँच जाना पड़ता था, लेकिन उस दिन मैंने छुट्टी ले रखी थी, क्योंकि मुझे उदारीकरण के खिलाफ दिए जाने वाले एक धरने में शामिल होना था। धरने में शामिल हुआ तो था, लेकिन मन रिजल्ट संबंधी आशंकाओं व आशाओं से मुक्त नहीं हो पा रहा था। सच पूछिए तो मेरे मन में वर्षों से व्याख्याता बनने की दबी-कुचली इच्छाएँ सक्रिय थीं और कॉलेज में पढ़ा रहे शिक्षकों के लिए मन में रश्क बना रहता था। खासकर उनकी मुक्ति मुझे बहुत लुभाती थी। इसके उल्टे स्कूल में दस से चार की गुलामी करनी पड़ती थी, हेडमास्टर की हिदायतें सुननी पड़ती थीं, ऊपर से अभिभावकों के अतिरिक्त दबाव भी झेलने पड़ते थे।

माध्यमिक स्कूल में जैसे उपरोक्त परेशानियाँ काफी नहीं हों, अब सरकार की प्रताड़नाएँ भी उनमें शामिल हो गई थीं। सरकार के मुँह में शिक्षकों के लिए गालियाँ भरी थीं और मौके-बेमौके वह उन्हें उगलती रहती थी। शिक्षा-मंत्री लाठी लिए फिर रहे थे और शिक्षकों को प्रताड़ित करने के मौक़े तलाश रहे थे। उन्हें इस बात की चिंता नहीं थी कि कैसे माध्यमिक शिक्षा में अपेक्षित सुधार किया जाए, बल्कि शिक्षकों को दिया जाने वाला वेतन उनकी आँखों की किरकिरी बना था। यह इसलिए भी लग रहा था, क्योंकि शिक्षा में आई गिरावट उनकी चिंता के केंद्र में नहीं थी, न वे इसे चलते-फिरते ढंग से भी अपने वक्तव्यों में अभिव्यक्त कर पा रहे थे। एक लोकतांत्रिक देश में शिक्षा लोक की होती है और लोक को केंद्र में रखकर शिक्षा की संरचना गढ़नी पड़ती है। चाहे स्कूल का प्रबंधन हो या पाठ्यक्रम, लोक की भागीदारी सुनिश्चित करनी पड़ती है। लोक के ज्ञान, संवेदना, भाषा और जीवन-पद्धतियों को केंद्र में रखे बिना वास्तविक एवं सृजनात्मक शिक्षा-व्यवस्था कायम नहीं की जा सकती है। लेकिन अफसोस के साथ कहना पड़ता है कि शिक्षा-व्यवस्था दिनोंदिन लोक से कटती और राज्यसत्ता से जुड़ती जा रही है। राज्यसत्ता की भूमिका शिक्षा-व्यवस्था में कम-से-कम होनी चाहिए। राज्यसत्ता का अनावश्यक हस्तक्षेप शिक्षा-व्यवस्था को तहस-नहस कर डालता है। शिक्षा-व्यवस्था बहुत नाजुक व संवेदनशील होती है जिसकी सफलता बहुत हद तक इस बात पर निर्भर करती है कि वह छात्रों को कितना संवेदनशील व विवेकी बनाती है। इसके लिए आवश्यक है कि शिक्षकों का मन खुला हुआ और दृष्टिसंपन्न हो और समाज व सत्ता का सक्रिय लेकिन रचनात्मक सहयोग हो। कहना चाहिए कि समाज, सत्ता और शिक्षक का तालमेल और उनकी स्पष्ट समझ व अंतर्दृष्टि बेहतर शिक्षा की पूर्व शर्त हो।

मगर माध्यमिक शिक्षा-व्यवस्था में उपरोक्त समझ व अंतर्दृष्टि का सर्वथा अभाव था। सत्ता ने अलग राग छेड़ रखा था, समाज के गीत व गाने अलग थे और शिक्षकों की धुन अलग थी। शिक्षा-जगत में ईर्ष्या-द्वेष, डाँट-फटकार व विवाद-प्रतिवाद की निरर्थक खनखनाहटें थीं। वातावरण पूरी तरह से नकारात्मक था। पूरे बिहार के माध्यमिक स्कूल अजीब संकट से जूझ रहे थे। सरकार और शिक्षा मंत्री के सिर पर ऐसी परिस्थिति में शिक्षा-सुधार का भूत चढ़ गया। उन्होंने पहला फैसला यह लिया कि माध्यमिक शिक्षकों का सामूहिक स्थानांतरण होगा। पिछले बावन सालों में शिक्षा-सुधार के लिए न जाने कितनी समितियाँ बनीं, उन समितियों की रिपोर्टें आईं और फिर उनके सुझाव आए, मगर उन पर कभी अमल नहीं हुआ। सरकार या मंत्रीगण शायद ही उन सुझावों को पढ़ते हों, फिर उनसे यह अपेक्षा पालना कि वे सुझाव लागू किए जाएँगे, व्यर्थ है। कुछ दिनों बाद सामूहिक स्थानांतरण की पहली सूची जारी हुई और शिक्षकों में अफरा-तफरी मच गई। शिक्षक स्कूल जाने की बजाय

आर. डी. डी. के दफ्तर के चक्कर लगाने लगे, क्लर्कों को पटाने लगे। जो शिक्षक व्यावहारिक थे, उन्होंने पहली खेप में ही क्लर्कों को पटा लिया और जो भले व नेक थे वह आर. डी. डी. ऑफिस आते और इधर-उधर कर घर वापस जाते। उनके अंदर हर दिन कुछ टूट जाता था और उसकी झलक उनके चेहरे पर नजर आती थी।

उन दिनों शिक्षा कार्यालय में कार्यरत तमाम कर्मचारी कुत्ते की दुम की तरह टेढ़े हो गए थे और उन्हें टकुए की तरह सीधा सिर्फ शिक्षकों का संघ ही कर सकता था। मगर शिक्षक संघ के अध्यक्ष ने संसद जाने के उतावलेपन में सरकार से अप्रत्यक्ष समझौता कर लिया था, जिसकी वजह से शिक्षकों की 'चट्टानी एकता' धूल में मिल गई थी। यों जिला स्तर पर शिक्षक संघ सामूहिक स्थानांतरण का विरोध कर रहा था, लेकिन उनकी निष्ठा व प्रतिबद्धता संदिग्ध हो गई थी। शिक्षक समुदाय भी दो धड़े में विभक्त हो गए थे—एक धड़ा संघ के साथ था और दूसरा सरकार के साथ। शिक्षकों के इस विभाजन के पीछे ठोस सामाजिक वास्तविकताएँ सक्रिय थीं। संघ का नेतृत्व कमोबेश सवर्णों के हाथ में था और सरकार पिछड़ों की थी। सामाजिक न्याय के नारों ने समाज में उथल-पुथल मचा रखी थी। दोनों में टकराव जारी था। जातिवाद के क्रूर पंजों ने माध्यमिक शिक्षा-व्यवस्था को पूरी तरह से क्षत-विक्षत कर दिया था। पिछड़े शिक्षकों के अंदर सरकार के लिए 'साफ्ट कॉर्नर' था और अगड़े शिक्षक जुझारू संघर्ष करने से झिझक रहे थे। उन्हें लग रहा था कि अगर वे संघर्ष करेंगे तो 'क्रश' कर दिए जाएँगे। ऐसी देशा में सामान्य शिक्षक के लिए आर. डी. डी. और कर्मचारी ही एकमात्र सहारा थे और वे सुविधाजनक विद्यालय के लिए पाँच से दस हजार रुपए तक खर्च कर रहे थे। पढ़ाई बुरी तरह प्रभावित हो गई थी। शिक्षकों में एक दलाल वर्ग पैदा हो गया था और वह शिक्षकों से पैसा वसूल कर आर. डी. डी. ऑफिस से मिलजुलकर बंदरबाँट कर रहा था। पहली बार मैंने देखा कि बेईमान लोग मेढकों की तरह न सिर्फ गाल बजा रहे थे, बल्कि शेरों की तरह गुर्रा रहे थे। वे शिक्षकों को स्थानांतरण की धमकियाँ देते और रुपए वसूलते। ऐसी दशा में माध्यमिक शिक्षा क्या बचती और स्कूल का वातावरण क्या सुधरता? शिक्षा-सुधार के नाम पर हुए स्थानांतरण ने स्कूलों को लहूलुहान कर दिया था। सर्वत्र भय व्याप्त था। शिक्षक स्कूल जाते, मगर सहमे हुए। उन्हें अब न स्कूल अपना लगता, न बच्चे। उन दिनों मैं बेहद उद्विग्न था। न नौकरी छोड़ते बन रही थी, न पकड़ते। ऐसे समय में व्याख्याताओं की नियुक्ति का रिजल्ट चिलचिलाती गर्मी में बारिश की रिमझिम फुहारों की तरह था। मुझे उस रिजल्ट में अपनी मुक्ति दिख रही थी, लेकिन अन्य शिक्षकों के लिए उस मंत्रणा से मुक्ति पाने की क्या संभावना थी?

तिलकामाँझी भागलपुर विश्वविद्यालय के लिए मेरा चयन हो गया था। सच कहता हूँ, मैं उस दिन बेहद खुश था। उदारीकरण के खिलाफ दिए गए धरने से

जब मैं वापस घर लौटा, तो मेरे कदम टेढ़े-मेढ़े पड़ रहे थे। घर आते ही पत्नी को मैंने यह खबर सुनाई। खबर सुनते ही वह उछल पड़ी। ऐसे माहौल में तिलकामाँझी भागलपुर विश्वविद्यालय में चयन होने के बाद स्कूल छूटना तय हो गया। स्कूल का जैसा वातावरण था और वहाँ जितनी मानसिक यंत्रणाएँ हो रही थीं कि मैं स्कूल छोड़ना चाहता था, लेकिन जब स्कूल छूटना तय हो गया, तब उसकी स्मृतियाँ मुझे घेरने लगीं। पूरे नौ वर्ष मैंने वहाँ बिताए थे। लगभग चार वर्ष सी. एन. डी. उच्च विद्यालय, बौंसी में और पाँच वर्ष उच्च विद्यालय रन्नूचक मुकन्दपुर में। बौंसी भागलपुर से लगभग पचास किलोमीटर पर स्थित है और रन्नूचक मुकन्दपुर बारह किलोमीटर पर। मैं दोनों जगहों के लिए 'डेली पैसेंजर' था। बौंसी के लिए आठ बजे सुबह निकलता और छह बजे के आसपास भागलपुर वापस आता। आते-जाते हुए थक जाता। देह टूटने लगती और मन पूरी तरह बैठ जाता। यह प्रक्रिया पूरे नौ वर्ष तक चली। हाई स्कूल में ज्वाइन करते वक्त मैं अंतर्द्वंद्व में था, ज्वाइन करूँ या न करूँ? इसकी वजह थी। मैं इसके पूर्व सात महीने तक एक पब्लिक स्कूल में प्राइमरी सेक्शन में काम कर चुका था और वहाँ शिक्षण के अनुभव सुखद नहीं थे। वहाँ कई घटनाएँ घटती रहीं और स्कूल का प्रशासन मुझे एक स्कूल से दूसरे स्कूल भेजता रहा।

मुझे अच्छी तरह याद है, जब मैंने पब्लिक स्कूल में योगदान करने के लिए हिंदी में आवेदन-पत्र लिखा था, तो प्रिंसिपल ने उस आवेदन को देखते ही नाक-भौं सिकोड़ ली थी। फिर कहा था, 'आवेदन-पत्र अंग्रेजी में लिखिए।' उन्होंने ऐसे कहा था जैसे हिंदी से दुर्गंध आ रही थी। मैंने पूछा, 'क्यों? मैं हिंदी शिक्षक के रूप में ज्वाइन कर रहा हूँ, फिर आवेदन पत्र अंग्रेजी में क्यों?' मैंने धृष्टता की थी। 'यह अंग्रेजी स्कूल है और यहाँ का नियम यही है', उनका उत्तर था। उत्तर देते वक्त उनकी आवाज बेहद कटु थी और सच पूछिए, तो उसी दिन से मेरे अंदर शिक्षा से जुड़े सपने आहत होने लगे थे। वैसे बाद में उस स्कूल में काम करते हुए मालूम हुआ कि यहाँ सारे काम हिंदी में होते हैं। शिक्षक बातचीत हिंदी में करते हैं और पढ़ाते भी हिंदी में हैं। शायद हाथी के दाँत की तरह खाने के दाँत अलग और दिखाने के अलग थे। अंग्रेजी आम लोगों को मोहती है और उससे कृत्रिम मगर लुभावने स्टैंडर्ड का निर्माण होता है। आश्चर्य यह है कि ऐसे सैकड़ों स्कूल दयानंद सरस्वती के नाम पर चल रहे हैं। ऐसे स्कूल देशी-विदेशी तत्त्वों का ऐसा सम्मिश्रण हैं, जहाँ बच्चे न भारतीय हो सकते हैं, न विदेशी।

खैर! वहाँ मैं कुल सात महीने रहा। मैंने वहाँ महसूस किया कि पढ़ाने में वहाँ स्वतंत्रता नहीं है। हर वक्त प्रिंसिपल का हस्तक्षेप होता रहता है। सिलेबस बनाने के पीछे भी कोई अंतर्दृष्टि नहीं है। हाई स्कूल में ज्वाइन करते वक्त जो अंतर्द्वंद्व था, उसके पीछे पब्लिक स्कूल के यही कटु अनुभव थे। मैंने तब भी हाई स्कूल

ज्वाइन किया, क्योंकि मैं उस वक्त विकल्पहीन था। मैंने हाई स्कूल में ज्वाइन किया और उसमें रमने की कोशिश करने लगा। यों स्कूल में काम करते हुए ढेर सारे अनुभव हुए, लेकिन उन अनुभवों का सर्वांगीण उल्लेख यहाँ संभव नहीं है। मैंने विस्तार से अपनी किताब 'गुरु कुम्हार, शिष कुंभ' में इसका उल्लेख किया है। मैं यहाँ कुछ वैसे अनुभवों का जिक्र कर रहा हूँ, जो पाठ्यक्रम, स्कूल के वातावरण, बच्चों की मानसिकता, बिहारी समाज की दशा और शिक्षक से जुड़े हैं।

अनुभव : एक

संदर्भ : पाठ्यक्रम

जनवरी का महीना था। बेहद ठंडा मौसम। मैं और मेरे साथ एक सहकर्मी बस से उतरे और स्कूल की ओर चले। चुपचाप। सड़क के पार गेहूँ की फसलें और मकई के झूमते पौधे। ठंड से लड़ते या कि खुशी में उमगते हुए। मेरे सहकर्मी ने शायद चुप्पी तोड़ने के लिए ही पूछा, "आपने अपने विषय का नया सिलेबस देखा?" "हाँ", मैंने कहा। "कैसा है?" उन्होंने जिज्ञासा की। "ठीक नहीं है।" मैंने उत्तर दिया। "और आपके विषय का?" मैंने पूछा। "मुझे भी अच्छा नहीं लगा। बच्चों के मन के लायक नहीं है। भारी-भरकम है। शायद लेखक ने अपनी विद्वत्ता बच्चों पर लाद दी है।" उनका उत्तर था। मेरे सहकर्मी मुझसे पंद्रह साल बड़े थे। मैंने उनसे जानना चाहा कि सिलेबस स्कूल टीचर क्यों नहीं बनाते? सारे सिलेबस कॉलेज टीचरों के द्वारा क्यों बनाए जाते हैं? उन्होंने उत्तर दिया, "सरकार की मर्जी। सरकार जिसे उपकृत करना चाहती है, उसे सिलेबस बनाने का काम दे देती है और सिलेबस बनानेवालों के पास बच्चों की संवेदना की पहचान तो रहती नहीं। वे जैसी-तैसी पैरवी-पैगामवाली रचनाएँ किताबों में लगा देते हैं।"

शायद बातचीत कुछ और आगे चलती, मगर बीच में मुखिया जी मिल गए थे। फिर गाँव के कुछ लोग। हम दोनों चुप हो गए। स्कूल पहुँचे। वार्निंग हुई, फिर प्रार्थना। मेरे स्कूल में जो प्रार्थना होती थी, वह मुझे भी समझ में नहीं आती थी। मैंने एकाध बार कहा भी था कि आखिर ऐसी प्रार्थना क्यों करवायी जाती है जिसका अर्थ समझ में नहीं आता? इसके एवज में उत्तर आया था कि इस प्रार्थना से कुछ लोगों के भावनात्मक रिश्ते जुड़े हैं। खैर! पहली घंटी लगी और मैं नौवीं कक्षा में दाखिल हुआ। मैंने बच्चों से पूछा, "नई किताब तुम लोगों ने खरीद ली?" "हाँ सर!" कुछ स्वर उभरे। कुछ चुप रहे यानी उन्होंने किताब नहीं खरीदी। मैंने हिदायत दी, "सारे बच्चे नई किताब खरीद लें।" फिर मैंने कहा, "चलो आज नई किताब 'कथांतर' की भूमिका का पाठ करते हैं। तुम लोग ध्यानपूर्वक सुनो।" मैंने भूमिका पढ़नी शुरू की। मैं खुद उसमें उलझने लगा। पता नहीं, बच्चों ने इसे कैसे समझ लिया। भूमिका में इतने कठिन शब्दों का इस्तेमाल हुआ था कि बच्चे शायद ही

इन्हें समझ रहे होंगे। लेखक ने तो जैसे कठिन शब्दों की एक शृंखला ही बना दी थी—वाक्शील, विवक्षु, हस्तिसंज्ञक, शिलाधर, लक्ष्यकै चक्षुष्कता, एकोन्मुखता... और सबसे आश्चर्य की बात यह कि सामान्य शब्दों का इस्तेमाल इतना जटिल और उलझा हुआ कि हिंदी गणित से भी कठिन हो जाए। मसलन, 'मनुष्य एक वाक्शील विवक्षु प्राणी है।' 'अनजानी जमीन पर जो अनभ्यस्त हैं, उन्हें संपूर्ण आनंद नहीं मिलता', 'अनजान पर विश्वसनीय परिवेश से परिचय होता है', 'उपन्यास में समेकित प्रभावान्विति होती है, इसे ही अंग्रेजी में Singularity of crisis and unity of depression के रूप में विश्लेषित किया गया है।' ऐसे वाक्यांश बच्चों को मुँह चिढ़ाते प्रतीत होते हैं। वे उन्हें समझते कम, उन्हें पढ़कर खीझते ज्यादा हैं।

नौवीं कक्षा में लगी इस किताब की भूमिका में हिंदी कहानी की परिभाषा समझाने में संपादक ने शब्दों का टकसाल खोल दिया है, 'गल्प, कथा, आख्यायिका, कहानी—इन अनेक नामों से आख्यात-विख्यात कहानी का इतिहास विविधकोणीय है।...कहानी टार्च लाइट है...कहानी ध्रुपद की तान की तरह है...कहानी अँधेरी रात में बिजली की कड़कती रौशनी है...कहानी तने हुए रस्से पर बिना किसी अवलंब के आर-पार पहुँच जाने की जोखिम भरी बाजीगरी है...कहानी रॉकेट-पटाखा है।... कहानी छंदों में अनंग शेखर है...कहानी सौ मीटर की हर्डल रेस है...कहानी एकरसोन्मुखी होती है...कहानी देश और काल के एकायतन में फैलती है...कहानी कतरनों पर संपूर्ण निर्णय सुनाती है...।' इसी तरह उपन्यास के बारे में लिखा है...'उपन्यास शरद पूर्णिमा है...।...उपन्यास समुद्रतट पर नारियल वनों के बीच इत्मीनान का एक पाठकीय सफरनामा है...उपन्यास अनार का एक बड़ा दाना है...उपन्यास द्रुतविलंबित छंद है...उपन्यास बीसियों किलोमीटर की मंद-मंद मैराथन दौड़ है...उपन्यास नवरसान्वित होता है।'

बच्चों के लिए लिखी गई भूमिका में कहानी और उपन्यास को लेकर इतनी छलाँगें बच्चों का क्या भला करेंगी। उपमाओं व विशेषणों की भरमार में बच्चे उलझते जाते हैं। उनके मन में अरुचि पैदा होती है। उनके हाथ कुछ नहीं लगता। बच्चों के कोमल मन में कल्पनाएँ बहुत होती हैं, मगर ऐसी कल्पनाएँ नहीं जो एक सहज और जानने योग्य विषय को भी असहजता और बेवजह के गांभीर्य में डुबो दें। यह तो महज भूमिका की बात है। किताब के अंदर तो संपादक ने कहानीकारों के बारे में जो टिप्पणी की है, वह एक तरह से 'चमत्कार' ही है। सिलेबस में लगी अन्य किताबों के भी कमोबेश यही स्तर हैं। प्रश्न है कि हम बच्चों को क्या समझते हैं? उनके भावों के साथ हम खिलवाड़ क्यों करते हैं? हम विद्वान हो सकते हैं, लेकिन हमारी विद्वत्ता क्या बच्चों को आतंकित करके ही सार्थक हो सकती है? एक सहज-सरल टिप्पणी जिसे बच्चे समझ सकें, कथ्य से अवगत होकर मन

में गुन सकें, उनकी कल्पनाएँ जाग्रत हों, उनका बौद्धिक स्तर सहजतापूर्वक पुष्ट हो, आखिर क्यों नहीं लिखी जा सकती? जो शिक्षक बच्चों को पढ़ाते-पढ़ाते बूढ़े हो गए हैं, उनसे सिलेबस के बारे में सलाह क्यों नहीं ली जाती? क्यों नहीं उन्हें सिलेबस बनाने की जिम्मेदारी दी जाती है? अगर कहीं जिम्मेदारी दी भी जाती है तो उसमें सिलेबस की चिंता कम, उपकृत करने के एहसास ज्यादा होते हैं।

अनुभव : दो

संदर्भ : स्कूल प्रशासन

अप्रैल का महीना। ठंड में पीपल के बूढ़े पत्ते झड़ गए हैं। उनकी जगह हरे, चिकने व कोमल पत्ते झूमने लगे हैं। गेहूँ की बालियाँ पक ही नहीं गईं, कटकर खलिहान में भी आ चुकी हैं। स्कूल जाते वक्त जब बहियार को देखता हूँ तो ऐसा लगता है कि कुछ दिन पूर्व जो संसार हँसता-खेलता था, मटर, गेहूँ और बूँट की छीमियों के साथ, वह एकदम खाली है। एक सुखांत नाटक दुखांत में तब्दील हो गया है। सिर पर कहीं छतरी है, तो कहीं गमछे। थोड़ी-सी पछिया सिहकती है, तो होंठ-गाल-चमड़े चरचराने लगते हैं। पुरवइया चलती है, तो आँखें झपकने लगती हैं और देह अलसा जाती है। इस महीने की शुरुआत से स्कूल मार्निंग हो जाता है।

4 बजे सुबह जाना और जैसे-तैसे बस के लिए भागना। स्कूल पहुँचना। प्रार्थना की घंटी। पी.टी. और फिर क्लास। क्लास में घुसता हूँ तो शोर ही शोर। बच्चे नहीं, बच्चों की भीड़। सारी बेंचें भरी हुई हैं। टूटी-फूटी बेंचें, जो साल भर उपेक्षित पड़ी रहती थीं, आज उनपर कब्जा जमाने के लिए बच्चों में होड़ है। जिन बच्चों को कुछ भी हासिल नहीं हुआ, वे डेस्क व खिड़कियों के ऊपर बैठ गए हैं। हेडमास्टर साहब की हिदायत है कि आगे की बेंचों को अच्छे लड़कों के लिए रिजर्व कर दिया जाए। मेरी परेशानी यह है कि ऐसी दशा में पढ़ाई कैसे की जाए?

मैंने एक दिन अपने सहकर्मी से पूछा, ''अप्रैल महीने में इतने बच्चे कहाँ से चले आते हैं?'' उन्होंने उत्तर दिया, ''अप्रैल में बच्चे एकदम खाली रहते हैं। सारी फसलें कटकर घर चली आती हैं। घर में कोई काम नहीं होता, इसलिए वे स्कूल चले आते हैं।''

घंटी खत्म हुई। मैं बाहर आया। बरामदे पर क्लर्क मिल गए। मैंने उनसे कहा, ''लड़के पढ़ेंगे खाक, जबकि बैठने तक की जगह नहीं है।'' मुझे लग रहा था कि मेरी खीझ पर वह क्लर्क महोदय भी खीझेंगे। कहेंगे, ''जब बैठने का इंतजाम नहीं है, तो फिर इतने बच्चों का नामांकन कैसे हो जाता है?'' मगर उन्होंने कहा, ''बच्चों को टास्क दीजिए और उसके बहाने हौंक दीजिए। दो दिन में क्लास खाली हो जाएगा।'' मैं भौचक रह गया! मुझे लगा कि टास्क के बहाने बच्चों की कुटम्मस होगी, तो पढ़ाई नामक चिड़िया का क्या होगा? उन्होंने आगे यह भी जोड़ा, ''पहले

शिक्षक इस नुस्खे का खूब इस्तेमाल करते थे। दरअसल कुछ अरवाहे-चरवाहे और कुछ आजिल-फाजिल लड़के बेवजह क्लास में घुस आते हैं। उन्हें पढ़ना-लिखना तो है नहीं, केवल क्लास डिस्टर्ब करना है।'' मैंने मन ही मन सोचा कि क्या यह स्कूल इन आजिल-फाजिल लड़कों का नहीं है? घर-दरवाजों में अगर कोई लड़का बिगड़ रहा है, तो उसको सँवारने का दायित्व किस पर है? क्या स्कूल यह दायित्व नहीं ले सकता?

एडमिशन से लेकर क्लास 'तड़पने' तक स्कूल में कोई रुकावट नहीं है। साल भर में तीन परीक्षाएँ होती हैं। कापियाँ भी जाँची जाती हैं। परीक्षाफल भी निकाले जाते हैं, मगर किसी को रोका नहीं जाता। हजार में पाँच अंक हो या पाँच सौ, सब पास। लड़कियों के साथ तो और भी विचित्र बात है। गार्जियन लड़कियों के लिए आग्रह करने आते हैं--''बेटी को मत रोकिए। यह तो विवाह-क्लास में पढ़ती है।'' पहली बार यह शब्द सुना था तो चौंक गया था। यह 'विवाह-क्लास' क्या है? 'विवाह-क्लास' मतलब लड़की की शादी का क्लास। किसी भी मोर्चे पर स्कूल कुछ नहीं कर सकता। वह लड़कों-लड़कियों के प्रति सर्वथा उदासीन रहता है या फिर क्रूरतापूर्वक पेश आता है। लड़के पहली कक्षा से लेकर दसवीं कक्षा तक हाँफते-दाँफते चले जाते हैं और पढ़ते जाते हैं—पंत, प्रसाद, कबीर, निराला को, भौतिकी व गणित के कठिन सूत्रों को, समाजोपयोगी शिक्षा को, अर्थ व नागरिक शास्त्रों को। बच्चे क्या सोचते हैं? क्या चाहते हैं? उनकी जरूरतें क्या हैं? मन में कौन-से प्रश्न कुलबुलाते हैं? उनकी कल्पनाएँ क्या हैं? उड़ते पक्षियों, मँडराते बादलों, बरसते आसमान, उमड़ती नदियों से उनका कोई रिश्ता है या नहीं? आखिर कौन जान पाएगा कि वह अपने भाई-बहन, माता-पिता, पास-पड़ोस के बारे में क्या सोचता है या फिर बम, मिसाइल, हीरो-हीरोइनों के बारे में उनकी क्या राय है? स्कूल प्रशासन न केवल इससे पूरी तरह निरपेक्ष होता है, बल्कि असंवेदनशील व क्रूर भी होता है।

अनुभव : तीन

संदर्भ : समाज

बस स्टैण्ड पर स्कूल जाने के लिए एक दिन बस से उतरा, तो वहाँ खामोशी छायी थी। दस बजनेवाले थे। इस वक्त यहाँ बहुत चहल-पहल होती है। बड़े-बूढ़े, औरतें, बच्चे—सब शहर जाने के लिए स्टैण्ड पर खड़े मिलते हैं। किसी भी ओर से आनेवाली मैक्सी हो या बस, यहाँ रुकती है या रोकी जाती है। बस या मैक्सी में बहुत भीड़ रहती है। ऊपर-नीचे, सब जगह कोंचमकोंच। मगर आज न चहल पहल थी, न लोगों की आवाजाही। एकाध लोग थे, जो बस के इंतजार में थे। मैं बस से सीधे उतरकर स्कूल की ओर चल पड़ा। यह सोचते हुए कि कुछ हुआ होगा। यहाँ बहुत कुछ घटता रहता है। कभी खलासी से हुज्जत, तो कभी ड्राइवर से मारपीट। फिर गाँवों

में क्या कम झगड़े होते हैं। कोई न कोई खोट निकाल कर आपस में टक्कर होती ही रहती है।

जिस सड़क से उतरकर स्कूल जाता हूँ, उसी सड़क के किनारे थोड़ी दूर पर एक डोमाँसी यानी डोमों की बस्ती है। वर्षों से दुत्कारी हुई यह जाति आज भी तमाम प्रजातांत्रिक दावों-प्रतिदावों के बावजूद वहीं ठहरी हुई है। अंतर आया है तो सिर्फ इतना कि सरकारी कृपा से दो-तीन पक्के मकान बने हैं। पक्के मकान सिर्फ कहने भर के लिए हैं। दीवार ईंटों की है, छत भी ईंटों की है। छत की ढलाई नहीं हुई है, न खिड़की में पल्ले लगे हैं, न दरवाजों में किवाड़। लगता है, इन मकानों को न छत चाहिए, न खिड़कियाँ, न ही दरवाजे। इस डोमाँसी में बच्चे, धूल, सूअर और गंदगी से खेलते रहते हैं। आते-जाते सोचता रहता हूँ, क्या इनके लिए स्कूल कुछ नहीं कर सकता? वे एक्सपर्ट कहाँ हैं, जो इनके लिए भी कोई ठोस सुझाव दें? क्या पिछले पचास वर्षों की आजादी में हम डोमाँसियों के लिए शिक्षा का पुख्ता इंतजाम नहीं कर सकते थे?

खैर! इसी डोमाँसी से थोड़ी दूर आगे गया। बीच सड़क पर ही ढेर सारा खून फैलकर सूख गया था। उस पर पानी ढारकर उसे खत्म करने की कोशिश की गई थी, मगर खून के दाग खत्म नहीं हुए थे। इसके आगे सड़क टेढ़ी हो गयी है और इसी जगह सड़क के किनारे एक खूबसूरत पीपल का पेड़ उग आया है, जिसके पत्ते उस दिन भी झर-झर-पट-पट का मधुर संगीत निकाल रहे थे। स्कूल पहुँचा। प्रार्थना की घंटी लग चुकी थी, मगर छात्र-छात्राएँ बहुत कम थे। मैंने एक स्थानीय शिक्षक से पूछा, "आज छात्र बहुत कम हैं?" उन्होंने उत्तर दिया, "कल रात मर्डर जो हुआ है।" मैंने फिर पूछा, "मर्डर से छात्र का क्या संबंध है?" उन्होंने कहा, "सीधा संबंध तो कुछ नहीं है, मगर अप्रत्यक्ष रूप से संबंध है। दरअसल मर्डर जिस गाँव में हुआ है और जिस गाँव का मर्डर हुआ है, दोनों में दुश्मनी है। इसीलिए वे अपने बाल-बच्चों को स्कूल नहीं आने दे रहे।" मैंने पूछा, "मर्डर हुआ कैसे?" मेरे स्कूल के क्लर्क ने बताया, "कल झूलन था। दूसरे गाँव के तीस-चालीस लड़के जत्था बनाकर उस गाँव में झूलन देखने गए और वहाँ लड़कियों से छेड़छाड़ की। आखिर तंग आकर एक लड़की का भाई सड़क के किनारे एक झौंख में पिस्तौल लेकर छुप गया और लड़कों का जत्था जब उधर से गुजरा तो उसने गोली दाग दी। एक लड़के को गोली लगी और शेष भाग खड़े हुए।"

जब से मैंने यहाँ ज्वाइन किया है, दसियों मर्डर हुए हैं। इस इलाके में आपसी कलह, जातियों की टकराहटें और भूमि-विवाद कुछ ज्यादा ही हैं। दियारे का क्षेत्र यहाँ से शुरू होता है और इस दियारे में जिस तरह से परिहेट (लकड़ी का टुकड़ा) पर आदमी को पैर की तरफ से कुटियाया जाता है, वह घोर अमानुषिक है। गंगा में कितनी लाशें गायब हुई, कितने मन मांस के लोथड़े बहाए गए, कौन कह सकता

है? 1978-80 में जो जाति-युद्ध दियारे में छिड़ा, उसमें स्कूल के बगल वाले गाँव में बारह निर्दोष घसियारे पकड़ लिये गए थे और उन्हें दिन के उजाले में गोली मार दी गई थी। प्रसिद्ध जर्मन हत्याकांड भी स्कूल के महज डेढ़ किलोमीटर पर हुआ था। 1989 में भागलपुर में जो बीभत्स सांप्रदायिक दंगा हुआ, उसमें इस स्कूल से दो किलोमीटर दूर स्थित स्टेशन पर चालीस-पैंतालीस लोगों को ट्रेन से उतारकर कुटिया दिया गया था।

स्कूल इन सबके बीच खड़ा है! क्या ये जीवन स्थितियाँ बच्चों के कोमल मन में हिंसक भावनाएँ जन्म से ही नहीं भरती होंगी? बच्चे हर रोज लोगों को लड़ते-झगड़ते, मारते-पीटते व हत्याएँ करते देखते व सुनते हैं। पूरे समाज की जो गति है, उस गति का स्कूल भी शिकार है। शिक्षा तब तक सार्थक नहीं होगी, जब तक इन परिस्थितियों के खतरे व चुनौतियों का सामना नहीं करेगी। इसके लिए आवश्यक होगा कि शिक्षक सचेत व सजग हों, पाठ्यक्रम खुले रखे जाएँ और सत्ता में राजनीतिक, सामाजिक एवं सांस्कृतिक सदिच्छाएँ हों। फिलहाल इसकी संभावना दूर-दूर तक नहीं है। पाठ्यक्रम के केंद्र में समाज नहीं हैं, शिक्षक समाज के प्रति चेतनशील नहीं हैं और सत्ता से कुछ भी अपेक्षा पालना आसमान के तारे तोड़ने जैसा है।

अनुभव : चार

संदर्भ : शिक्षक

"सब भ्रष्ट हैं", एक शिक्षक ने कहा। "आखिर किस पर भरोसा हो?" दूसरे शिक्षक ने टहोका दिया। "सचमुच। जिधर देखो उधर ही सड़ाँध है।" तीसरे ने इस बात को विस्तार दिया, "न्यायालय को देखो तो वहाँ पेशकार, वकील, और जज तक की बिक्री हो रही है। अब पंच परमेश्वर कहाँ रहे? पुलिस के बारे में कुछ भी कहना व्यर्थ है। ई.डी.ओ.-बी.डी.ओ. तो जैसे भ्रष्टाचार के गटर में ही डूबे हैं। कलेक्टर भी इस आरोप से बरी नहीं है। अंतरी-मंतरी ऊपर से नीचे तक नहाए हुए रहते ही थे, अब प्रधानमंत्री भी बेदाग नहीं बचे। सचमुच इस देश को भगवान ही बचाएगा।" चौथे ने कहा, "प्रधानमंत्री ने घूस ली या नहीं, मगर पचास-साठ लाख में तो एम. पी. बिक ही रहे हैं। चुनावों में जो उम्मीदवार लाखों का बारा-न्यारा कर रहे हैं, वह एक नंबर के रुपए नहीं ही हैं।"

मैं उनकी बातें ध्यानपूर्वक सुन रहा था। बात भी ठीक थी। देश में बहुत गड़बड़ है, मगर इससे क्या हम अछूते हैं? मैंने पूछा, "सो तो ठीक है, लेकिन क्या हम सब बेदाग हैं? क्या लोभ-लालच के मामले में हम भी वैसे ही नहीं हैं? हमें जब भी मौका मिलता है तो क्या हम चूकते हैं? कापी जाँचने का मेहनताना अगर सौ रुपए होता है तो क्या हम सौ का बिल नहीं बनाते?" मेरी बात सुनते ही सब

शांत हो गए। एक भी स्वर नहीं, न भनभनाहट, न कुनमुनाहट। यह मुझे अच्छा नहीं लग रहा था। मैंने सोचा था कि कोई न कोई विरोध करेगा। अभी शिक्षकों का जमीर पूरी तरह मरा नहीं है। आखिर एक ने सन्नाटा तोड़ा, ''सब कोई ले रहे हैं, बिना कमाई के, लेकिन हमलोग कमाकर दो पैसा लेते हैं।'' प्रत्युत्तर में मैंने कहा, ''यह तर्क एक शिक्षक का नहीं है। यह सिर्फ कुतर्क है। ऐसे कुतर्क पुलिस, इंजीनियर, डॉक्टर, अफसर, कर्मचारी के हो सकते हैं, लेकिन शिक्षक के नहीं। अगर हम सभी ऐसे कुकर्म को 'जस्टीफाई' करने लगें तो लड़कों-बच्चों को किस न्याय, किस ईमानदारी व किस सच्चाई के बारे में शिक्षा देंगे?'' चुप्पी फिर पसर गई और देर तक पसरी रही। आखिर घंटी लगी, कुछ क्लास की ओर चले गए कुछ इधर-उधर बिखर गए। 'ईमानदारी' एक ऐसा शब्द है, जो शिक्षक को भी भयभीत करता है।

ट्रांसफर करवा कर मैंने जब एक नए स्कूल में ज्वाइन किया तो एक बुजुर्ग शिक्षक ने पूछा, ''आप कौन आश्रम हैं?'' आश्रम यानी जाति। सारे शिक्षक बैठे थे। हेडमास्टर साहब विराजमान थे। मैं चुप रहा। मेरी चुप्पी देखकर उस शिक्षक ने ढिठाई से कहा, ''बुरा मत मानिएगा, आश्रम जान लेने से अच्छा होता है।'' वैसे भी आप बुरा मानिए या भला, जाति के बारे में शिक्षक भी जानना चाहते हैं। जानकर उसी अनुसार रिश्ता बनाते हैं। ऊपर से कहेंगे, ''सब भाई-भाई हैं।'' मगर सच्चाई इसके विपरीत है। जो अपनी जाति के शिक्षक होते हैं, उनसे दोस्ती तुरंत हो जाती है। गैर जाति के शिक्षकों से दोस्ती होती भी है तो धीरे-धीरे और वह भी स्वार्थपरक। जब मुझसे जाति पूछी गई थी, तो मैं बेचैन हुआ था, क्योंकि यह मेरा पहला कटु अनुभव था। लेकिन सच्चाई यही है कि शिक्षक जातियों में बँटे हैं और जो बँटे नहीं हैं, उन्हें बाँटने की हर संभव कोशिश की जाती है। शिक्षक संघ के चुनाव होते हैं, उसमें जाति खुलकर अपना खेल खेलती है। अध्यक्ष हो या सचिव—सारे के सारे पदाधिकारी जाति के जहर से भरे होते हैं। शिक्षक आपस में जो कमेंट पास करते हैं, उनमें जाति अपना प्रभाव दिखाती रहती है। मुझे बार-बार लगा है कि अगर शिक्षक जातिवादी हैं और जाति की जटिलताओं और उसके अवगुणों की पहचान नहीं करते हैं, तो आज समाज जिस पीड़ा व बेचैनी से गुजर रहा है, क्या उससे समाज कभी मुक्त हो सकता है? दरअसल-शिक्षकों की भी मानसिक ट्रेनिंग नहीं होती। जो ट्रेनिंग होती है, वह कर्मकाण्ड की तरह है। पाठ्यक्रमों में 'जाति' अगर कहीं है भी, तो उसकी पूरी संरचना गायब है। कहना पड़ता है कि शिक्षक की दुनिया उन्हीं विकृतियों की शिकार है, जो समाज को सदियों से विकृत कर रही है। शिक्षक मौजूदा शिक्षा-व्यवस्था में महज पाठ्यक्रमों के सूखे अक्षरों को बच्चों तक संप्रेषित करते हैं। उन अक्षरों व शब्दों में जीवन नहीं है, धड़कते हृदय नहीं हैं, करुणा व विवेक नहीं है।

अनुभव : पाँच

संदर्भ : बच्चे

एक दिन सातवीं कक्षा की एक लड़की ने नाच-नाचकर गाना प्रारंभ किया। पहले जब मैंने उससे गाने का आग्रह किया था, तो वह लजाई थी, मगर जब अन्य लड़कियों ने गाया, तो वह भी उत्सुक हुई। मैंने पुनः आग्रह किया तो वह बिना झिझक गाने लगी, जबकि पूरा क्लास हँसने लगा था। गीत था—

कली गुलदस्तों से खिली रहती
आजकल तो पापा लोग का यही तो चलन है
खाली दफ्तर की लगी रहती।
कली गुलदस्तों में खिली रहती
आजकल तो मम्मी लोग का यही तो चलन है
खाली फैशन की लगी रहती।
कली गुलदस्तों में खिली रहती
आजकल भैया लोग का यही तो चलन है
खाली पिक्चर की लगी रहती।
कली गुलदस्तों में खिली रहती
आजकल बुढ़वा लोग का यही तो चलन है
खाली पैसों की लगी रहती।

वह गाती रही और पूरा क्लास हँसता रहा। उसके गाने के हाव-भाव उतार-चढ़ाव बहुत अच्छे थे। अपनी कठिनाई और समाज की सच्चाई को कितनी सरलता से अभिव्यक्त कर गई। हर कोई व्यस्त है—मम्मी, पापा, भैया, दीदी और दादा। अपनी-अपनी लगन में मशगूल। तब बच्चों का क्या हो? कोई देखनेवाला नहीं, साथ खेलनेवाला नहीं, गप्पें मारनेवाला नहीं।

उन दिनों जैसे ही घंटी बजती थी, लड़कियाँ बरामदे पर निकलती थीं और अट्ठा-गोटी खेलने लगती थीं। कई बार इच्छा हुई कि उन्हें डाँट दूँ, मगर फिर मन को समझा लिया। फुर्सत के वक्त ही तो खेलती हैं, मेरा क्या लेती हैं? पूरे आठ घंटी पढ़ाई, खेल खत्म, सांस्कृतिक कार्यक्रम खत्म। तो फिर उनकी रचनात्मकता का क्या हो? अब दादी-माँ चाँदनी रात में छत पर खटिया पर लेटे-लेटे किस्से कहानी भी तो नहीं सुनाती। पिता वे गीत भी तो नहीं सुनाते—'सूरमा होय चढ़े रैन पर।' बच्चों के अंदर भाव मचलते हैं, मगर वे स्कूलों में सूख जाते हैं और घर-दरवाजे में कॉमिक्स और टेलीविजन उन भावों को भटकाते हैं। मेरा स्कूल ठेठ देहात में था, मगर वहाँ भी कॉमिक्स मौजूद थी। बच्चों की कल्पनाओं को कोई तरजीह नहीं देता, न ट्रेनिंग देता है कि वे किधर और कहाँ जाएँ। उनकी कल्पनाओं पर युग

के दबाव हैं। नए युग की सूचनाएँ उन तक आ रही हैं, उन्हीं सूचनाओं में उनके ख्वाब पलते हैं। ख्वाब में 'ही मैन' होता है या होता है 'शक्तिमान'।

स्कूल के बच्चों के चित्त बँटे हुए हैं। एक तो परंपरा की चीजें उनसे लिपटी हुई हैं, दूसरे आधुनिक युग की चिंताएँ उन्हें ग्रस ले रही हैं। बच्चे समाज से ही सीख लेते हैं कि हम यादव हैं, वह भूमिहार हैं, डोम हैं, गंगोता हैं, हिंदू हैं, मुसलमान हैं, सवर्ण हैं, अवर्ण हैं। बचपन से ही उनके चित्त बिखर जाते हैं। स्कूली व्यवस्था इसे और भी पुष्ट कर देती है। सच पूछिए तो बच्चे स्कूल में सहज व स्वाभाविक नहीं होते। उन्हें प्रकृति व समाज का सही अवलोकन करने के लिए नहीं सिखाया जाता। प्रकृति के साथ वे रहें, मनुष्य के साथ सहजतापूर्वक जीएँ, तो उनका मन फैलेगा। पत्तों पर गिरी बारिश की बूँदें, हवा में झूमते पत्ते, आकाश में मँडराते बादल, उड़ती चिड़ियों की चहचहाटें, उगते हुए अंशुमाली, नदी, तालाब, झरने, पर्वत, पेड़ के सौंदर्य को अपनी चेतना पर महसूसें। उन्हें रचनात्मक बनाएँ लेकिन कहना पड़ता है कि बच्चों की प्रकृति समझे बिना और उन्हें रचनात्मक बनाए बिना हम शिक्षा परोस रहे हैं। दुर्भाग्य की बात है कि स्कूल बच्चों को रचनात्मक बनाने की बजाय, उनकी रचनात्मकता की हत्या कर डालता है।

सपने और स्मृतियाँ

खैर! विश्वविद्यालय में चयन हो जाने के बाद मुझे बच्चों का वह संसार छोड़ना पड़ा। ऊपर मैंने स्कूली व्यवस्था में विभिन्न पहलुओं की चर्चा की है, मगर वह संसार इतना भर ही नहीं है। वहाँ बहुत कुछ है, जिसकी चर्चा संभव नहीं है।

दरअसल स्कूली शिक्षा एक सामूहिक क्रिया है, जिसमें शिक्षक, गार्जियन, सत्ताधारी और बच्चों की संवेदना सक्रिय रहती है। उन संवेदनाओं को एकरूप बनाना, पहचानना, और उसका सृजनात्मक उपयोग करना एक दुरूह व जटिल प्रक्रिया है जिसके लिए कोई तैयार नहीं है।

बात जो भी हो, लेकिन 4 नवंबर, 1996 से मैं स्कूल से अलग हो गया। मैं कॉलेज की ओर मुड़ा, जहाँ मुझे उस समय अपनी मुक्ति नजर आ रही थी। मन में झौर के झौर सपने आते थे। आकांक्षाएँ उमड़ती थीं। आशाएँ कुलबुलाती थीं। मन हवा में उड़ता था। मैं खुशी से चिल्लाना चाहता था। दूसरों से कहना चाहता था। उनसे शेयर करने की उत्कट लालसाएँ उमड़ती-घुमड़ती थीं। मैं उस दिन संध्या वेला में अपने सर के पास पहुँचा। ये वही सर हैं जिन्होंने मुझे सँवारा-सहेजा, कठिन वक्त में मदद की और मेरे जैसे व्यक्ति को बिना हील-हुज्जत के पी-एच.डी. करवाई। आज जो कुछ हूँ, उसमें उनका योगदान शत-प्रतिशत है। जाते ही मैंने उन्हें खबर सुनाई। वे खुश हुए। फिर बोले, "ठीक से सोच-समझ लो। स्कूल में आर्थिक स्थिति ठीक है, मगर कॉलेज में इसका कोई ठौर-ठिकाना नहीं है। दिनोंदिन यहाँ की स्थिति

बिगड़ रही है।'' सर की चिंता जायज थी, मगर मैं उस वक्त उस चिंता पर सोचना नहीं चाहता था। मैं उस वक्त आकाश में उमगता हुआ बादल था, हवा में तैरता व कुलाँचे भरता पक्षी था, पीपल का नवजात पत्ता था, बारिश में भीगते, हल चलाते पिता के मुख से निःसृत गीत था, आषाढ़ की गीली व हरी धरती पर दौड़ती-काँपती गाय था, व स्कूल से छूटे हुए बच्चों की हँसी व गप्पें था। भला ऐसी दशा में उनकी चिंता पर क्या ध्यान देता।

दूसरे दिन 5 नवंबर, 1996 की सुबह मेरे डेरे पर मेरा एक दोस्त आया। आते ही कहा, ''आज विश्वविद्यालय चलना है ज्वाइनिंग के लिए।'' मुझे आश्चर्य हुआ। अभी तो सेलेक्शन की सूचना कमीशन ने प्रकाशित की है। वह सूचना विश्वविद्यालय आएगी। विश्वविद्यालय उसके आधार पर ज्वाइनिंग लेटर बनाएगा, तभी तो ज्वाइनिंग होगी। दोस्त को मैंने अपनी बात बताई तो उसने कहा, ''विश्वविद्यालय में ऐसा नहीं होता। लोग तो कल भी ज्वाइनिंग के लिए विश्वविद्यालय कार्यालय गए थे, मगर कल तक कार्यालय ने 'नोटिफिकेशन' नहीं किया था। आज वह करेगा और अगर उसने आज 'नोटिफाई नहीं किया तो विश्वविद्यालय में हंगामा किया जाएगा।' मन ही मन मैंने सोचा कि ज्वाइनिंग के लिए हंगामा क्यों किया जाएगा? ज्वाइनिंग करवाना विश्वविद्यालय का काम है। वह करेगा ही। बेवजह हल्ला-हंगामा करने से क्या फायदा? लेकिन 'सत्य' उतना ही नहीं था, जितना मैं सोचता था। इसका पहला अनुभव उस दिन के दैनिक पत्र से हुआ। दैनिक पत्रों में कमीशन के व्याख्याता संबंधी रिजल्ट के खिलाफ कई खबरें छपी थीं। तरह-तरह के आरोप लगाए थे। पैरवी-पैगाम व घूसखोरी के आरोप तो आम थे ही, इंटरव्यू की प्रक्रिया भी कठघरे में थी। मैंने जब अखबारों में पढ़ा कि कई हिस्ट्रीशीटर भी व्याख्याता हो गए हैं, तो कमीशन के तौर-तरीकों पर गुस्सा आया। संसदीय राजनीति में हिस्ट्रीशीटरों ने अपना दबदबा कायम कर ही लिया था, अब उच्च शिक्षा भी उनके गिरफ्त में होगी, यह सोचकर झल्लाहट होती थी। फिर कुलाधिपति एवं कमीशन के चेयरमैन की संदेहास्पद भूमिका पर प्रश्न उछाले गए थे और अंत में उन दबंग 'बापों' की चर्चा थी। उनके सुपुत्रों की नियुक्ति व्याख्याता में हो गई थी। कहना चाहिए कि ढेर सारे आरोप थे। उनमें कुछ विश्वसनीय भी लगते थे और कुछ फर्जी भी। मन कभी इनको पढ़कर दुखी होता था, कभी खीझता था और कभी गुस्से से बलबलाने लगता था।

इन सबके बावजूद मन में विश्वविद्यालय में ज्वाइन करने की खुशी उमगती रहती थी। उत्साह वैसे ही कायम था। उस दिन ठीक दस बजे मैं अपने दोस्त के साथ विश्वविद्यालय की ओर चल पड़ा। मैं उस विश्वविद्यालय के बारे में सोच रहा था, जहाँ मैंने इंटरमीडिएट से लेकर पी-एच.डी. तक की डिग्री पाई थी और वहीं आज योगदान करने जा रहा था। सर्वप्रथम मुझे इंटरमीडिएट के दिन याद आए।

सन् 1974 का नवंबर का महीना था, जब मैं भागलपुर आया था। उन दिनों हवा में छात्र-आंदोलन की अनुगूँज सुनाई पड़ रही थी। 'जे.पी., संपूर्ण क्रांति', 'आमूल-चूल परिवर्तन', 'इंदिरा की तानाशाही', 'कांग्रेसी मुर्दाबाद'—जैसे अनेक शब्द कानों में जाने-अनजाने टकरा जाते थे। सच पूछिए तो मैं विचित्र कशमकश से गुजर रहा था। मैं टी. एन. बी. कॉलेज के माहौल में रच-बस नहीं पा रहा था। मैं इंटरमीडिएट (बॉयलोजी) का छात्र था। डाक्टर बनने के सपने सँजोए मैं यहाँ आया था, लेकिन मैं यहाँ पूरी तरह मिसफिट था। कुछ दिनों के बाद ही दो ऐसी घटनाएँ घट गई थीं जिसने मुझे अंदर से हिला दिया था। मैं इसके बाद कॉलेज से भाग जाना चाहता था।

पहली घटना टी. एन. बी. कॉलेज के भौतिकी विज्ञान विभाग से जुड़ी है। उन दिनों इस कॉलेज के प्रिंसिपल भौतिक विज्ञान के एक विद्वान थे। वे नामी-गिरामी प्रिंसिपल थे। विश्वविद्यालय में उनकी तूती बोलती थी। एक दिन की बात है। भौतिक विज्ञान की प्रयोगशाला में प्रैक्टिकल की घंटी चल रही थी। मेरे जैसे अनेक छात्र प्रैक्टिकल कर रहे थे। मैं भी प्रैक्टिकल करने की कोशिश कर रहा था, मगर मुझसे प्रैक्टिकल हो नहीं पा रहा था। मैं बार-बार अपने शिक्षक से आग्रह कर रहा था, मगर वे दूसरे छात्रों को प्रैक्टिकल बता रहे थे। दरअसल शिक्षक महोदय की एक बुरी आदत थी। वे प्रैक्टिकल करवाने के नाम पर छात्रों से साठ रुपए वसूलते थे। जो छात्र रुपया देता था, उस पर वे सदा मेहरबान रहते थे। आज भी वे वैसे ही छात्रों पर मेहरबान थे। मैं बार-बार उनसे निवेदन कर रहा था और वे मुझे बार-बार ठुकरा रहे थे। अंत में उन्होंने मुझे झिड़क दिया, "जब प्रैक्टिकल करने नहीं आता, तो फिर साइंस क्यों पढ़ते हो?" फिर उन्होंने घृणा का विष वमन किया, "जाने कहाँ-कहाँ से भुच्च चले आते हैं। जाओ, जाकर प्रैक्टिकल करो। बार-बार तंग मत करो।" मैं गाँव से आया था। खरा बोलने का आदी था। तड़ाक से उलटकर वार किया, "मैं तो भुच्च हूँ, मगर मुझसे बड़े भुच्च आप हैं जो छात्रों से साठ रुपया वसूलते हैं और छात्रों के साथ नाइंसाफी करते हैं।" इतना कहना था कि वे आपे से बाहर हो गए, "मैं तुम्हें देख लूँगा। तुम्हारा कैरियर समाप्त कर दूँगा। देखता हूँ तुम इंटरमीडिएट पास कैसे करते हो? कौन तुम्हें बचाता है?" मैं भी गुस्से में था। कहा, "आप अपना कैरियर देखिए। अनाप-शनाप मत बोलिए। आप मेरा बाल-बाँका भी नहीं कर सकते हैं।" दोनों में वाक्‌युद्ध हुआ और अंततः मुझे भौतिकी विज्ञान विभाग छोड़ना पड़ा। इसका असर मेरी जिंदगी पर पड़ा। अब भी वह घटना शूल की तरह मेरे हृदय में गड़ती है।

दूसरी घटना और भी बुरी है। पहली घटना ने मुझे परेशान किया था, लेकिन दूसरी घटना ने मुझे अंदर से हिला दिया था। 26 जनवरी, 1975 का दिन था। गणतंत्र दिवस के मौके पर कॉलेज से लेकर हॉस्टल तक में समारोह होता था।

मैं यू. पी. सी. हॉस्टल में रहता था। 25 जनवरी की संध्या में मुझे पता चला कि कल गणतंत्र दिवस की तैयारी के लिए जो छोटे-मोटे काम हैं, वे सारे काम एक खास जाति के लड़कों से करवाया जाएगा। मैं थोड़ा टेंस हुआ। मेस में भी दबंग जाति के लड़कों का वर्चस्व था। वे मनमाना व्यवहार करते थे। मगर मैं चुप रहता था। बहुत ऐसी बातें थीं, जो नागवार गुजरती थीं, लेकिन मैं उनसे टकराना नहीं चाहता था। 26 जनवरी की सुबह का समय था। मेरे कमरे के दरवाजे पर दस्तक हुई। मैंने दरवाजा खोला। देखा, ये वही लड़के हैं जो मेस से लेकर कॉलेज तक में हंगामा मचाते हैं। उनमें से एक ने कहा, ''प्रिफेक्ट ने नीचे कॉमन रूम में बुलाया है!'' ''क्यों?'' मैंने पूछा। ''गणतंत्र दिवस में सजाने का काम क्या तुम्हारा बाप करेगा जो अभी तक सोए पड़े हो?'', उनमें से एक टपक पड़ा। ''तुम सब क्या करोगे? तुम्हारे हाथ में क्या कोढ़ फूट गया है?'' मैं तनतनाया। इतना कहना था कि एक लड़के ने हाथ उठाया, लेकिन दूसरे ने उसे पकड़ लिया। ''नीचे चलो, प्रिफेक्ट ने बुलाया है, वहीं फैसला होगा।'' पहले ने कहा। ''चलो'', मैंने कहा।

मैं अपने कमरे से निकला। गुस्से से भरा था। पहली मंजिल की सीढ़ियों से उतरता हुआ कॉमन रूम के दरवाजे पर जैसे पहुँचा कि मेरे ही साथ पढ़ने वाले एक लड़के ने पहले मुझे माँ के नाम से गाली दी और कहा, ''कमरे में सोया रहता है। साला। पन्नी क्या तुम्हारा...'' मैं पहले से ही भरा हुआ था। मैंने आव देखा न ताव, उस लड़के की कॉलर पकड़ी और तड़तड़ाकर दो-तीन चमेटा मारा। फिर तो हंगामा मच गया। प्रिफेक्ट वहाँ खड़ा टुकुर-टुकुर ताक रहा था। अप्रत्याशित हमले से वहाँ मौजूद लड़के सकते में थे। फिर दो लड़के मुझ पर टूट पड़े। मैंने यथासंभव प्रतिरोध किया। उन्होंने भी मुझे मारा, मैंने भी। दूसरे लड़कों ने बीच-बचाव किया। मैं वहाँ से वापस अपने कमरे में लौटा और अपने बिस्तर पर लेट गया। उस दिन दूसरी और कोई घटना नहीं घटी। लेकिन दूसरे दिन जो घटना घटी, वह और भी अप्रत्याशित थी। हॉस्टल के गेट से निकलकर सड़क पर आया तो देखा पी.जी. वन के पास दस-बारह लड़के खड़े हैं। हाथ में चाकू है और वे मेरी ओर देख रहे हैं। मैंने उन्हें पहचानने की कोशिश की। तीन लड़कों को मैंने पहचाना। लड़के गुस्से में थे और अगर मैं उस ओर से गुजरता, तो वे जरूर पीटते। वे संख्या में दस-बारह थे। उनका मुकाबला करना मुश्किल था। सो, मैं वापस हॉस्टल लौट आया।

मेरा वहाँ कोई संगी-साथी न था। न किसी शिक्षक से जान-पहचान थी, न भागलपुर शहर में कोई मेरा था। मैं सर्वथा अकेला था। मैं सोच नहीं पा रहा था कि ऐसी परिस्थिति में क्या किया जाए और इससे कैसे उबरा जाए? मैं अपनी पढ़ाई को लेकर चिंतित था। मुझे बार-बार अपने घर की याद हो आती थी। पिता ने मुझसे बहुत आशाएँ पाल रखी थीं और मैं धीरे-धीरे उलझता जा रहा था। मैं उस

दिन बहुत द्वंद्वग्रस्त था और अंततः इस झंझट से उबरने के लिए मैंने हॉस्टल छोड़ देने का निर्णय लिया। इन दो घटनाओं ने मेरी जिंदगी की दिशा बदल दी। मुझे साइंस से विरक्ति हो गई या कहें कि मुझे पढ़ाई से विरक्ति हो गई। मैं पढ़ाई छोड़ देना चाहता था और एक दिन सचमुच बोरिया-बिस्तर बाँधकर घर पहुँच गया। घर के लोगों के लाख समझाने के बाद भी भागलपुर वापस नहीं आया। मैं इस बात पर अड़ा हुआ था कि अब मैं आगे नहीं पढ़ूँगा।

खैर! आगे वे सारी कथाएँ अवांतर हैं कि कैसे मैंने साइंस की पढ़ाई छोड़ी और हिंदी (ऑनर्स) में नामांकन कराया। आज जब मैं तिलकामाँझी भागलपुर विश्वविद्यालय के कैंपस में प्रवेश कर रहा था, तो उपरोक्त दो घटनाएँ मेरे मन-मस्तिष्क पर छायी थीं। मैं सोच रहा था कि कैसा होगा आज यू.जी.सी. हॉस्टल और कैसा होगा टी.एन.बी. कॉलेज? लेकिन वहाँ विचित्र माहौल था। लगता ही न था कि यह विश्वविद्यालय परिसर है जहाँ से उच्च शिक्षा की पढ़ाई का प्रबंधन होता है। सीढ़ियों पर, कोनों-अँतरों में और जहाँ-तहाँ दीवारों पर पान की पीक मौजूद थी। कमरे में टूटी हुई अलमारियाँ, अधबाँह वाली कुसियाँ और गंदा-बसियाया हुआ वातावरण ठूँसा हुआ था। व्याख्यातागण कुर्सियों, टूलों, व टेबुलों पर जमे हुए थे और लंबी हाँक रहे थे। अंदर से डरे-सहमे हुए, व बाहर से व्याघ्र-गर्जन करने में मशगूल थे। वे इस बात से डरे हुए थे कि कहीं हाईकोर्ट पूरी नियुक्ति को 'स्टे' न कर दे, क्योंकि कुछ लोगों ने इसके खिलाफ 'स्टे' के लिए हाईकोर्ट में मुकदमा दायर किया था। विश्वविद्यालय प्रशासन इस नियुक्ति के खिलाफ था और वह स्टे के इंतजार में ही नियुक्ति संबंधी अधिसूचना नहीं निकाल रहा था। छह नवंबर तक उसने स्टे का इंतजार किया और अंततः थक-हार कर सात नवंबर को उसने अधिसूचना जारी की और वह भी आधी-अधूरी। उसने सबको विश्वविद्यालय कार्यालय में योगदान करवाया, लेकिन पोस्टिंग नहीं की। उन दिनों दुर्गापूजा की छुट्टी चल रही थी। व्याख्याताओं ने ज्वाइन कर राहत महसूस की। और वे अपने-अपने घर वापस लौटे। मैंने भी विश्वविद्यालय कार्यालय में योगदान किया और भावी जिंदगी के सुनहरे सपने देखने लगा।

भँवर में विश्वविद्यालय

दुर्गापूजा की छुट्टी समाप्त हुई। कॉलेज खुले। छात्रों की आवाजाही शुरू हुई। नव व्याख्यातागण फिर विश्वविद्यालय प्रशासन के दरवाजे पर माथा टेकने आने लगे। वे आते। क्लर्क-किरानियों से पूछताछ करते और चाय-पान खाते-पीते हुए वापस जाते। हवा में पदस्थापना को लेकर तरह-तरह की अफवाहें थीं। पहली अफवाह यह थी कि ज्यादातर लोगों को रिमोट एरिया में भेजा जा रहा है। चुनिंदा कॉलेजों की सीटें खाली रखी जा रही हैं। स्नातकोत्तर विभागों में किसी की भी पदस्थापना नहीं हो

रही है। विश्वविद्यालय प्रशासन नव व्याख्याताओं को 'ननक्वालिफाइड' मानता है। दुर्भाग्यवश उन दिनों भी विश्वविद्यालय प्रशासन जातिवाद की विकृतियों से ग्रस्त था। नव व्याख्याताओं की नियुक्ति में भी जातिवाद की बू आ रही थी। इसके पूर्व भी जितनी नियुक्तियाँ हुई थीं, उनमें भी जाति सक्रिय थी, मगर यहाँ पाला बदल गया था। पहले इसमें सवर्णों का दबदबा था, और इस नियुक्ति में बैकवार्डों का, फल यह हुआ कि छात्रों, शिक्षकसंघों और विश्वविद्यालय प्रशासन में जातिवादी ध्रुवीकरण सक्रिय हुआ। विश्वविद्यालय की मानसिकता पूरी तरह विखंडित थी और उसमें विवेक व प्रज्ञा का सर्वथा अभाव था। उस समय सबसे ज्यादा दुःख विश्वविद्यालय में मौजूद दो शिक्षकसंघों की भूमिका को लेकर हो रहा था। ये नव व्याख्याताओं का स्वागत करने की बजाय उनकी आलोचना कर रहे थे और जहाँ भी उन्हें मौका मिल रहा था, वे नव व्याख्याताओं को प्रताड़ित करने में नहीं चूक रहे थे। वे विश्वविद्यालय प्रशासन के साथ थे और वे अपनी दोयम दर्जे की भूमिका निभाने के लिए कटिबद्ध थे। सच पूछिए तो विश्वविद्यालय अधिकारी एवं शिक्षक संघ के लोग 'गिनीपिग' नजर आते थे। छोटे-छोटे स्वार्थों से लैस, विकृत, जड़, असंवेदनशील एवं बंजर। उनकी चेतना पर कैक्टस के पौधे उगे थे।

अंततः 22 नवंबर, 1996 को पदस्थापना संबंधी सूचना निकली। मैंने सरसरी निगाह से अधिसूचना देखी तो मुझे धक्का लगा। मेरी पदस्थापना जे.आर.एस. कॉलेज, जमालपुर में हुई थी। मुझे विश्वविद्यालय प्रशासन और खासकर कुलसचिव पर गुस्सा आ रहा था। मेरी कुलसचिव से बक-झक हुई, वहाँ शिक्षक संघ के लोग भी मौजूद थे। हम दोनों अपनी-अपनी बात पर अड़े रहे। कोई नतीजा नहीं निकला। आखिर झल्लाकर मैं बाहर आ गया। दूसरे दिन जे.आर.एस. कॉलेज जमालपुर पहुँचा। वहाँ पहले से मेरा एक दोस्त कार्यरत है। उसके डेरे पर उसी महाविद्यालय में नव-नियुक्त एक व्याख्याता ने कहा, "आप आए आज हैं। अगर आप एक दिन पहले ज्याइन करना चाहते हैं, तो मैं करवा सकता हूँ।" वह व्याख्याता बनने से पूर्व उसी कॉलेज में कर्मचारी था। मैंने इनकार किया। व्याख्याता की नौकरी की शुरुआत बेईमानी से हो, मुझे यह गवारा न था। हम लोग कॉलेज पहुँचे। कंपाउण्ड में घुसे तो मुझे धक्का लगा। कंपाउण्ड पूरी तरह खुला हुआ था। बीच में तीन-चार मँझोली और छोटी बिल्डिंगें खड़ी थीं जिनकी वर्षों से रँगाई-पुताई नहीं हुई थी। मेन बिल्डिंग को छोड़कर शेष बिल्डिंगों के ताले महीनों से नहीं खुले थे। उनकी दीवारों पर तो दीमक लगी ही थी, दरवाजों की चौखटों एवं किवाड़ों के बीच भी दीमकें मौजूद थीं। अलबत्ता खिड़कियाँ लगभग खुली हुई थीं। उनके पल्ले गायब थे। मेन बिल्डिंग में एक छोटा-सा दफ्तर और प्रिंसिपल का कमरा था। मुझे वहाँ का पूरा वातावरण बसिया हुआ-सा लगा। कहीं कोई आकर्षण नहीं था, न कोई चमक थी। अमूमन ऐसी जगहों पर लोग बैठना नहीं चाहते, लेकिन मजबूरीवश नौकरी की रक्षा हेतु वहाँ कर्मचारी और

शिक्षक बैठते हैं। लड़के कहीं नजर नहीं आए। कंपाउण्ड में सबसे अच्छी बात यह थी कि कुछ वृक्ष मौजूद थे और बिजली के तारों पर कुछ चिड़ियाँ उछल-कूद रही थीं।

मैंने आधे-अधूरे मन से उस महाविद्यालय में योगदान किया। मेरे साथ और चौदह व्याख्याताओं ने विभिन्न विषयों में योगदान दिया था, वे भी वहाँ मौजूद थे। कोई हँसते हुए हाथ मिला रहे थे, तो कोई मुरझाए हुए। एकाध की तो उम्र भी बहुत थी। जैसे वे जीवन-पथ पर चलते-चलते अब थक गए थे। ज्यादातर व्याख्याताओं ने 'एफिलियेटेड' कॉलेजों में पठन-पाठन का काम किया था। वे खुश थे। वर्षों की गुलामी से उन्हें मुक्ति मिली थी। शुरुआती दिनों में नए व्याख्यातागण पूरी तैयारी के साथ आए। दो-चार दिनों तक कॉलेज की हाल-चाल को देखा-परखा। कॉलेज उन्हें खवा नहीं पा रहा था। कोई घंटी नहीं लगती थी। कोई क्लास न हो तो उस कॉलेज का औचित्य क्या है? बाद में मालूम हुआ कि यहाँ सिर्फ एडमिशन लिए जाते हैं, परीक्षा के फॉर्म भरे जाते हैं और कॉलेज परित्याग प्रमाणपत्र निर्गत किए जाते हैं। यह कॉलेज मुझे पोस्टऑफिस की तरह लगा। कुछ कर्मचारी ही इस कॉलेज के प्राण थे। शेष की यहाँ कोई जरूरत नहीं थी। न यहाँ शिक्षक का कोई उपयोग था, न लाइब्रेरी या प्रयोगशाला का। एक बहुत पुरानी लाइब्रेरी थी जिसमें कुछ अच्छी किताबें थीं। वे भी उपेक्षित थीं। कभी इस कॉलेज में लड़के अँटते नहीं थे। शिक्षक समय पर आते थे। लगातार क्लास होता था, लेकिन आज पूरा माहौल ही बिगड़ा हुआ था।

प्रश्न यह है कि कॉलेज की ऐसी दशा क्यों हुई? क्या अब समाज में लड़के पढ़ना नहीं चाहते या ऐसे सिलेबस की कोई जरूरत नहीं है? क्या इसके लिए शिक्षक जिम्मेवार है या कॉलेज प्रशासन? क्या विश्वविद्यालय प्रशासन इसकी जाँच-पड़ताल नहीं कर सकता? अलबत्ता इस कॉलेज में रजिस्टर पर सैकड़ों लड़के नामांकित थे, लेकिन क्लास में लड़के मौजूद नहीं थे। लड़कों ने नामांकन लिया तो क्यों लिया, जब उन्हें क्लास नहीं करना था? वे सिर्फ परीक्षा देने आते थे। जैसे-तैसे पास करते थे और न जाने कहाँ खो जाते थे। एक बार एक विचित्र, दिल दहलानेवाली घटना घटी। कॉलेज में परीक्षा चल रही थी। हाईकोर्ट के निर्देश के अनुसार होमसेंटर नहीं होता था और जब-तब स्थानीय जज परीक्षा का मुआयना करने आया करते थे। जाहिर था कि लड़के उसी शहर के दूसरे कॉलेज के थे। वे परीक्षा दे रहे थे। एक कमरे में दो नए व्याख्याता गार्डिंग कर रहे थे। बाहर मैदान में कुछ पुलिस घूम-बैठ रही थी। तभी एक जज महाशय आए और उस कमरे में घुसे जिस कमरे में दो नए व्याख्याता गार्डिंग कर रहे थे। जज महाशय ने एक लड़के को चोरी करते हुए पकड़ा। इसके बाद वे शिक्षकों को झिड़कने लगे। फिर उन्होंने उस परीक्षार्थी को एक्सपेल्ड कर दिया। परीक्षा की घंटी खत्म हुई। इसके बाद जो दृश्य कॉलेज में

उपस्थित हुआ वह एक शैक्षिक संस्था के लिए कहीं से उपयुक्त नहीं था। घंटी समाप्त होते ही जज महाशय कुछ कर गए। पुलिस चली गई। इसके बाद एक्सपेल्ड किया गया परीक्षार्थी और उसके गार्जियन आ धमके। उन्होंने आते ही दोनों नए शिक्षकों को गालियाँ दीं, फिर मारने के लिए दौड़े। जैसे-तैसे उनकी रक्षा की गई और उन्हें प्रिंसिपल के कमरे में लाया गया। बाहर बरामदे पर वे लगातार गलियाते रहे, मगर किसी ने भी उन्हें नहीं टोका। उधर कमरे में दोनों शिक्षक हतप्रभ थे। उनकी आँखों से धाराप्रवाह आँसू गिर रहे थे। बाद में पता चला कि यहाँ ऐसी कई घटनाएँ घट चुकी हैं। आसपास के गाँवों के दबंग व्यक्ति क्लास में घुस जाया करते थे। शिक्षकों के हाथ से रजिस्टर छीन लेते थे।

ऐसी हालत में पढ़ाई कैसे संभव है? उजड़े हुए, कटु-कठोर व निर्मम वातावरण में पढ़ाई की सृजनात्मकता कैसे कायम हो? शिक्षक ऐसे कॉलेजों में दिन काटते हैं। प्रिंसिपल फंड लूटता है। विश्वविद्यालय प्रशासन जान-बूझकर चुप रहता है। समाज पर अवैध लोगों का कब्जा है। वह कॉलेज से पूरी तरह से कटा है। अवैध लोग कॉलेज में दखलंदाजी करते हैं। सरकार को पढ़ाई से कोई मतलब नहीं है। उसे अगर किसी से भय लगता है तो बुद्धि से, बुद्धि को पीड़ित-प्रताड़ित करना उसका शौक है। एक संवेदनशील सरकार के बिना शायद ही ऐसी शिक्षा का उद्धार हो। कहने को विश्वविद्यालय स्वायत्त होता है, मगर सच्चाई यह है कि कदम-कदम पर विश्वविद्यालय सरकार की मोहताज है। सरकार की धुरी पर ही विश्वविद्यालय संचालित होता है। विश्वविद्यालय का कोई भी अंग ऐसा नहीं है जो पूरी तरह से स्वतंत्र व स्वायत्त हो। खैर! मैंने विश्वविद्यालय में महसूस किया कि यहाँ जिंदगी की धड़कनें नहीं हैं। पढ़ाई के लिए जीवंत वातावरण नहीं है, न प्रिंसिपल व शिक्षक के पास सद्इच्छाएँ हैं। वे थके हुए निराश प्राणी हैं और सत्ता के सक्रिय.सहयोग से उनकी निराशा और थकान बढ़ती जा रही है।

विश्वविद्यालय एवं कॉलेजों में प्रतिदिन कोई न कोई घटना घटती रहती है। सारी घटनाओं को यहाँ दर्ज करना मुमकिन नहीं है, लेकिन वे घटनाएँ बताती हैं कि विश्वविद्यालय विद्या का आलय नहीं रहा। वह बुरी तरह से क्षतिग्रस्त हो गया है। वैसे भी भारतीय विश्वविद्यालय यूरोपीय विश्वविद्यालयों की परंपरा में खड़ा हुआ है। 'ज्ञानदान' के तरीके यूरोपीय रहे और पूरे 'सिस्टम' में उसकी प्रतिछवि देखने की हरसंभव कोशिश हुई। देश के आंतरिक चित्र से या कहें देश की जनता के दुरूह प्रश्नों और तीव्र वेदनाओं से उसका संपर्क नहीं हुआ। देश को आजाद हुए बावन वर्ष बीते मगर विश्वविद्यालय के ढाँचे को भारतीय समाज के अनुकूल बनाने की कोशिश हमने नहीं की। देश के प्राथमिक एवं माध्यमिक विद्यालयों का संपर्क भी समाज से टूटा है, लेकिन विश्वविद्यालय में तो यह संपर्क टूटा ही नहीं है, बल्कि उनके लिए समाज अजनबी हो उठा है। विश्वविद्यालय में पढ़ाने वाले शिक्षकों का

कोई रिश्ता समाज से नहीं होता, और न ही छात्र विश्वविद्यालयों से निकलकर समाज की ओर उन्मुख होता है। वे ऊँची डिग्रियाँ लेकर ऐसे अंधे कुएँ में जा गिरते हैं, जहाँ जीवन नहीं धड़कता, न कोई रोशनी दिखाई पड़ती है। विनोबा भावे ने इस स्थिति के बारे में टिप्पणी करते हुए कहा था, "आज भारत की स्थिति ऐसी है कि यदि शिक्षक नहीं पढ़ाते हैं तो लोग मूरख रहते हैं और शिक्षक पढ़ाते हैं तो लोग बेकार बनते हैं। अब या तो बेवकूफ बनो या बेकार।"

भारतीय विश्वविद्यालयों को इस विकट स्थिति से उबारना पड़ेगा। आज मैं जिस विश्वविद्यालय में हूँ, उसमें 22 अंगीभूत कॉलेजों में से 13 कॉलेजों में कोई क्लास नहीं होता। विभिन्न विषयों के स्नातकोत्तर विभागों में पर्याप्त छात्र नहीं हैं। दसियों विभाग बंद होने के कगार पर हैं। राज्य सत्ता विश्वविद्यालयों को सँवारने की बजाय नष्ट करने पर तुली है। पहले भी जो मुख्यमंत्री एवं शिक्षामंत्री थे, उन्होंने स्वार्थवश रातोंरात अनेक कॉलेजों को अंगीभूत बनाया। जो प्राइमरी स्कूल के शिक्षक होने के लायक नहीं थे, वे लेक्चरर बन गए। सड़कछाप लोग जिन्हें कॉलेज के पास अपनी बिल्डिंग नहीं है, वह भी अंगीभूत हुआ। कर्मचारियों की फौज तैयार हुई। जो भी कुलपति विश्वविद्यालय में आए, अपने नौकरों-चाकरों को विश्वविद्यालय के मत्थे मढ़ दिया। विश्वविद्यालय की आंतरिक संरचना को ढाहने में राज्यसत्ता का बहुत बड़ा हाथ है। उसने अपने लिए विश्वविद्यालय को गुलाम बनाया है। विवेक मुक्ति में ही सँवर सकता है, गुलामी में नहीं। लेकिन सत्ता पर काबिज दोयम दर्जे के कर्णधारों से यह आशा पाली जाए कि वे विश्वविद्यालय को विद्या का आलय रहने देंगे, निरी मूर्खता ही होगी। केंद्र स्तर पर भी यही परिघटना घट रही है। सिलेबस को गुलाम बनाने की उसकी कोशिश है।

विद्यालय को गुलाम बनाने की ही कोशिश है, इसलिए विश्वविद्यालयों को सुधारना है तो सर्वप्रथम सरकार से इन्हें मुक्त करना होगा। न्यायिक व्यवस्था में एक लोकतांत्रिक सरकार की जो भूमिका बनती है, बस उतनी ही भूमिका उसकी होनी चाहिए। मौका पड़ने पर न्यायिक व्यवस्था सरकार के खिलाफ फैसला सुना सकती है, उसी तरह से विश्वविद्यालयों को यह हक हासिल हो कि सरकार की खामियों, कमजोरियों, उसकी बेवकूफियों पर खुलकर चर्चा-परिचर्चा चला सके।

आज सरकार जागीरदारों की भाषा बोलती है। नौकरशाही हाथ में डंडा लिए शिक्षकों को पीटती रहती है। सरकार और नौकरशाही की तुलना में आज भी शिक्षक बहुत कम भ्रष्ट व पतित हुए हैं। और, उनका जितना हिस्सा भ्रष्ट व पतित हुआ है, उसमें सरकार और नौकरशाही की महती भूमिका है। दोनों परस्पर मिलजुलकर शिक्षकों के आत्मसम्मान को तोड़ रहे हैं। वार्ता-गोष्ठियों में सरकारी पक्ष को बैठने तक की तमीज नहीं है। कुर्सी पर पाँव चढ़ाए वे ऐसी भाषा का प्रयोग कर रहे हैं, जैसे वे दानी हों और भिक्षापात्र लिए शिक्षक खड़े हों। राज्य का पूरा संसाधन

जनता का है। सरकार का नहीं। लोकतंत्र का यह प्रस्थान बिंदु आज सिरे से गायब है। कहने को कहा जा सकता है कि शिक्षक ही विश्वविद्यालय में गिरावट के लिए दोषी हैं। संभव है थोड़ा-बहुत योगदान इनका भी हो, मगर जिनके पास विश्वविद्यालय के संसाधन और सिलेबस कैद हैं, क्या उनसे इनका दोष बड़ा है? सरकार विश्वविद्यालयों में हस्तक्षेप करती है, तो वहाँ अपने मनमाफिक शिक्षक सत्ता बनाती है। इसलिए आज बेहद जरूरी है कि विश्वविद्यालय वास्तविक अर्थों में सरकार से मुक्त हो। पिछले बावन वर्ष भारतीय विश्वविद्यालयों के सरकारी संरक्षण में बीते हैं, आगामी दस-बीस वर्ष समाज व शिक्षकों के संरक्षण में बीतें, ऐसा संकल्प लिया जाना चाहिए। सरकारी नियंत्रण के नतीजे आ चुके हैं, वास्तविक स्वतंत्रता या स्वायत्तता के नतीजे आने बाकी हैं।

विश्वविद्यालयों की सरकारी मुक्ति के बाद अनिवार्य होगा सिलेबस में आमूलचूल परिवर्तन। आज का सिलेबस जानकारी देता है, ज्ञान नहीं देता, या कहें कि वह आज जानकारी भी नहीं देता। दुनिया में ज्ञान का विस्फोट हुआ है, मगर हमारे विश्वविद्यालयों में यह विस्फोट भी नहीं दिखता, विश्वविद्यालय का सिलेबस गतानुगतिक जड़ व बंजर बना हुआ है। आज आवश्यक है कि इस सिलेबस को एक तरफ भारतीय समाज के विषाद, उसकी चिंताओं व तकलीफों से जोड़ें, दूसरी तरफ 'ज्ञान के विस्फोट' के सामाजिक-दार्शनिक व आर्थिक निहितार्थ से पुष्ट करें। आज मौजूदा सिलेबस पढ़कर छात्र एक अच्छा इंसान नहीं बनता, भारतीय समाज की पहचान उनके अंदर नहीं होती, बल्कि वह अकर्मण्य हो जाता है और दिमाग जड़। कर्म से ज्ञान का रिश्ता टूट जाता है। जीवन कैसे जीया जाए यह उनकी समझ से परे हो जाता है। उनकी आत्मा संवेदनहीन, भोथरी हो जाती है। ऐसे विश्वविद्यालय से निकलकर लाखों छात्र आज सड़क पर मारे-मारे फिर रहे हैं। विश्वविद्यालय समाज के रोगों को दूर करने का साधन है, मगर आज वह खुद रोगग्रस्त है। दरअसल भारतीय विश्वविद्यालयों के ढाँचे एवं सिलेबसों को यूरोपीय परंपरा से मुक्त कर नालंदा व विक्रमशिला विश्वविद्यालयों की परंपरा में पुनर्निमित किया जाना चाहिए। सर्वसाधारण के चित्त का उद्दीपन, उद्बोधन एवं चरित्र-सृष्टि ही उसका लक्ष्य होना चाहिए। इस दिशा में तो बिहार की प्रभावी पहल का ऐतिहासिक औचित्य है।

आज सत्ता के लिए भारतीय विश्वविद्यालय एक 'टूल' मात्र है। शिक्षक बँधे-बँधाए सिलेबस का प्रवक्ता और छात्र उस गुलाम मानसिकता वाले सिलेबस को पढ़ने के लिए अभिशप्त। समय बदल रहा है, समाज की परिस्थितियाँ बदल रही हैं। विश्वविद्यालय इस बदलाव से अछूता नहीं रहेगा। हम चाहें न चाहें, वे बदलेंगे ही। वैसे भी समाज में बदलाव दो तरह के होते हैं--संकल्पसहित बदलाव और संकल्पविहीन बदलाव। आज विश्वविद्यालय में जो बदलाव हो रहे हैं, वे संकल्पविहीन

हैं। आज जरूरत है विश्वविद्यालय में संकल्पबद्ध बदलाव की और उसका केंद्र होगा—समाज, उसका जीवन, उसकी धड़कन, उसका रुदन व उसका गान। दुनिया में 'जीवन' पर जो खतरे मँडरा रहे हैं, उन खतरों को चिह्नित करना और उनके समाधान की दिशा की ओर इंगित करना विश्वविद्यालय का कार्य होगा। विश्वविद्यालय आज जीवनविहीन है। न उसे अपने समाज की चिंता है और न अपने भविष्य की। भारतीय विश्वविद्यालयों का यह ढाँचा आगामी कुछ वर्षों में ढहेगा, लेकिन ढहने के बाद इसका स्वरूप क्या होगा? क्या यह सरकारी तंत्र से मुक्त होकर बहुराष्ट्रीय निगमों या उदारवादी नीतियों का गुलाम होगा? कहना पड़ता है कि आगामी कुछ वर्ष भारतीय विश्वविद्यालयों के लिए काफी कठिन होंगे, जिसमें उन्हें अपनी सार्थकता सिद्ध करनी है या फिर उन्हें अपना वजूद मिटाने के लिए विवश होना पड़ेगा। विचारहीनता और विवशता भारतीय जन को मार रही है, क्या विश्वविद्यालय भारतीय जन को उबारेगा या फिर खुद विचारहीनता और विवशता का शिकार हो जाएगा? और, इस पूरी प्रक्रिया में बिहार के विश्वविद्यालय क्या एक नई पहल के लिए संकल्पबद्ध होंगे?

पलायन की कसक

❑ *अरविंद मोहन*

व्यवहार में आने पर विज्ञान के नियम वही नहीं रह जाते जो प्रयोगशाला या कागज पर होते हैं, विज्ञान का एक बहुत स्थापित नियम है कि दो भिन्न सतहवाली, स्तरवाली चीजों को आपस में जोड़ देने पर दोनों एक सतह पर, एक स्तर पर आ जाती हैं; यानी अन्य तरल पदार्थों के मामले में ही नहीं, ऊष्मा, चुंबकीय बल और विद्युत, सभी पर यह नियम लागू होता है। इस सामान्य नियम को अगर हम वैश्वीकरण के मौजूदा दौर पर लागू करें तो बहुत खुश हो सकते हैं कि अब दुनिया में समानता आने ही वाली है। पर यह चीज कल्पना में भी, सपने में भी नहीं सोची जा सकती।

व्यवहार में इसका ठीक उल्टा असर दिखाई दे रहा है। विकास के भिन्न-भिन्न स्तरों के मामले में, अमीरी-गरीबी के मामले में यह नियम एकदम उल्टे परिणाम लेकर हमारे सामने आ रहा है, यह बात यूरोप और एशिया, अमेरिका और अफ्रीका के विभिन्न इलाकों के बीच भी दिखाई देती है। यहाँ भी अमीर और गरीब का, समृद्ध और दरिद्र इलाके के बीच ऐसा ही रिश्ता बन रहा है और ऐसा ही परिणाम सामने आ रहा है।

ऐसे में अगर हम बिहार को विकास के, समृद्धि के सही पैमानों पर सबसे नीचे देखते हैं तो यही चीज पर्याप्त चिंता का आधार बनती है, लेकिन जब हम बिहार के पिछड़ेपन और उसके निरंतर पिछड़ते जाने की प्रक्रिया को देखते हैं तब यह गोलमाल और ज्यादा रहस्यमय प्रतीत होता है। लेकिन तब यह मामला और ज्यादा चिंतनीय बन जाता है जब हम बिहार या किसी भी इलाके को अलग-अलग रखने की दलील तक बढ़ जाते हैं क्योंकि तब हम अपनी सदिच्छा से भले की कामना से ही शंका को और बढ़ा रहे होते हैं।

और, इस तुलना में वे मजदूर ज्यादा अच्छा तरीका निकालते हैं जो अपने पेट और परिवार की जरूरतों के लिए पलायन कर जाते हैं, निस्संदेह वे यह कदम चारों ओर से निराश होकर और कहीं थोड़ी उम्मीद देखकर ही उठाते हैं, पर इससे

उनकी जान बचती है और उनका श्रम भी कहीं न कहीं उत्पादक काम में लग जाता है। अनेक विशेषज्ञ लोग इस तरह के पलायन को भी विकास की अवस्था और एक जरूरी चीज मानते हैं, उनके पास ऐसा मानने का आधार होगा लेकिन हमें यह मजबूरी में उठाया गया कदम लगता है और इसके लिए व्यक्ति, उसका परिवार, उसका समाज, उसका देश जो कीमत अदा करता है उसका हिसाब लगाना मुश्किल है।

अगर हम हिसाब लगाने ही बैठें तो यह बिहार जैसे प्रदेश के लिए घोर संकट के दौर का और उससे भी अंधकारमय भविष्य की तरफ ही इशारा करता मिलेगा। आज बिहार से कितने लोग बाहर गए हैं इसका अंदाज किसी के भी पास नहीं है। पर कोई भी अनुमान एक-सवा करोड़ से कम का नहीं है। कई लोग तो इसे दो-ढाई करोड़ तक मानते हैं और जैसे ही आप दिल्ली की गंदी बस्तियों में, मुंबई के उपनगरों में, सूरत-बंगलोर-जयपुर, नागपुर जैसे तेजी से उभरते औद्योगिक नगरों में, पंजाब-हरियाणा-पश्चिम उत्तर प्रदेश के हरित क्रांति वाले क्षेत्र में ही नहीं, कश्मीर की दुर्गम और जोखिम भरी घाटियों, कर्नाटक की गन्ना मिलों और गुजरात के कपड़ा व्यवसाय के केंद्रों पर नजर डालेंगे आपको पग-पग पर दिखने वाले बिहारी मजदूर इन सारे अंदाजों को झुठलाने लगेंगे। बेहतर रोजगार, शिक्षा और चिकित्सा के लिए राज्य के बाहर जाने वालों की संख्या एकदम अलग है।

बिहारियों के बाहर जाने का क्रम कोई एक दिन में शुरू नहीं हुआ है। गिरमिटिया बनकर अफ्रीका और उत्तरी अमेरिका के छोटे देशों में जाने के अनुभव को अगर बीते युग की बात मानें तो बाद में भी यह क्रम चलता रहता है। लेकिन आजादी के बाद और खास तौर से अस्सी के दशक के बाद ज्यों-ज्यों बिहार पिछड़ता गया है और यह अनुभव तथा एहसास गहरा होता गया है, पलायन बढ़ता गया है। इस बीच उभरे विकास के नए केंद्रों की तरफ से आकर्षण भी बढ़ा है और पहचान भी गहराई है जो पलायन का एक बुनियादी सूत्र माना जाता है।

अंग्रेजी प्रभाव में आने के पहले तक बिहार अपनी जरूरत का पूरा अनाज उगाता था, अपनी जरूरतों से ज्यादा कपड़े तैयार करता था। हल-फाल जैसे खेती के औजार, बरतन-भाँड़े लायक धातु खुद बनाता था। हथियार बनाता था (मुंगेर की बंदूक फैक्टरी देश में सबसे पुरानी फैक्टरियों में एक थी)। शोरा-खाँड-नौसादर जैसे रसायन बनाता था। यहाँ के रेशमी और मलमल के कपड़ों की माँग दुनिया भर में थी। अफीम और शोरा खूब निर्यात होता था। दवा की जरूरतें स्थानीय स्तर पर ही पूरी हो जाती थीं। तब तक केंद्रीय सत्ता का केंद्र पाटलिपुत्र से बदलकर दिल्ली हो गया था जिसे बाद में अंग्रेजों ने कलकत्ता बनाया। सो हर साल बिहार लाखों रुपए का कर भी केंद्रीय सत्ता को देता था। अपने सामान का निर्यात जैसे नमक, मसाले, मेवे जैसी अन्य चीजों के आयात के लायक पैसे दे देता था।

अंग्रेजों ने कैसे करघों को नष्ट किया, बुनकरों को मारा, यह बात जगजाहिर है। फिर उन्होंने अपनी जरूरत लायक नील, पटसन, चाय वगैरह की खेती कराई और कैसे कराई, यह भी सभी जानते हैं। अपने माल का बाजार बनाया और जब तक अंग्रेज जाएँ, उसके पहले ही यहाँ मारवाड़ी, पारसी, गुजराती, सिंधी और कुछेक पंजाबी व्यापारियों का डेरा जम गया। महाजनी, व्यापार, उद्योग में बिहारी जमींदारों की कोई दिलचस्पी या दखल नहीं रही। नील गया, तो चीनी मिल लग गईं। निलहों की जगह बाहरी उद्योगपति-व्यापारी आ गए। कमाईवाले पदों पर अंग्रेजों की जगह बंगालियों, मद्रासियों, पंजाबियों ने ले ली। आज करीब सौ साल होने पर भी टिस्को में मात्र कुछेक दिनों के लिए एक बिहारी प्रमुख बन पाया है। सार्वजनिक क्षेत्र के उपक्रमों में भी बिहारी ऊँचे पदों पर नहीं हैं।

बिहार में इतने बड़े जमींदार थे पर अपनी पूँजी क्यों नहीं बनी, अपने लोगों ने उद्यम क्यों नहीं लगाए, यह एक बड़ा सवाल है और क्यों पंजाब के, राजस्थान के, सिंध के, गुजरात के बनिया-व्यापारियों ने लाख मुश्किलें झेलकर, पेट काटकर पूँजी जमा की, उद्योग लगाए, यह भी महत्त्वपूर्ण सवाल है। पर बिहार में जब बाहर के लोगों ने, अंग्रेजों ने कल-कारखाने लगाए तो उनका मुख्यालय बाहर रखा, कमाऊ पद बाहरवालों को दिए और इनसे हर साल कितनी पूँजी या कर राजस्व प्रदेश से बाहर जाता रहा है, इसका हिसाब नहीं है। हाँ, सच्चिदानंद सिन्हा जैसे लोगों द्वारा इंटरनल कॉलोनी (आंतरिक उपनिवेश) की बात उठाने के बाद राजनीतिक हलके में यह सवाल जरूर बार-बार उठाया जाता रहा है।

इसके साथ ही ये इलाके वैसे भी हैं जिनमें हर साल बाढ़ और सूखा तबाही मचाते हैं। जहाँ आज तक बिजली, सड़क, स्कूल जैसी चीजें नहीं बनी हैं, जहाँ आज भी साँप काटने से, आयोडीन की कमी से, टीके न लगने से हजारों लोग मरते हैं या जीवन भर के लिए बेकार बन जाते हैं, जहाँ खेती भगवान और जमींदार के भरोसे चलती है और खेती के अलावा बाकी कोई काम नहीं रह गया है।

बिहार के पिछड़ेपन के ये कारण आज भी मौजूद हैं पर ये पुराने कारण हैं। 1971 के बाद नए कारण उभरे हैं। बैंकों-खदानों के राष्ट्रीयकरण के बाद एक बड़ा कारण पूँजी का पलायन है। प्रति व्यक्ति आय के मामले में बिहार आज सबसे नीचे है। फिर, बिहार के लोग बैंकों में जो पैसा रखते हैं, उसका लगभग दो-तिहाई हिस्सा आज बिहार से बाहर जा रहा है। बिहार में सीधा निवेश प्रायः शून्य है। बिहार में स्थापित उद्योगों के उखड़ने या बंद होने के किस्से आम हैं।

और यह सिलसिला संसाधन पलायन, अपने संसाधनों का उपयोग न करने, व्यापार की कमाई बाहर जाने और पूँजी के बाहर जाने तक ही नहीं रुका है। आज मौजूदा विकास का एक नया चेहरा सामने आ रहा है। सब कुछ हड़पने के बाद अब यह बिहारी मजदूरों को, काम कर सकने वाले हर जवान को, अपनी जमीन

से बाहर ला रहा है। पंजाब ही नहीं, सूरत, अहमदाबाद, दिल्ली, चंडीगढ़, फरीदाबाद, गुड़गाँव, गाजियाबाद, मुंबई, बंगलूर जैसे विकास के हर केंद्र पर ये मजदूर दिखते हैं। इन क्षेत्रों और जगहों के विकास में इनकी भागीदारी कितनी है, यह किसी से छिपा नहीं है।

यह पलायन अब इतिहास के उस सामान्य क्रम को पलटने वाला दिख रहा है जिसमें इलाके कभी ऊपर कभी नीचे आते-जाते रहे हैं। वह इतिहास की चीज है। वर्तमान तो यह है और इसी से भविष्य भी दिखता है। बिहार का इतिहास चाहे कितना ही गौरवमय हो, प्राकृतिक संसाधनों के चलते बेशक उसका वर्तमान अभी अंधकारमय न दिखता हो, पर विकास की मौजूदा दिशा उसके भविष्य को गहरे अंधकार की तरफ ले जाती दिखती है। अभी तो कम-से-कम यही लगता है।

बिहार में आज भी सब कुछ है। सबसे उर्वर माने जाने वाले पंजाब की खेती योग्य जमीन से लगभग तीनगुना उपजाऊ जमीन उसके पास है। बिहार के खनिज और वन-संपदा के बारे में अलग से कुछ कहने की जरूरत नहीं है। बिहार की नदियों में पर्याप्त पानी है। हिमालय से कुछ ही दूर पहले उतरने के कारण इनकी धारा इतनी तेज है कि पर्याप्त बिजली बनाई जा सकती है। पर्याप्त पानी और कोयला बिजली के दूसरे स्रोत हैं जिन पर सारे देश में बिजली तैयार हो रही है।

पंजाब के पास खनिज संपदा नहीं है, जंगल नहीं है। उपजाऊ जमीन है, मेहनती लोग हैं, अपेक्षाकृत बेहतर सरकार रही है और लंबे समय से मददगार केंद्रीय सत्ता रही है। पर पंजाब ने काफी संकट भी झेले हैं—विभाजन का, विस्थापन का, दो-दो जंगों का, आतंकवाद का, बर्बादी का। इसके बावजूद पंजाब के विकास की रफ्तार रुकी नहीं है। वहाँ के असली 'जवान' पहले फौज में गए, फिर विदेश भागे, कुछ आतंकवाद बढ़ाने-फैलाने में जुटे, तब भी विकास का क्रम बंद नहीं हुआ। जरा-सी समृद्धि आते ही औरतों को काम करने से रोक दिया गया, तब भी कोई फर्क नहीं पड़ा। वहाँ प्रति व्यक्ति उत्पादन राष्ट्रीय औसत से 65 से 80 फीसदी ऊपर ही रहा है।

दूसरी ओर बिहार राष्ट्रीय औसत के 58 फीसदी (1988-89) से गिरकर 40 फीसदी (1996-97) पर आ गया है। इसके सकल घरेलू उत्पादन में भी कमी आ रही है। 1980-81 की कीमत पर 1996-97 में यह 10238.54 करोड़ रु. था। उसी कीमत पर 1996-97 में यह 9760.89 करोड़ रु. हो गया था। यहाँ प्रति व्यक्ति आय देश में सबसे कम है। पर इसमें भी गिरावट आती जा रही है। 1990-91 में यह 1195 रुपए थी जो 1992-93 में 1091 रुपए रह गई।

पर जब आपको जान बचाने के लिए अपना घर, परिवार, गाँव छोड़कर भागना पड़े तब इन आँकड़ों का कोई खास मतलब नहीं रह जाता है। अचरज नहीं कि

बिहार में भी सर्वाधिक पलायन उत्तर और पूर्वी बिहार के बाढ़ प्रभावित क्षेत्र, अब बने झारखंड क्षेत्र के पलामू जैसे सूखाग्रस्त इलाकों, मुख्यतः ग्रामीणों और पिछड़ी तथा दलित-आदिवासी आबादी का ही हुआ है। पलायन को लेकर कोई भी व्यवस्थित आँकड़ा उपलब्ध नहीं है पर बिहार सरकार द्वारा कभी कराए गए पंजीकरण (अंतर्राज्य प्रवासी मजदूर कानून) के आँकड़े हों या छोटे स्तर पर दिए गए सर्वेक्षण के आँकड़े, सभी इसी बात की पुष्टि करते हैं।

और यह पलायन ई. एस. ली जैसे समाजशास्त्रियों द्वारा स्थापित 'पुश' और 'पुल' फैक्टर में से पुश फैक्टर के प्रभावी होने और होते चले जाने की पुष्टि करता है। यह एम.सी. शेडारो जैसे संचार विशेषज्ञों के इस बहुमान्य सिद्धांत को भी काटता है कि संचार और सूचनाओं की पहुँच जहाँ ज्यादा होगी, पलायन वहीं से ज्यादा होगा। बिहार के सबसे पिछड़े, ग्रामीण, अनपढ़ और निरक्षर लोगों का पलायन इस सिद्धांत को काटता है। पर उनकी मजबूरी को ज्यादा साफ ढंग से सामने भी लाता है।

घर से दूर जाने और अस्थायी काम के अलावा उनके काम का एक खास चरित्र यह है कि उन्हें नियमित वेतन या दैनिक मजदूरी की जगह काम के हिसाब से मजदूरी मिलती है या काम ही ठेके पर मिल जाता है। स्थानीय मजदूर की तुलना में सस्ती दर पर काम करने, ज्यादा मोल-तोल की स्थिति में न रहने, मजदूरी के अलावा दूसरी सुविधाओं की माँग न करने या मालिक नियोक्ता की तरफ से ऐसी कोई व्यवस्था करने की बाध्यता न रहने से स्थानीय मजदूरों की तुलना में उनको ज्यादा काम मिलने लगता है। प्रवासी मजदूर की 'विशेषताओं' में यह पहलू भी शामिल है। अपने घर-बार से हजारों मील दूर जाकर भी स्थानीय मजदूरों से कम दर पर काम करना, उनसे बदतर हालत में रहना, किसी भी सुविधा की माँग करने की स्थिति में न होना, उनको अन्य मजदूरों से अलग करता है।

संगठित न होना उनकी इस स्थिति के लिए जिम्मेवार है। उनके काम का चरित्र उनको संगठित नहीं होने देता। आज जहाँ काम मिल रहा है, वहाँ कर लेना उनकी मजबूरी है और कल कहाँ-क्या काम मिलेगा, इसका पता उन्हें नहीं होता। फिर अन्य मजदूरों से मेल-मिलाप के अवसर भी कम होते हैं। रहने की तंग जगहों पर वे साथ जरूर होते हैं, पर संगठित होकर कुछ माँग कर सकें, सौदेबाजी कर सकें, माँगें न पूरी होने पर कोई कार्रवाई कर सकें, यह सब उनके वश में नहीं होता। साथ के किसी मजदूर की मौत या दुर्घटना पर वे आपस में चंदा करके खर्च बाँट लेते हैं, पर उसके मुआवजे की माँग के लिए कहीं जाने की स्थिति में नहीं होते।

श्रम और उत्पादन संबंधों में इस युग के सबसे बड़े व्याख्याकार कार्ल मार्क्स की सर्वहारा की परिभाषा भी प्रवासी मजदूरों पर लागू नहीं होती। वर्ग चेतना, लाभ या अपने हकों के प्रति चेतन होकर संघर्ष करने की कौन कहे, अपना, अपने परिवार

और बाल-बच्चों का पेट पालकर कैसे भी जीवित रह लेने की बुनियादी चिंता से ही ये लोग मुक्त नहीं हो पाते। हम देखते हैं कि अपने यहाँ किसानों और भूमिहीन मजदूरों के आंदोलन समय-समय पर होते रहते हैं। हाल में ही महेंद्र सिंह टिकैत, शरद जोशी, एम.डी.नजुंदास्वामी, किशन पटनायक, अजमेर सिंह लाखोंवाल जैसे किसान नेताओं के जरिए लगातार किसान आंदोलन हुए हैं और इसके चलते देश की राजनीति उसकी अर्थनीति में किसानों की उपेक्षा भी मुश्किल है। अर्थनीति की दिशा किसान-समर्थक भले ही न हो पर लोकतंत्र में समाज के इतने बड़े वर्ग (और वह भी जब आवाज उठाने लगे तो) की उपेक्षा संभव नहीं है। पर प्रवासी मजदूरों का न तो कोई संगठन है, न उनकी तरफ से किसी बात के लिए संगठित आंदोलन हुआ है, न इसकी कोई संभावना ही दिखती है।

जाहिर तौर पर ये स्थितियाँ, और मजदूरों के शहरीकरण में रहने और सबसे मुश्किल काम करने की मजबूरी बार-बार दिखती है। वे न तो न्यूनतम मजदूरी की माँग कर सकते हैं न सुविधाओं की। उनके लिए देश के कायदे कानून और सारी व्यवस्थाएँ बेमानी-सी हैं। उनके लिए पेट, परिवार की चिंता और अपने शरीर का बल तथा हुनर ही सारा कुछ है। उनकी सुध कौन लेगा यह कहना भी मुश्किल है। उन सभी के मिले-जुले प्रदेश बिहार के बारे में सोचने पर और निराशा फैलती है।

पर कुछ बातों में तो यही बिहार, यही बिहारी नेता, यही बिहारी बुद्धिजीवी पहल तो कर ही सकते हैं। प्रवासी मजदूरों से संबंधित अपने अध्ययन के आधार पर यह लेखक इसी बारे में कुछ सुझाव दे रहा है। पता नहीं इसमें से भी किसी पर अमल हो सकता है या नहीं पर कुछेक बातों पर हुआ अमल भी लाखों प्रवासी बिहारी मजदूरों के जीवन में थोड़ा अच्छा बदलाव लाने में सक्षम है।

अगर विकास की यही प्रक्रिया चलती रही तो मजदूरों का पलायन बढ़ता जाएगा। दूसरे, काम के चरित्र, कमाई और काम के समय, सभी हिसाब से प्रवासी मजदूर सबसे कमजोर स्थिति में हैं। अपने समाज का कोई वर्ग (इन मजदूरों की पत्नियों या फिर पलायन कर जाने की चेतना से भी वंचित आदिवासियों को छोड़कर) इनके जितनी मुश्किलें नहीं उठाता—मात्र रोटी के लिए। इनका कोई संगठन नहीं है। इनके संगठित होने की दूर-दूर तक कोई संभावना नहीं है और इसी के चलते समाज की शासक जमात इनकी मुश्किलों से आँखें मूँदे पड़ी है।

फिर यह निष्कर्ष निकालना या भविष्यवाणी करना भी मुश्किल नहीं है कि अब गुजरात, महाराष्ट्र, कर्नाटक, पंजाब वगैरह के विकास की रफ्तार धीमी नहीं पड़नेवाली है तथा बिहार जैसे इलाकों के फिर से उठ खड़े होने की संभावना नहीं के बराबर रह गई है। अगर बंगलोर, सूरत, मुंबई और पंजाब पहुँचकर प्रवासी उसके विकास का एक मजबूत आधार बन गए हैं तो इनका निकलना ही बिहार जैसे गरीब इलाकों में बदहाली के अंतिम चरण को दिखाता है। दिल्ली, मुंबई, बंगलोर जैसे इलाकों

की समृद्धि और बिहार जैसे इलाके की बढ़ती जानेवाली बदहाली ही मजदूरों के पलायन की प्रवृत्ति को बढ़ाती जाएगी।

यह भी कहा जा सकता है कि मजदूरों को 'भगाने' के मामले में अगर बिहार के समाज का अपना वर्गीकरण ही आज तक मुख्य भूमिका निभाता दिखता है तो शहरी और विकसित समाज भी अपने पुराने वर्गीकरण के हिसाब से ही प्रवासी मजदूरों के साथ अलग-अलग व्यवहार कर रहा है। जातियों में ज्यादा तीखे विभाजन से बँटा बिहारी समाज़ मुख्यतः जमींदारों, खेतिहर किसानों और भूमिहीन मजदूरों वाले तीन खानों में बँटा है। इनमें जमींदारों के घर से पलायन की बात नहीं सोची जा सकती। शहरों ने कई लाभ देकर समाज के एक वर्ग को आगे किया है—वह भी नहीं निकला है। खेतिहर किसानों में भी कुछ घरों से लोग निकले हैं। मजदूरों में से निकले हैं। छोटे किसानों में से निकले हैं।

इन मजदूरों के परदेस पहुँचने के बदले बिहार को कुछ पैसे मिल रहे हैं। मजदूर भी वहाँ के विकास के लिए नहीं गए हैं। अपने यहाँ पेट नहीं भरता, कुछ अधिक कमाने का अवसर नहीं है, इसलिए जाते हैं। गाँवों में यह पैसा आकर कई बदलाव करता है। ईंट का घर बना लेना, थोड़ी जमीन खरीद लेना, कृषि के औजारों पर खर्च करना भी हो रहा है। पर एक तो संख्या और उन पर निर्भर परिवारों की संख्या बहुत अधिक है। सो एक बार में अधिक दिखनेवाली यह रकम भी भोजन, कपड़े, दवा की कमी दूर करने में ही खर्च हो जाती है और अगर कुछ हिस्सा बचा भी तो फैशन-टीवी-रेडियो-जूता-घड़ी जैसी चीजों पर खर्च होता है। इसमें से अधिकांश खरीदारी भी इन्हीं महानगरों और विकसित क्षेत्रों में ही हुई होती है।

जिन इलाकों से ज्यादा पलायन हुआ है वहाँ आज खेती में कुछ सुधार दिखता है। गाँव में पैसा आने से वहाँ व्यापार बढ़ा है। एक भी बेटा बाहर भेजने वाले परिवार की स्थिति थोड़ी सुधर गई है।

पर ओस चाटने से प्यास नहीं मिटती। पंजाब, दिल्ली और सूरत से कश्मीर तक जाने तथा जान लगाकर काम करने की यह कीमत न तो सारे बिहारी मजदूरों की, न उनके परिवारों की और न ही इस तरह से पूरे बिहार की स्थिति सुधार पाएगी। सच कहें तो अपने बास छोड़ने, अपना घर छोड़ने की कोई मजदूरी नहीं हो सकती। पर परदेसी बनकर ही केरल के लोगों ने जो कुछ पाया है वह बिहारी लोगों को, पुरबिया लोगों को, पहाड़ी लोगों को नहीं मिलने वाला है। बिहार के विकास, बिहारियों के विकास में काफी पूँजी लगेगी, काफी यत्न लगेगा, काफी उद्यम करने होंगे, काफी मेहनत करनी होगी। जिन कारणों से पलायन हो रहा है, वे बहुत बड़े हैं, बहुत गहराई तक गए हैं।

यह सब देख-समझ लेने के बाद अगर कुछ सुझाव देने की बारी आए तो यह काम सबसे मुश्किल लगेगा ही, क्योंकि विकास की इस धारा का झंडा आज

जितनी बुलंदी से फहरा रहा है उतना पहले कभी नहीं फहराता था। इसमें इसे उलटने का सबसे पहला सुझाव तो तूफान में तिनके जैसा ही रहेगा। इसके बावजूद यही पहला सुझाव रखना होगा।

ग्रामीण श्रम पर बने राष्ट्रीय आयोग के सुझावों पर तत्काल अमल का सुझाव भी यह लेखक देगा। वे अपने आप में काफी बड़े और महत्त्वपूर्ण हैं।

तीसरा सुझाव तो प्रवासी मजदूरों संबंधी जानकारियों के पंजीकरण का है। अंतर-राज्य प्रवासी कानून के हिसाब से प्रदेश से बाहर जानेवालों का पंजीकरण कलक्टर के जिम्मे दे दिया गया है। हम व्यावहारिक अनुभव से जानते हैं और इस अध्ययन के दौरान भी जाहिर हुआ कि कलक्टर को जितने काम हैं उनमें यह पंजीकरण कहीं महत्त्व नहीं पाता और पंजीकरण एकदम नगण्य संख्या में हुआ है। अधिक उपयोगी यही होगा कि इस काम को पंचायत और वार्डों के जिम्मे दिया जाए। गलती होने पर जवाबदेही तय की जाए और फिर प्रखंड, जिले के स्तर से निगरानी-निर्देश का काम हो।

जैसा कि बिहार के पूर्व श्रममंत्री वशिष्ठ नारायण सिंह ने सुझाया था—जहाँ प्रवासी मजदूरों की संख्या बहुत अधिक हो, वहाँ उनके मूल राज्यों की तरफ से सूचना और सहायता-केंद्र हो। गाँव-गाँव तक इस काम को करना तो संभव नहीं है, पर प्रदेशों के मुख्यालय, बड़े औद्योगिक शहरों वगैरह में यह जरूर संभव है।

पाँचवाँ सुझाव न्यूनतम वेतन, काम का समय और अन्य सुविधाओं को तत्काल लागू करने से संबंधित है। यह गृह प्रदेश में भी होना चाहिए और प्रवासी मजदूरों के पहुँचने वाले प्रदेश में भी और शहरों में भी। अपने अध्ययन के दौरान इस लेखक ने पाया कि दिल्ली और लुधियाना जैसे बड़े शहर, में भी न्यूनतम मजदूरी, ओवरटाइम, छुट्टी, बोनस, भविष्यनिधि, मेडिकल जैसी बुनियादी चीजों को भी कायदे से लागू नहीं कराया जा सका है। प्रवासी मजदूरों के संदर्भ में इनकी जरूरत और ज्यादा है क्योंकि उनकी परेशानियाँ ज्यादा हैं।

फिर प्रवासी मजदूरों के मामलों में उनकी तरफ से तीसरे पक्ष को कानूनी या अन्य तरह की दखलंदाजी का वैध हक होना चाहिए। श्रम संगठनों में भी तीसरे पक्ष के भागीदार बनने की अनुमति है। पर सबसे कमजोर, सबसे असंगठित, सबसे बदहाल और सबसे अनपढ़ प्रवासी मजदूरों की तरफ से अदालतों और सरकारी दफ्तरों का दरवाजा खटखटाने का हक राजनीतिक कार्यकर्ताओं, समाजसेवी संगठनों या स्वयंसेवकों को नहीं है।

यह सवाल आज जितना बड़ा है, उस हिसाब से न प्रचारित हुआ है न इस पर ध्यान दिया गया है। असंगठित, अनपढ़ और मात्र रोटी कमाने में दिन के 12-14 घंटे का श्रम करनेवाले लोगों से यह उम्मीद नहीं की जा सकती कि वे संगठित होकर या व्यक्तिगत स्तर पर भी इस सवाल को उठाकर जनमत को प्रभावित कर पाएँगे।

सो मीडिया और प्रचार से जुड़े लोगों का यह दायित्व बनता है कि वे इस मुद्दे को ज्यादा जोर-शोर से उठाएँ। पर्यावरण का सवाल हो या बँधुआ मजदूरी या फिर दहेज-हत्या जैसे सवाल, हाल के वर्षों में मीडिया के ध्यान देने से क्या बदलाव आया है, यह जगजाहिर है। इस सवाल पर भी ध्यान देना जरूरी है।

काम की जगह पर आना-जाना प्रवासी मजदूरों के लिए एक बड़ी समस्या है और इसमें जान तक जाती रही है। सो उनके आने-जाने वाले सीजन में अतिरिक्त रेलगाड़ियों और अन्य सार्वजनिक वाहनों की व्यवस्था सरकार या नियोक्ताओं को करनी चाहिए।

विभाजन की त्रासदी और विकास का सपना

❐ *जगदीश प्रसाद*

आजादी के अब 55 वर्ष पूरे हो चुके हैं। किसी देश के विकास की प्रक्रिया के इतिहास में उसे एक लंबी अवधि माना जा सकता है। विगत 55 वर्षों से देश में जो भी प्रगति हुई वह सराहनीय हो सकती है किंतु इसका दूसरा पक्ष इतना दुःखदायी है कि गाँधीजी का 'एक नए भारत का निर्माण' का सपना पूरी तरह खंडित होता नजर आ रहा है। इस त्रासदी की एक लंबी व्याख्या प्रस्तुत की जा सकती है, व्याख्या अर्थशास्त्रियों एवं समाजशास्त्रियों द्वारा हुई भी है एवं इस विषय पर शोध साहित्यों का ढेर भी है। किंतु व्याख्याओं की गहनता में गए बगैर यह स्पष्ट रूप से कहा जा सकता है कि देश आजादी के बाद अब विकास के नाम पर एक नए रूप में खंडित हो रहा है। 'भारत' एवं 'इंडिया' के बीच बढ़ती दूरी से। भारत में गाँव निवास करता है जो पिछड़ेपन, बेकारी एवं गरीबी के बीच पल रहा है तो 'इंडिया' में शहरी क्षेत्र निवास करता है जो सूचना तकनीक एवं इंटरनेट को विकास का सुफल समझ कर हर्षोल्लसित है, भले ही इस क्षेत्र में भी गरीबी एवं बेकारी अपना अजगरी मुँह बाए खड़ी हो। विकास के इस विरोधाभास के प्रतिकूल प्रभाव को वर्तमान उदारीकरण नीति के तहत गंभीरता से लेने की जरूरत अभी तक नीति-निर्धारकों द्वारा महसूस नहीं की गई है। गरीबी दूर करने की राजनीतिक इच्छाशक्ति का अब कोई महत्त्व भी नहीं है बल्कि 'राज' करने की महत्वाकांक्षा ज्यादा प्रबल हो गई है। शायद इसी राजनीतिक महत्वाकांक्षा ने पुनः करवट बदली एवं बिहार, जिसे बीमार राज्य के रूप में जाना जाता है, आदिवासियों के विकास के नाम पर दो भागों में बाँट दिया गया। ब्रिटिश साम्राज्यवाद ने 90 वर्ष पूर्व सन् 1912 में बिहार को बंगाल से अलग किया था एवं पुनः 1937 में उड़ीसा से इसे अलग कर एक पृथक् राज्य के रूप में दर्जा दिया था। यह सारा कुछ भौगोलिक एवं आर्थिक विषमता को दूर करने के लिए किया गया था। आज स्वदेशी सरकार ने जनजातियों को सामाजिक, आर्थिक एवं सांस्कृतिक विषमता दूर करने के लिए

जनजातियों के लिए एक अलग झारखंड राज्य का गठन कर दिया है। बिहार के 18 जनजाति-बहुल जिलों को मिलाकर झारखंड राज्य बना है। इसमें उड़ीसा और मध्य प्रदेश का कोई हिस्सा शामिल नहीं है। इस राज्य के गठन की विकास के ऐतिहासिक परिप्रेक्ष्य में थोड़ी चर्चा कर देना युक्तिसंगत होगा। झारखंड क्षेत्र यानी आदिवासी-बहुल क्षेत्र को एक पृथक् राज्य का दर्जा देने के लिए ज्यादा मुखर माँग वस्तुतः 50 के दशक में शुरू हुई थी। किंतु इसकी नींव ब्रिटिश शासन काल के दौरान ही बिरसा मुंडा ने शासन के विरोध में आदिवासी-अस्मिता की रक्षा के लिए सशस्त्र आंदोलन चलाकर डाल दी थी। इस आंदोलन की कड़ी में ताना भगत ने भी जनजातियों की संस्कृति और जातीय गौरव को सुरक्षित रखने के लिए विद्रोह किया था। बिरसा मुंडा द्वारा चलाए गए आंदोलन का एक मुख्य प्रश्न भूमि से जुड़ा था जो आदिवासियों के हाथ से शनैःशनैः निकलती जा रही थी। वस्तुतः यह विरोध जमींदारों, मिशनरियों और ब्रिटिश सरकार के खिलाफ था। परिणामस्वरूप 1908 ई. में छोटानागपुर टेनेंसी एक्ट बनाया गया। इसके ठीक चार साल बाद आदिवासियों के अधिकार के मसले को लेकर 1912 में एक आदिवासी क्रिश्चियन युवक ने आदिवासी क्षेत्र की स्वायत्तता की माँग की जिसके फलस्वरूप झारखंड आंदोलन में ईसाई मिशनरी की भूमिका महत्त्वपूर्ण होती गई। ईसाई मिशनरी से प्रभावित ईसाई आदिवासियों ने 1922 में 'छोटानागपुर उन्नति समाज' कायम किया एवं इसके बाद 1928 में साइमन कमीशन आया। आदिवासियों ने इस कमीशन के सामने पहली बार स्वायत्तता की माँग की और फिर यह सिलसिला चल पड़ा। इन सारे आंदोलनों के पीछे मूल रणनीति यह थी कि जनजातियों को शिक्षित कर तत्कालीन शासकों के विरुद्ध क्रांति कराई जाए एवं अलग झारखंड राज्य की स्थापना का मार्ग प्रशस्त किया जाए। 1938 में इसी क्रम में ईसाई आदिवासी नेताओं ने पहले आदिवासी महासभा का आयोजन किया और इसी का प्रतिफल था कि 1939 में जयपाल सिंह जैसे लोकप्रिय आदिवासी नेता का प्रादुर्भाव हुआ। किंतु आदिवासियों के बीच भी ईसाइयों एवं गैर-ईसाइयों के बीच मतभेद बढ़ने के कारण अंततः जयपाल सिंह को सिबू सोरेन की समाज-सुधारक संस्था से जुड़ना पड़ा। इस संस्था द्वारा चलाया गया आंदोलन झारखंड मुक्ति मोर्चा के रूप में बदल गया जिसका गठन विधिवत् 1972-73 में हुआ एवं इस मोर्चा ने एक अलग झारखंड राज्य की स्थापना का आंदोलन चलाया। इसके बावजूद झारखंड आंदोलन में कई बिखराव आए एवं राजनीतिक उथल-पुथल भी हुआ किंतु झारखंड क्षेत्र स्वायत्त परिषद की स्थापना होने के बाद इस आंदोलन को एक ठोस उपलब्धि हुई। इसी बीच भाजपा की सरकार आई। जिसने झारखंड क्षेत्र के निर्माण के लिए 1988 में ही 'वनांचल' शब्द का प्रयोग किया था। अंततोगत्वा भाजपा ने अपनी बिहार इकाई को इस बात की अनुमति दे दी कि वह अपने कार्यक्रम में अलग झारखंड राज्य की स्थापना का कार्यक्रम

जोड़े। भाजपा सरकार जब केंद्र में आई तो झारखंड राज्य के गठन के लिए अनुकूल स्थिति बनी एवं इसके गठन के सारे दरवाजे खुल गए। बिहार विधान सभा की सहमति से नए झारखंड राज्य का गठन सुनिश्तित हो गया।

झारखंड क्षेत्र को पृथक् राज्य का दर्जा देने के पीछे नेताओं का मुख्य तर्क था कि इससे इस क्षेत्र का एवं आदिवासियों का सर्वांगीण विकास होगा। ऐसी बात नहीं है कि पिछले दशकों में झारखंड क्षेत्र में विकास के कार्य नहीं किए गए बल्कि पिछले 50 वर्ष में जो भी पूँजी निवेश बिहार में किया गया उसका अधिकांश भाग छोटानागपुर एवं संथालपरगना के खनिज संपदा से भरे-पूरे क्षेत्र में ही हुआ। यह कहना अतिशयोक्ति नहीं होगा कि औद्योगीकरण के नाम पर मध्य एवं उत्तरी बिहार में मात्र एक तेल शोधक कारखाना और एक छोटी उर्वरक इकाई केंद्रीय उपक्रम के रूप में बरौनी में स्थापित है। राज्य के उत्तरी क्षेत्र में विशेषकर औद्योगीकरण के मद पर नाममात्र का केंद्रीय निवेश किया गया है। परिस्थितियाँ बिल्कुल इस प्रकार से उभरीं कि राज्य के मध्यवर्ती एवं उत्तरी भाग में साधन की जो कमी होती है उसकी पूर्ति अंततः खनिज संपदा से प्राप्त राजस्व से की जाती रही है। उसी प्रकार मध्य बिहार और उत्तरी बिहार के जिलों में उपजाए गए खाद्यान्न से राज्य के पठारी क्षेत्रों की जरूरतें पूरी की जातीं। इस प्रकार दोनों क्षेत्रों को आर्थिक दृष्टिकोण से एक-दूसरे पर बिल्कुल निर्भर बना दिया गया। अब इस निर्भरता को दो भागों में विभक्त किया जा रहा है। स्वाभाविक है कि दोनों राज्यों पर इसका प्रतिकूल प्रभाव पड़ेगा।

बिहार राज्य का चाहे वह झारखंड क्षेत्र हो या मध्य एवं उत्तरी भाग, विकास की गति इन क्षेत्रों में काफी धीमी रही। वस्तुतः अवरुद्ध विकास की चपेट में बिहार पिछले पाँच दशकों से जकड़ा है और सबसे दुखदायी पक्ष यह रहा है कि विकास के नाम पर बातें तो बहुत होती रहीं किंतु किसी राजनीतिक नेतृत्व ने बिहार के विकास या यूँ कहें कि राष्ट्र के विकास के लिए सोचने की फुर्सत ही नहीं निकाली। मसलन अगर हम आजादी के समय की बात करें तो यह जाहिर है कि उस समय बिहार की स्थिति उन राज्यों की तुलना में विकास की दृष्टि से पाँचवें नंबर पर थी एवं राज्य के प्रशासन को देश में सबसे कुशल प्रशासन माना गया था। सचमुच यह एक अत्यंत गंभीर शोध का मामला है कि फिर ऐसा क्या हुआ कि पिछले पाँच दशकों के अंतराल में बिहार एक बीमारू राज्य बन गया। यह एक भ्रांति हो सकती है कि बिहार से अलग होकर झारखंड क्षेत्र इस बीमारूपन से निकल जाएगा। चाहे झारखंड राज्य हो या फिर बिहार, अविकास का अभिशाप इनके साथ जुड़ा रहा है और अब यह आशा है कि विभाजित बिहार विशेषकर झारखंड क्षेत्र में विकास की गति तेज होगी, यह बिल्कुल गाँधीजी के उस सपने की तरह होगा जिसे उन्होंने देश की आजादी के समय देखा था।

अगर हम संक्षेप में बिहार के विकास की चर्चा करें तो यह निष्कर्ष स्पष्ट रूप से उभरता है कि चाहे कृषि का क्षेत्र हो (उत्तरी एवं मध्य बिहार) या उद्योग का (झारखंड), उनकी विकास दरें अन्य राज्यों की तुलना में काफी कम रहीं। शायद यही कारण है कि बिहार के बारे में बार-बार लिखा जाने लगा कि इस राज्य में प्रचुर मात्रा में संसाधन उपलब्ध होने के बावजूद विकास की गति काफी धीमी रही। भौगोलिक स्थिति एवं मानव पूँजी की अनुकूलता होते हुए भी यदि राज्य का विकास वांछित रूप से नहीं हुआ तो पूर्ण रूप से नेतृत्व को इसका दोष जाता है। बिहार को दो भागों में विभक्त करने का कलंक भी दरअसल राजनीतिक नेतृत्व पर है। वोट की राजनीति या फिर किसी प्रकार राजसत्ता पर कब्जा बनाए रखने के लिए विकास के मूल मुद्दे को ही एकदम से किनारा कर दिया गया और आज की तिथि में भी विकास का मुद्दा बिल्कुल दरकिनार है।

निश्चित रूप से पिछले पाँच दशकों में विकास की जो रणनीति रही या फिर विकास की जो भी प्रक्रिया रही, कहीं-न-कहीं से उसमें कमी रही जिसके कारण बिहार विकास की दौड़ में पिछड़ता गया। आज तो स्थिति और भी अधिक बदतर है कि बिहार की संपूर्ण अर्थव्यवस्था अधोमुखी है। आज़ बिहारी समाज में सामाजिकता का क्षरण तेजी से हो रहा है जबकि राजनीति में से मूल्यों का बिल्कुल सफाया हो गया प्रतीत होता है। अगर हम पिछले पचास वर्षों में बिहार के विकास का मूल्यांकन करें तो हम पाएँगे कि आज बिहार की प्रति व्यक्ति आय न्यूनतम स्तर पर है अर्थात् सभी राज्यों की तुलना में बिहार सबसे नीचे स्थान पर है। गरीबी के संदर्भ में इस सच्चाई को परखें तो आँकड़े बतलाते हैं कि राज्य की कुल जनसंख्या का 58.0 प्रतिशत गरीबी रेखा के नीचे है। सामाजिक-आर्थिक विकास के संदर्भ में इससे ज्यादा दुखदायी बात क्या हो सकती है कि बिहार के गरीबी अनुपात में कमी होने की बजाय बढ़ोतरी हुई है। आर्थिक विकास के लिए जो भी प्रमुख प्रक्षेत्र कृषि एवं उद्योग हैं, उनकी विकास की दरें अपेक्षाकृत कम रही हैं। फलस्वरूप रोजगार पैदा करने में इनकी जो प्रमुखता होनी चाहिए वह अब न के बराबर है जिसके फलस्वरूप बिहार राज्य में न केवल बेरोजगारी की दर काफी ऊँची है बल्कि श्रम एवं भूमि उत्पादकता दर भी न्यूनतम स्तर पर है। राज्य का वित्तीय संकट तो अपनी चरम सीमा पर है ही। संक्षेप में अगर हम मोटे तौर पर 1999-2000 बजट के आँकड़े देखें तो पाएँगे कि बिहार राज्य का वित्तीय घाटा 1293 करोड़ रुपए का था। दूसरे शब्दों में बिहार का सरकारी बजट 1999-2000 में 18503 करोड़ रुपए था। अर्थात् मुश्किल से 1000 करोड़ रुपए विकास के कार्यों के लिए बचा था। बिहार की आर्थिक स्थिति की बदहाली का इससे बड़ा सबूत और क्या हो सकता है।

इस बदहाल आर्थिक स्थिति की पृष्ठभूमि में बिहार विभाजन से जो आर्थिक

तस्वीर उभरती है वह और भी त्रासदीपूर्ण है। सबसे पहले वित्तीय संकट की स्थिति की ही विवेचना करें तो यह कहना अतिशयोक्ति नहीं होगा कि शेष बिहार को बहुत बड़े वित्तीय घाटा का सामना करना पड़ा। यह घाटा उतना बड़ा है कि शेष बिहार गैर-योजना मद में जरूसी खर्च करने में भी लाचार है। आय खर्च का अनुपात आय-प्राप्ति से काफी अधिक है। परिणामस्वरूप बिहार राज्य के सामने वित्तीय घाटा का प्रश्न एक गंभीर चुनौती के रूप में खड़ा है जिसका समाधान बिना केंद्र सरकार की मदद के असंभव है।

विभाजन के बाद शेष बिहार राज्य की आर्थिक संरचना पर अगर हम नजर डालें तो पुनः इसका आर्थिक पक्ष चरमराता नजर आता है। भौगोलिक दृष्टि से झारखण्ड राज्य का क्षेत्रफल पूरे बिहार के क्षेत्र का 45.85 प्रतिशत है एवं आबादी 25.30 प्रतिशत है। इस प्रकार शेष बिहार का कुल क्षेत्रफल 92.2 वर्ग किलोमीटर होगा एवं तकरीबन 7.5 करोड़ इसकी आबादी होगी। जनसंख्या का घनत्व स्वाभाविक है कि बढ़कर 800 प्रति वर्ग किलोमीटर हो गया है जिसके फलस्वरूप भूमि पर जनसंख्या का भार काफी बढ़ गया है एवं प्रति व्यक्ति मात्र 0.03 एकड़ जमीन उपलब्ध है। निश्चित रूप से आर्थिक विकास के दृष्टिकोण से यहाँ एक गंभीर स्थिति बनती है जिसका अर्थव्यवस्था पर प्रतिकूल प्रभाव पड़ना ही है, साथ ही बिहार की सामाजिक स्थिति भी इससे प्रभावित हुए बिना नहीं रह सकती है। प्रति व्यक्ति भूमि की कम उपलब्धता के साथ ही शेष बिहार की प्रति व्यक्ति आय भी घटकर मात्र 1850 रुपए के लगभग हो गई है जो कि गरीबी रेखा के मापदंड से भी बहुत कम है।

शेष बिहार की आर्थिक संरचना पर एक और अत्यंत प्रतिकूल प्रभाव इस दिशा में पड़ा है कि राज्य में कृषि एवं उद्योग के बीच संतुलन पूरी तरह बिगड़कर रह गया है। उदाहरणस्वरूप, पूरे बिहार राज्य के मध्यवर्ती एवं उत्तरी भाग में जो कमी होती है उसकी पूर्ति अंततः खनिज संपदा से प्राप्त राजस्व से की जाती रही है। उसी प्रकार मध्य बिहार और उत्तरी बिहार के जिलों में उपजाए गए अन्न से राज्य के पठारी (झारखंड) क्षेत्र की जरूरतें पूरी की जाती थीं। इस तथ्य से यह स्पष्ट है कि अब विभाजन के फलस्वरूप यह स्थिति नहीं रह गई एवं शेष बिहार की आय का मुख्य स्रोत कृषि क्षेत्र है जो पहले से ही अवरुद्ध विकास की चपेट में है। यह परिकल्पना गलत नहीं है कि कृषि क्षेत्र जो पिछड़ापन से ग्रसित है, काफी मुश्किल से ही राज्य के राजस्व को बढ़ने में एक सकारात्मक भूमिका निभा सकता है। अखंड बिहार राज्य के सकल घरेलू उत्पादन में कृषि का योगदान 47.6 प्रतिशत था जो विभाजन के बाद शेष बिहार में इसका योगदान बढ़कर करीबन 70 प्रतिशत हो गया। आज आधुनिकता के दौर में आर्थिक विकास के दृष्टिकोण से इसे एक नकारात्मक तत्त्व माना जाता है। दूसरे शब्दों में यह कहा जा सकता है कि किसी राज्य की अर्थव्यवस्था जितना ही अधिक कृषि-उन्मुख होती है, वह राज्य आर्थिक

दृष्टिकोण से उतना ही अधिक पिछड़ा माना जाता है। शेष बिहार में आर्थिक स्थिति की इन संभावनाओं से इनकार नहीं किया जा सकता कि गरीबी और पिछड़ापन शेष बिहार के दो काफी सशक्त दुश्मन के रूप में उभरे हैं। आज देश नौवीं पंचवर्षीय योजना से गुजर रहा है एवं प्रथम पंचवर्षीय योजना में गरीबी उन्मूलन का जो लक्ष्य रखा गया था वही अभी तक हासिल नहीं किया जा सका है।

अब मूल प्रश्न यह उठता है कि बिहार के विकास की क्या संभावनाएँ हैं एवं किस प्रकार की रणनीति द्वारा इन संभावनाओं को साकार किया जा सकता है। यह प्रश्न वित्तीय स्थिति के संदर्भ में एक चुनौती समान है। शायद इस चुनौती से निपटने के लिए राज्य सरकार ने 1.40 लाख करोड़ रुपए के पैकेज के लिए केंद्र सरकार के पास पेशकश की थी। भारत सरकार के निर्देश में योजना आयोग ने बिहार विभाजन के फलस्वरूप वित्तीय स्थिति का उचित आकलन एवं वित्तीय मदद की सही दिशा तय करने के लिए एक प्रकोष्ठ का सृजन किया है। यह प्रकोष्ठ किस हद तक अपना कार्य अंजाम देता है यह तो आने वाले समय में ही कहा जा सकता है, किंतु यह सोचने की बात है कि शेष बिहार का विकास क्या केवल राज्य सरकार की जिम्मेदारी है या फिर केंद्र सरकार इसे भारत का ही एक महत्त्वपूर्ण अंग समझकर इसकी अपंग अर्थव्यवस्था को सुदृढ़ करने के लिए ठोस पहल करेगी?

पिछले पचास वर्षों में चाहे राज्य सरकार की नीति रही हो या फिर केंद्र सरकार की, बेबाक रूप से कहा जा सकता है कि बिहार के विकास के लिए सही रणनीति का पालन नहीं हो सका। अब चूँकि बिहार विकास के नाम पर दो भागों में बँट गया है, विकास की सही रणनीति का निर्धारण सचमुच एक चुनौती है। जिन नेतृत्वों ने पिछले पाँच दशक में बिहार की गिरती अर्थव्यवस्था को गंभीरता से नहीं लिया उनके लिए शेष बिहार के विकास का प्रश्न एक ऐसी चुनौती के समान है जिससे निपटना तभी संभव है जबकि रणनीति का निर्धारण सही दिशा में हो एवं उसके पालन की कटिबद्धता प्रशासन में हो।

इस पृष्ठभूमि में यह कहा जा सकता है कि विकास की सही रणनीति का निर्धारण शेष बिहार के लिए सबसे प्रमुख चुनौती है। राज्य सरकर ने अभी तक सिवा पैकेज की बात करने के और कोई भी ऐसा कारगर कदम नहीं उठाया है, जिसकी चर्चा जरूरी हो। जहाँ तक शेष बिहार के विकास की संभावनाओं का प्रश्न है, यह कहना तथ्यपूर्ण है कि इस राज्य के लिए विकास की अभी भी असीम संभावनाएँ हैं एवं इन संभावनाओं को साकार करने के लिए कठिन चुनौतियाँ भी सामने हैं।

विभाजन के फलस्वरूप बिहार की जो आर्थिक संरचना उभरती है, उससे यह स्पष्ट है कि इस राज्य के पास पर्याप्त मात्रा में प्राकृतिक संसाधन एवं मानव पूँजी है। जहाँ तक वित्तीय संसाधनों का सवाल है, इसमें भी निराश होने की बात नहीं

है क्योंकि बिहार राज्य में व्यापारिक बैंक-व्यवस्था में साख-जमा का अनुपात बहुत ही कम है जिसे बिहार के विकास में कार्यक्रमों पर इनके अनुपात में बढ़ोतरी कर बिहार का पैसा बिहार में खर्च किया जा सकता है। यह भी एक चुनौती है जिससे मजबूत राजनीतिक इच्छाशक्ति की मदद से निपटा जा सकता है एवं अतिरिक्त वित्तीय संसाधनों को जुटाया जा सकता है।

प्राकृतिक संसाधनों के संदर्भ में यह कहना अतिशयोक्ति नहीं होगा कि बिहार अब प्रमुखतः कृषि-प्रधान राज्य है। पर्याप्त मात्रा में उपलब्ध इसकी उपजाऊ भूमि मुख्य प्राकृतिक पूँजी है एवं इसकी क्षमता के उपयोग के लिए मानव पूँजी की पर्याप्त उपलब्धता इस राज्य के विकास के लिए सबसे सकारात्मक पहलू है। वस्तुतः इन संसाधनों की पृष्ठभूमि में ही विकास की सही रणनीति का निर्धारण करना होगा। आर्थिक पैकेज शायद राज्य सरकार को वित्तीय दृष्टिकोण से थोड़े समय के लिए राहत दे परंतु विकास के लिए सही रणनीति एवं नए मार्ग की तलाश अत्यावश्यक है।

उपरोक्त तथ्यों से यह स्पष्ट है कि बिहार के कृषिक्षेत्र का विकास करके ही इसकी रुग्ण अर्थव्यवस्था को गति प्रदान की जा सकती है। निःसंदेह कृषि की क्षमता का सही उपयोग ही बिहार के विकास की चुनौती का सही जवाब है। किंतु, कृषि विकास की प्रक्रिया इतनी जटिल है कि केवल यह कह देने से कि कृषि का विकास हो, कुछ बनेगा नहीं बल्कि इसकी जटिलता को समझना होगा एवं मर्ज के अनुसार इलाज कर इस जटिलता को सुलझाना भी होगा।

कृषि विकास की जटिलता का प्रश्न सीधा इसके अवरोधक तत्त्वों से जुड़ा है चाहे वह तकनीकी स्तर पर हो या फिर संस्थागत स्तर पर। ग्रामीण मूलभूत संरचना का महत्त्व भी इससे जुड़ा है। सबसे पहले हम तकनीकी पक्ष की व्याख्या करें तो मोटे तौर पर पिछले अनुभव के आधार पर यह कहा जा सकता है कि हरित क्रांति, जो कृषि में नई तकनीक के उपयोग से उत्पादन बढ़ाने का साधन है, बिहार राज्य में अपना प्रभाव जमाने में असफल रही। दूसरे शब्दों में, हरित क्रांति ने देश को अन्न के उत्पादन में आत्मनिर्भर बनने का जो गौरव दिया है वह बिहार राज्य को प्राप्त नहीं हो सका है। इसके कई कारण हो सकते हैं परंतु जिस राज्य में दो-तिहाई से भी अधिक किसान या तो सीमांत किसान हों या फिर छोटे किसान, जिनके पास साधन की कमी हो और वस्तुतः कृषि मजदूर की तरह जीवन-यापन कर रहे हों वह तकनीक के उपयोग पर पिछड़ ही जाएगा। अगर ग्रामीण क्षेत्र में जीवन-यापन करने वाली 83 प्रतिशत जनसंख्या में से करीब 60 प्रतिशत जनसंख्या भूमिहीन किसानों की हो, ऐसी दशा में कृषि उत्पादन की बढ़ोतरी में इनका योगदान असंतोषप्रद होगा। कृषि विकास से भूमि विकास का कार्यक्रम इसलिए जोड़ा गया कि कृषि-कार्य से जुड़े खेतिहरों को जमीन जोतने का वाजिब अधिकार

मिल सके। भूमि-सुधार पर किए गए अध्ययनों से यह बात स्पष्ट है कि इस कार्यक्रम को आंशिक सफलता ही मिली है। इसकी असफलता का इससे बड़ा उदाहरण क्या हो सकता है कि सरकार जमीन के रेकार्ड के रख-रखाव जैसे महत्त्वपूर्ण काम को भी अंजाम नहीं दे पाई है। पंचायती राज संस्था द्वारा इस कार्य का निष्पादन सही ढंग से किया जा सकता था किंतु हाल तक यह संस्था बिहार राज्य में मरणासन्न जैसी रही है। संस्थागत अवरोधक तत्त्वों में कृषि साख एवं कृषि उपज के विपणन की समस्या भी जुड़ी है, जिसे कभी भी बहुत गंभीरता से नहीं लिया गया। मूल रूप से अवरोध चाहे तकनीक से जुड़ा हो या फिर संस्थागत तत्त्वों से, मोटे तौर पर कृषि विकास के लिए इनकी पहचान सही ढंग से होनी चाहिए।

कृषि की पहचान अभी भी उद्योग की तरह नहीं हो पाई है अर्थात् जीवन-यापन के लिए अन्न उपजा लेना ही किसानों का लक्ष्य है। फलस्वरूप कृषिक्षेत्र में जिस अनुपात में निजी पूँजी निवेश होना चाहिए वह नहीं हो पाया है। सरकारी निवेश का कृषिक्षेत्र में निवेश का अनुपात अन्य क्षेत्रों के अनुपात में कम ही हुआ है। इसके साथ ही बड़े किसान जो मुख्यतः अपनी जमीन बटाईदारी पर देते हैं, वे अपनी जमीन पर निवेश करने से हिचकिचाते हैं। कृषि तकनीक का कम उपयोग होना इस स्थिति का प्रतिफल है। चकबंदी का सही तरह से लागू न होना भी हरित क्रांति की असफलता का एक महत्त्वपूर्ण कारण है। अब, बिहार की कृषि अर्थव्यवस्था इन्हीं अवरोधक तत्त्वों जुड़ी रहेगी। यह स्थिति पूर्व अर्जित है। कृषि विकास के लक्ष्य को प्राप्त करने के लिए इन अवरोधक तत्त्वों को दूर करना ही होगा और शायद बिहार के लिए यह एक महत्त्वपूर्ण चुनौती होगी।

बिहार के कृषि विकास के लिए प्राकृतिक आपदा से भी लड़ना होगा। एक आकलन के अनुसार केवल उत्तरी बिहार में 17 लाख हेक्टेयर जमीन हर साल बाढ़ की चपेट में आती है। किंतु, त्रासदी यह है कि इसे एक सामयिक अस्थायी समस्या के रूप में लिया जाता है। केंद्र सरकार एवं राज्य सरकार के सहयोग से बाढ़ नियंत्रण के लिए निश्चित रूप से एक ठोस कार्यक्रम तैयार होना चाहिए।

एक आकलन के अनुसार 1.6 लाख हेक्टेयर जमीन नीचे तल की है जो लगभग 1 से 5 मीटर पानी की गहराई में होती है। ऐसी जमीन पर कृषि प्रबंधन का कार्य ठीक से नहीं किया जा सकता है। फलस्वरूप फसल काफी कम होती है। ऐसी जमीनों का अधिकतम भाग बिहार के क्षेत्र में आ गया है जिसका निराकरण कृषि विकास के दृष्टिकोण से अत्यावश्यक है। किंतु बिरोधाभास यह है कि प्रचुर मात्रा में सतही एवं जमीन के नीचे जल प्रचुर मात्रा! में उपलब्ध होने के बावजूद कुल खेती योग्य जमीन का मात्र 30 प्रतिशत ही सिंचाई युक्त है। अर्थात् इस राज्य की कृषि अभी भी मानसून पर निर्भर करती है जो कभी अतिवृष्टि का शिकार होती है तो कभी अनावृष्टि का। उचित जल प्रबंधन से इन दोनों समस्याओं से निपटा जा सकता है।

इस संदर्भ में यह सच है कि नीतिगत बातें तो बहुत होती रहीं किंतु सिंचाई एवं बाढ़ नियंत्रण की बुनियादी समस्याओं पर शासकवर्ग ने गंभीरता से ध्यान देकर इसके लिए कोई योजना प्रारूप तैयार नहीं किया। किसी नीति के तहत नहीं बल्कि आकस्मिक रूप से, तदर्थ रूप से इन समस्याओं से निपटने के लिए कार्यक्रम लागू होता रहा।

बिहार के कृषि-क्षेत्र के लिए एक सबसे महत्त्वपूर्ण तथ्य यह है कि बिहार में कृषि योग्य बंजर भूमि, चौर, 'मान्स' एवं टाल जमीन का एक बहुत बड़ा अनुपात है जो कुल भौगोलिक क्षेत्र का लगभग 20-25 प्रतिशत है, जिसमें कृषि उत्पादन की क्षमता भी है। जरूरत है इन क्षेत्रों को कृषि योग्य बनाने के लिए एक व्यापक कार्यक्रम तैयार किया जाए जिससे यह अपेक्षा की जा सकती है कि शेष बिहार के कृषि उत्पादन में मात्रात्मक एवं गुणात्मक वृद्धि होगी तथा इन क्षेत्रों का विकास भी होगा। निस्संदेह इसका सकारात्मक प्रभाव इन क्षेत्रों में रहने वाले लोगों के जीवन-स्तर पर भी पड़ेगा।

शेष बिहार के कृषि विकास की एक बड़ी संभावना इसके बागवानी क्षेत्र की है। फल एवं साग-सब्जी के उत्पादन में बिहार का अग्रणी स्थान है। देश में इन फसलों के उत्पादन में बिहार का द्वितीय स्थान है। उदाहरणस्वरूप सब्जी राज्य के कुल भौगोलिक क्षेत्र के 2.3 प्रतिशत पर ही उगाई जाती है तब भी राज्य का सब्जी उत्पादन में अग्रणी स्थान है। आज की उदारीकरण नीति के तहत फल एवं सब्जी का उत्पादन बढ़ाकर निर्यात की काफी बड़ी संभावनाएँ पैदा की जा सकती हैं। चूँकि यह नकद फसल के रूप में उत्पादित किया जाता है एवं छोटे किसान अधिकतम संख्या में इसकी खेती से जुड़े हैं इसलिए सिंचाई की उचित व्यवस्था से इसके उत्पादन क्षेत्र में बढ़ोतरी की जा सकती है एवं उचित विपणन व्यवस्था के माध्यम से किसानों को लाभदायक मूल्य दिलाकर उन्हें इन फसलों को उपजाने के लिए प्रोत्साहित किया जा सकता है। इसके लिए भी एक सुविचारित नीति एवं सटीक कार्यक्रम की जरूरत है जिसके लिए राज्य को उचित कदम उठाना चाहिए।

उपरोक्त व्याख्या से यह स्पष्ट परिलक्षित होता है कि लाख अवरोधों के बावजूद बिहार में कृषि विकास की असीम संभावनाएँ हैं एवं उसे हासिल करने के लिए नीतिगत चुनौतियाँ भी हैं, किंतु त्रासदी यह है कि कभी भी सुनियोजित ढंग से राज्य-सरकार ने कृषि-नीति की ओर ध्यान नहीं दिया।

वस्तुतः बिहार के विकास के लिए अब नए ढंग से पहल करने की जरूरत है। उदाहरणस्वरूप कृषि विकास के साथ कृषि से संबंधित उद्योग के विकास को भी जोड़ना होगा। इसमें कतई संदेह नहीं कि कृषि का पिछड़ापन औद्योगीकरण के लिए सबसे बड़ा अवरोधक तत्त्व है। अगर देश के विभिन्न राज्यों की औद्योगिक सफलता की ओर ध्यान दें तो यह तथ्य स्पष्ट है कि अविकसित कृषिप्रधान राज्य

में औद्योगिक सफलता की दरें विकसित कृषिप्रधान राज्य की तुलना में काफी कम रहीं। महाराष्ट्र, गुजरात, पंजाब, हरियाणा, कर्नाटक आदि राज्यों में कृषि विकास की बढ़ती दरों के साथ औद्योगिक विकास की दरों में वृद्धि हुई है, वहीं पूर्वी राज्य जैसे बिहार, उड़ीसा, असम जैसे राज्यों में कृषि विकास की दरें कम होने के साथ औद्योगिक विकास की दरें भी कम रहीं। इस प्रकार शेष बिहार के विकास की रणनीति तय करने के संदर्भ में यह बात अत्यावश्यक है कि कृषि विकास को प्राथमिक लक्ष्य के रूप में रखा जाए एवं कृषि तथा उद्योग के बीच एक मजबूत संतुलन कायम किया जाए। इस परिकल्पना को एक छोटे से उदाहरण से समझा जा सकता है। शेष बिहार में चीनी उद्योग को बिहार के औद्योगीकरण की रीढ़ कहा जा सकता है। बिहार में 29 चीनी मिलें स्थापित हैं जिसमें 18 सरकार द्वारा नियंत्रित हैं एवं 11 निजी हैं। आज स्थिति यह है कि सरकार द्वारा संचालित सभी चीनी मिलें या तो बंद हैं या मृतप्राय हैं। निजी चीनी मिलों में मात्र चार चीनी मिलें ही ठीक-ठाक चल रही हैं। इसका परिणाम यह हो रहा है कि किसान गन्ने की खेती को छोड़ रहे हैं जो नकद फसल के बावजूद इसकी माँग में कमी एवं उचित विपणन की व्यवस्था न होने के कारण लाभदायक नहीं रह गई है। मजबूरी में किसान कम लाभदायक फसलों की खेती की ओर उन्मुख होते जा रहे हैं, जिसका राज्य की अर्थव्यवस्था पर प्रतिकूल प्रभाव पड़ना स्वाभाविक है। कृषि एवं कृषि उद्योग के बीच संतुलन की दिशा को इस उदाहरण से स्पष्ट किया जा सकता है कि एक तरफ गन्ने की खेती का विकास हो तो दूसरी तरफ चीनी मिलों को इस प्रकार कार्यरत किया जाए कि गन्ना के उत्पादन के अनुपात में चीनी मिलों द्वारा उनकी माँग भी हो। देश से चीनी का निर्यात भी होता है इसलिए बिहार में कृषि से संबंधित निर्यात की संभावना बनेगी। राज्य में ऐसी कई महत्त्वपूर्ण कृषि-फसलों का उत्पादन होता है जो न कि केवल किसानों के लिए लाभदायक है बल्कि इन फसलों को सही उत्पादन एवं प्रसंस्करण व्यवस्था के माध्यम से राज्य की आय में कई गुणा बढ़ोतरी की जा सकती है। जरूरत है कि कृषि पर आधारित उद्योगों को प्रोत्साहित किया जाए। शेष बिहार के औद्योगीकरण के लिए इसके सिवा कोई दूसरा विकल्प भी नहीं है। इसकी अनिवार्यता इसलिए भी है कि रोजगार के अवसर कृषि एवं कृषि पर आधारित उद्योगों से जुड़े क्षेत्रों में ज्यादा पैदा किए जा सकते हैं। यहाँ इस पर गौर करने की जरूरत है कि गरीबी एवं बेरोजगारी बिहार के लिए दो बड़े दुश्मन हैं जिन पर काबू पाने के लिए अधिकाधिक अवसर पैदा करने ही होंगे। इसकी सार्थकता इस तथ्य के आलोक में और बढ़ जाती है कि बिहार की बेरोजगारी की समस्या मुख्यतः 'छिपी हुई' बेरोजगारी है जिसे खत्म करने का एकमात्र उपाय यह है कि गैर कृषि क्षेत्र को विकसित किया जाए एवं कृषि उद्योग, दुग्ध उत्पादन, मत्स्य पालन आदि कृषि से संबंधित महत्त्वपूर्ण क्षेत्रों

का पर्याप्त रूप से विकास किया जाए। घरेलू उद्योगों को भी इसी तरह प्रोत्साहित किया जाए ताकि अधिक-से-अधिक ग्रामीण लोगों को रोजगार उपलब्ध कराया जा सके। गरीबी उन्मूलन कार्यक्रमों को इनसे जोड़कर गरीबी एवं बेरोजगारी जैसी समस्याओं का निराकरण किया जा सकता है।

निष्कर्ष के तौर पर कहा जा सकता है कि बिहार राज्य के सामाजिक-आर्थिक विकास की रणनीति का मुख्य पक्ष कृषि विकास एवं इससे जुड़े उद्योगों के विकास पर केंद्रित होना चाहिए। अभी तक यह विडंबना ही रही है कि जिस राज्य के अधिकांश लोग (83 प्रतिशत) या यूँ कहें कि पूरा का पूरा राज्य गाँव में बसता हो वहाँ कृषि पर आधारित उद्योगों को प्राथमिकता के आधार पर विकास की राह पर नहीं बढ़ाया गया। पंचायती राज जैसी संस्था ग्रामीण विकास के लिए एक महत्त्वपूर्ण भूमिका अदा कर सकती है। सारी स्थितियों के मद्देनजर इस विश्वास का आधार पुष्ट होता है कि बिहार राज्य की आर्थिक बदहाली के पीछे सारा कुछ मानव-निर्मित है। मानव-निर्मित इसलिए कि आज के शासक वर्ग एवं नौकरशाही व्यवस्था में विकास की सही दिशा लुप्त हो गई है। बिहार विभाजन के बाद अब जरूरत है एक नए परिवेश की, विकास की नई दिशा की एवं एक ऐसे नेतृत्व की जो विकास के मर्म को वैज्ञानिक तरीके से समझ सके एवं उसके अनुरूप रणनीति तैयार कर उस पर अमल कर सके। अगर ऐसा संभव हुआ तो शायद बिहार विभाजन की त्रासदी को झेला जा सके, गरीबी, एवं बेरोजगारी जैसे दुश्मन को खत्म किया जा सके एवं जनसामान्य की सामाजिक-आर्थिक स्थिति में सुधार लाया जा सके। जरूरत है कि आम बिहारी को बिहार के नवनिर्माण के सपने के साथ जोड़ा जाए।

विकास बरास्ता पंचायती राज

❒ *के. के. सिन्हा*

अजीब विडंबना है कि आज बिहार के गाँव अभी हाल तक पंचायत शून्य हो गए थे, जबकि इसी राज्य में पंचायतों का सबसे पुराना इतिहास है। इसका मूल कारण है ब्रिटिश राज्य की नौकरशाही के द्वारा राज करने की परंपरा और दूसरी ओर शहरी विकास का ताना-बाना जो अब भी योजनाओं के माध्यम से बुना जा रहा है। उल्लेखनीय है कि बिहार की सामंती व्यवस्था भी ब्रिटिश शासन की ही देन है। इससे गाँव का संचालन सामंतों तथा महाजनों के हाथ में ही रह गया।

शहरी विकास से गाँव भी आगे बढ़ेंगे यह विश्वास विकास के फैलाव या 'ट्रिकल डाउन' की धारणा से किया जाता रहा है। इस तरह शहरों में रोजी का मिलना तथा शहरों से प्राप्त आय को गाँव में उपादान के रूप में खर्च करना—प्रचलित विकास के ये दो रूप हैं। पर इससे न गाँव का विकास हुआ और न ही गाँव के लोगों को शहरों में रोजी ही मिली। जबकि पंचायतों के बढ़ने में ऐसा विकास सदा बाधक रहा है और रहेगा।

गाँव में जिस रूप में सरकार ने खर्च किए, चाहे वह सामुदायिक विकास योजना हो अथवा समेकित ग्राम विकास, खर्च का आकार बहुत छोटा था—योजना के विकास में पैबंद की तरह। इसे कल्याण के अर्थशास्त्र में वह 'घूस' कहा जाता है जो शहरी विकास के समर्थन के लिए गरीबों को दिया जाता है। यह वोट लेने की एक प्रजातांत्रिक चाल भर है।

ऐसे में त्रिस्तरीय पंचायतों की योजना जिला के नीचे नहीं उतर सकी तथा सरकार के पंचायतीकरण की जगह पंचायतों का सरकारीकरण ही हुआ है। गाँवों की वर्गरचना भी इनके प्रतिकूल दिखाई पड़ती है तथा जो जातीय हिंसाएँ हो रही हैं वे भी पंचायतों के अनुकूल नहीं होंगी। भूमि-सुधार का क्या स्वरूप हो ताकि पंचायतों का गठन गाँव के गरीबों के लिए हो—यह एक मूल मुद्दा है। पंचायती

विधान जो बिहार में बना है वह भी 'राज्य' की प्रभुता को ही स्थापित करनेवाला है न कि सत्ता के विकेंद्रीकरण की ओर ले जानेवाला। इन सभी विषयों की पूरी छानबीन करना आवश्यक है क्योंकि गाँवों के लिए पंचायती व्यवस्था ही आज अंतिम आशा दिखाई पड़ती है।

बिहार में पंचायती राज आंदोलन की संभावनाएँ

बिहार में पंचायतें किसी ग्राम्य आंदोलन के रूप में नहीं उभर रही हैं यद्यपि बिहार में लिच्छवी शासन में ही पंचायतों का बीज पड़ा था। ब्रिटिश शासन में इनका पूर्णतः लोप हो गया, क्योंकि वह एक केंद्रित शासन था तथा राज्यों में शासन के केंद्र शहर ही थे। गाँव का शासन भी जिला के मुख्यालय से जिला पदाधिकारी करता था तथा गाँव केंद्र सरकार के भू-राजस्व को वसूलने के लिए छोटी इकाइयाँ भर थे। सबसे बड़ा आघात जो इस काल में पंचायतों पर पड़ा वह 1793 का जमींदारी बंदोबस्त था जिससे गाँव बड़े-बड़े सामंतों के हाथ में आ गए जो खेत के मालिक तो थे पर खेती उनकी रैयत करते थे। बिहार में जमींदार के वसूले हुए भू-राजस्व की यह स्थिति हुई कि बाद में कुल वसूली के 100 रु. में सरकार को केवल 1 रु. ही दिया जाता था। यह सामंती शासन तथा शोषण की व्यवस्था महाजनों के सहयोग से गाँव को चलाती रही।

दुर्भाग्य यह था कि स्वतंत्रता के बाद भी जब जमींदारी का निर्मूलन कर दिया गया, बड़े जमींदारों की जगह बड़े तथा मध्यम वर्ग के जोतदार गाँव के नए शक्ति-संचालक बन बैठे तथा इनकी सहायता से ही राजनेता अपनी शक्ति पाने लगे। शासन अब भी जिला के नीचे नहीं उतर सका। उधर शहरी विकास की गति और भी तेज हो गई। तर्क यह था कि शहरी विकास के छींटे (ट्रिकल डाउन इफेक्ट) गाँवों पर भी पड़ते हैं। क्या इसका अर्थ गाँव के लोगों का पलायन था जो शहरों में रोजी लेने के लिए जाने लगे, या वे राशियाँ थीं जो सरकार ने शहरी आमदनी से निकालकर गाँव में उपदान के रूप में 15-20 रु. के हिसाब से प्रति व्यक्ति को देना शुरू किया? इससे तो गाँव की गरीबी बढ़ती ही गई तथा पंचायतें निर्धन तथा निष्क्रिय हो गईं। यह भी देखा गया कि जहाँ कृषि का उत्पादन में हिस्सा 25 प्रतिशत है वहाँ उद्योगों का हिस्सा 30 प्रतिशत तथा सेवा उद्योगों का हिस्सा 45 प्रतिशत है, जो इस बात की पुष्टि करता है कि विकास का पूरा रुझान गाँवों की बजाय शहरों की ओर था। ऐसे शहरी विकास की दिशा में पंचायती आंदोलन की संभावना अवरुद्ध होती गई है।

सरकारी पंचायतों का प्रारंभ

1952 में सामुदायिक विकास योजना द्वारा गाँव में खर्च करने का एक प्रयास अवश्य किया गया। इसमें अमेरिका के फोर्ड फाउंडेशन से उपलब्ध सहायता राशि से ग्रामीणों

के स्वावलंबन की दिशा में कुछ काम हुए। यह चुने हुए ब्लॉक स्तरों पर 100 गाँवों तथा उसकी 60-70 हजार जनता के लिए खेती के सुधार पर 10 वर्षों के लिए 17 लाख रु. देने की योजना थी। इसके लिए बलवंत राय मेहता ने त्रिस्तरीय पंचायतों का विधान बनाया। पर इसके बदले सरकारी तंत्र ही तीन स्तरों पर इस योजना का प्रबंध करता रहा। इस तरह सरकार का पंचायतीकरण की जगह पंचायतों का ही सरकारीकरण हो गया। इससे पंचायतों की सशक्त उपस्थिति की संभावना क्षीण हो गई। पर इससे गाँव के लोगों को यह महसूस भी न हो सका कि सामुदायिक विकास के अधीन 1700 रु. प्रति गाँव प्रति वर्ष कहाँ खर्च हुए; वैसे कृषि-क्षेत्रों में जो कुछ विकास हुआ उससे शहरी विकास को कुछ सहायता मिल गई। इससे न लोगों की विकास में भागीदारी बढ़ी और न पंचायतों में कुछ जान आई।

वास्तव में जो पंचायतें खड़ी की जा रही थीं वे सरकारी पंचायतें थीं। बीच-बीच में चुनाव भी होते रहे, पर पंचायतों को कोई कार्य न मिला। श्रम-दान के नाम पर कुछ अनुदान प्राप्त हुए। तीसरी केंद्रीय योजना तक सामुदायिक विकास के कोष ही खत्म हो गए। इस तरह जब कोष था तो पंचायतें नहीं थीं, जब पंचायतें खड़ी हुईं तो कोष सूख गए। इससे स्पष्ट हो गया कि गाँव में छोटे-मोटे खर्च करने की योजनाएँ गाँव में कोई सामुदायिक विकास की व्यवस्था नहीं बना सकतीं। ऐसे खर्च केंद्रीय योजनाओं के कोई अंग नहीं होते, ये केवल पैबंद (पैच) की तरह ऊपर से जोड़ दिए जाते हैं। पर समुदायों की रचना पंचायतों की जरूरी शर्त है, और यह बिना भूमि-सुधार के संभव नहीं। (मिर्डल, पृष्ठ 887) खर्च की राशि भी पर्याप्त होने पर तथा स्थानीय स्वशासन की व्यवस्था में ही सफल हो सकती है।

शहरी तथा ग्रामीण वर्गों की रचना

यह विचारणीय है कि केंद्रीय योजनाओं के द्वारा जिस शहरी विकास का दौर चल रहा था वह क्यों तीसरी योजना के बाद ठप्प पड़ने लगा? मूल कारण तो यही लगता है कि योजना के कृषि या सिंचाई अथवा भूमि-सुधार के कार्यक्रमों में गाँवों की कोई भागीदारी न थी और शहरी विकास के फैलाव (ट्रिकल डाउन) की धारणा गलत सिद्ध हुई। दूसरा, शहरों में सरकारी तंत्र का एक नया स्वरूप सामने आ रहा था जहाँ राजनेता, नौकरशाह तथा ठेकेदार का एक गठबंधन उभरने लगा जो राजसत्ता का दुरुपयोग कर काले धन को बढ़ा रहा था। यह एक नया धनाढ्य वर्ग था जो सत्ता-सुविधा संपन्न होता गया। गाँवों में इसका असर यह पड़ा कि वहाँ की पंचायतें इसी शहरी विकास तथा राज्यसत्ता के खंभा का काम करने लगीं। वे मूलतः राज्य के अनुदानों की मोहताज भी थीं जिससे उनके स्वतंत्र विकास का कोई सवाल ही नहीं था।

दूसरी ओर 1956 में जमींदारी उन्मूलन के बाद गाँव में ऊँची जातियों की

प्रभुता तो समाप्त हो गई, पर उनकी जमीनों पर जो नए काश्तकार हुए वे पिछड़ी जातियाँ थीं जो अब तक जमींदारों को लगान देती थीं। उधर सरकारी कर्मचारी भी जमीन के कागजों के मजबूत अधिकारी हो गए, और इस तरह गाँवों में एक नए धनाढ्य तथा मजबूत वर्ग का वर्चस्व हो गया। इसे कुछ समाजशास्त्री 'नीचे से जनित सामंतवाद' का नाम देते हैं। (डी.डी. कोसांबी, उद्धृत अरविंद दास, पृष्ठ 63) बिहार में 7 एकड़ से 40 एकड़ की लाभकारी खेती करने वाले जोतदारों की संख्या तो 11-12 प्रतिशत ही थी पर उनके अधीन कुल 40 प्रतिशत जमीन थी। इसलिए गाँवों में एक मध्यम वर्गीय जोतदारों का वर्ग खड़ा हो गया जो शहरी धनी वर्ग का सहायक सिद्ध हुआ। इन दोनों वर्गों के हित समान थे और ये राजसत्ता के अंग बन गए तथा गाँव की पंचायतों के विकास में एक बड़े बाधक। यह भी विचारणीय है कि जिन राज्यों में यह मध्यम वर्ग 50-60 प्रतिशत था वहाँ गरीबी की खाई ज्यादा नहीं बढ़ी। यही कारण था कि महाराष्ट्र, हरियाणा, पंजाब तथा बंगाल में स्थिति पंचायतों के अनुकूल थी (जे.डी. सेठी, हिंदुस्तान टाइम्स, 7 अक्तूबर, 1987) तथा सामाजिक तनाव भी कम हुआ। पर बिहार में यह वर्ग केवल 11 प्रतिशत ही था जिससे गरीबी की खाई बढ़ गई तथा वर्गों में तनाव भी बढ़ता गया। सबसे दुर्भाग्यपूर्ण परिवर्तन यह हुआ कि गाँव के मजदूरों तथा आधा एकड़ जमीन जोतने वाले गरीबों की संख्या 85 प्रतिशत हो गई जिसमें जोतदारों की संख्या आधी ही थी और उनकी कुल जोत केवल 17 प्रतिशत। इससे गरीब तथा अमीर जोतदारों के बीच गरीबी की खाई बहुत बड़ी हो गई। ये आँकड़े जहानाबाद क्षेत्र के हैं जिसे नक्सल प्रभावित क्षेत्र होने के कारण एक नमूना के रूप में लिया गया है। गरीब मजदूरों का वर्ग मूलतः नीची जातियों अथवा अत्यंत पिछड़ी जातियों का था। ऐसी वर्ग-रचना ने पंचायतों का गला घोंट दिया।

असंतोष के संकेत तथा विद्रोह की दिशाएँ

उपरोक्त कारणों से 1970 का दशक असंतोष और विद्रोह का था। यद्यपि चौथी योजना से शहरी विकास का एक छोटा अंश निकालकर गाँव में उपदान (सब्सिडी) देने का नया 'ट्रिकल डाउन' अथवा छींटे का तर्क फिर उजागर हुआ, पर गाँव की अपनी संस्थाएँ बिल्कुल रुग्ण हो गई थीं। ऊपर से थोपी हुई उपदान की योजनाएँ भूमि-सुधार अथवा कृषि संबंधों के सुधार से बिल्कुल वंचित थीं और इस तरह के खर्च भुलावा मात्र थे। ये बड़ी केंद्रीय योजनाओं में पैबंद की तरह जोड़ दिए गए थे। इससे पंचायतों के लिए एक सही वातावरण का बनना और भी दुर्लभ हो गया। उधर राज्य सरकार पर गाँवों की निर्भरता बढ़ती गई और केंद्रीय सरकार तो योजना के आकार को बढ़ाते हुए देश के उत्पादन में आधे की अधिकारिणी बन गई। अब सत्ता के विकेंद्रीकरण की संभावना बिल्कुल समाप्त हो गई।

1974 में सत्ता के विकेंद्रीकरण तथा काले धन की अपार वृद्धि के विरोध में शहरों में आंदोलन शुरू हो गए जिसका नेतृत्व जे.पी. ने किया। उधर ग्रामीण क्षेत्रों में विनोबा भावे का भूदान ठंडा पड़ चुका था जिसके कारण कई नक्सल गुटों का उदय हुआ। इन्होंने गाँवों के 'वर्ग शत्रुओं' को लक्ष्य बना कर हिंसा-प्रतिहिंसा का एक नया अध्याय शुरू कर दिया।

शहरों का आंदोलन तो सत्ता के विकेंद्रीकरण से सीधे जुड़ा था इसलिए पंचायतों की रचना को कुछ बल मिला। पर नक्सल हिंसाओं से पंचायत रचना में कोई अनुकूल प्रभाव पड़ा हो—यह अत्यंत संदिग्ध है। वास्तव में इन विद्रोहों की दिशा नक्सल गुटों के कई जातीय और राजनीतिक विभाजनों तथा बड़े जोतदारों की भी कई जातीय सेनाओं में बँट जाने से भ्रमित हो गई। कोई विकेंद्रित तथा प्रजातांत्रिक संगठन की रचना ऐसी हिंसक दलबंदियों के बीच शायद नहीं निकल सकती थी। पर निश्चय ही जातीय हिंसाएँ तत्कालीन ग्रामीण समाज में असंतोष तथा बदहाली का संकेत दे रही थीं। गाँव में जाति तथा वर्ग में तो कुछ तादात्म्य था ही पर यह भी सत्य है कि कई वर्ग, कई जातियों में भी बँटे थे और इसलिए हिंसाओं से वर्ग-संघर्ष की सिद्धि नहीं हो सकी। (वेद मारवा)

जे.पी. आंदोलन के प्रभाव में कर्पूरी ठाकुर ने, जो राज्य के मुख्यमंत्री थे, 1978 में पंचायतों का चुनाव करा कर उन्हें सशक्त ग्रामीण इकाई के रूप में जीवित करने का प्रयास किया। जातीय खून-खराबे के होते हुए भी पंचायतें पुनः खड़ी हो गईं और इसमें पिछड़ी जातियों को पूरा स्थान मिला। पर अत्यंत पिछड़ी जातियाँ पीछे रह गईं तथा पंचायतें भी शक्ति संपन्न इकाइयाँ नहीं बन सकीं। पंचायतें राज्य सरकार की अधिकार-सूची में ही शामिल थीं तथा उनकी शक्ति राज्य सरकार द्वारा दिए जाने वाले अधिकारों पर ही अवलंबित रही, साथ ही उनकी नजर मात्र सरकारी अनुदानों पर लगी रही। मूलरूप से ये पंचायतें राज्य सरकार के भू-राजस्व को वसूलने वाली संस्थाएँ थीं जिन्हें इसके लिए इन्हें कुछ कमीशन मिल जाता था। प्रखंड तथा जिला की समितियाँ तथा परिषदें सरकारी अफसरों के नियंत्रण में थीं।

1978 के पंचायती चुनाव के पाँच वर्षों के बाद जब पंचायतों के चुनाव फिर होने को आए तो इनमें किसी को दिलचस्पी न थी तथा राज्य सरकार चुनाव के खर्चे से घबरा गई। पंचायतों को चलाने के लिए सरकार ने अध्यादेश तथा अधिसूचना का सहारा लिया। इनसे पंचायतों का कार्यकाल बढ़ा दिया गया तथा प्रखंड और जिला स्तरों को विसर्जित कर दिया गया। स्वाभाविक था कि ऐसी स्थिति में सरकारी तंत्र ने पुनः पंचायती व्यवस्था का गला घोंट दिया।

जवाहर रोजगार योजना—कुछ सबक

सरकार गाँवों में कुछ खर्च करने का क्रम सदा चलाती रही ताकि गाँवों का असंतोष

सीमा में रहे, साथ ही विकास में गाँवों की भागीदारी भी बढ़े, पर इसके लिए न तो उसने पंचायतों को कोई शक्ति दी और न भूमि-सुधार के कार्यक्रम के द्वारा वह गरीब जनता तक पहुँच पाई। भूमि की हदबंदी से जो जमीन वितरण योग्य निकली वह खेती योग्य नहीं थी और वितरण का काम सरकार के हाथ में चले जाने से सारा विषय राजनीतिक दाँव-पेंच में उलझ गया। इस काल में गरीबी के संबंध में एक नया तर्क उभरा जो भूमि के पुनर्वितरण के पक्ष में नहीं था। प्रश्न था कि 90 प्रतिशत गरीबों को 10 प्रतिशत मध्यम जोतदारों की जमीन कहाँ तक वितरित हो सकती थी। बहुत बड़े जोतदारों की जमीन तो कुल जमीन का 50 प्रतिशत ही थी तथा उनकी संख्या 0.02 प्रतिशत थी जिन्हें पूर्व जमींदारों का अवशेष अस्थि-पंजर कहा जा सकता है।

ऐसी स्थिति में सोचा गया कि अगर शहरी धनी वर्गों के उपभोग में 15 प्रतिशत की कटौती कर के गाँव के उपभोग में वृद्धि कर दी जाए तो गाँव के लोग गरीबी रेखा के ऊपर चले आएँगे (दाण्डेकर तथा रथ, पृ. 26)। यह उपभोग करों तथा उपदान (सब्सिडी) की व्यवस्था थी। ये योजनाएँ गाँवों में लागू की गईं। पर इन स्कीमों से गाँव में कोई बदलाव नहीं दिखाई पड़ा। कल्याण के अर्थशास्त्र में इस तरह के खर्च को वह 'घूस' कहा जाता है जिसे देकर धनी वर्गों तथा शहरी विकास के लिए जो स्कीमें बनाई गईं, उसके लिए गरीबों तथा गाँवों के लोगों की सहमति मिल जाए। यह वोट लेने की एक प्रजातांत्रिक अथवा प्रजातंत्र-सम्मत विधि है जिससे गरीब अपनी यथास्थिति से समझौता कर ले। इस तरह राजनेताओं को वोट मिलते रहे और संसदीय चुनावों से किसी परिवर्तन अथवा संघर्ष की संभावनाएँ भी ध्वस्त हो गईं, (के.के. सिन्हा, इंडिया इको. जर्नल, 1997)।

पर 1990 में जवाहर रोजगार योजना द्वारा कुछ बदलाव की स्थिति दिखाई पड़ने लगी क्योंकि इसके अधीन जो खर्च किया गया वह पंचायतों के माध्यम से। केंद्र सरकार ने अपने उपदानों को पंचायतों को देकर गरीब मजदूरों के लिए मजदूरी देने की व्यवस्था स्वयं करने को कहा। हर पाँच हजार आबादी वाली पंचायतों को एक लाख की राशि देकर जवाहर रोजगार योजना ने मृतप्राय पंचायतों में एक नए जीवन का संचार किया तथा ऐसा लगा कि गाँवों में एक नई आशा की किरण जागी हो। यह राशि प्रति ग्रामीण 20 रु. ही थी पर अनुमान है कि इससे 5-10 प्रतिशत बेकार मजदूरों को 100 दिनों की रोजी मिली। अगर यह राशि अधिक रहती तो पंचायतों का सशक्तीकरण तो होता ही, गाँवों में रोजी की नई संभावनाएँ भी खोजी जातीं।

यह भी सत्य है कि सैकड़ों मुखियों के खिलाफ दुरुपयोग के आरोप लगाए गए तथा प्राथमिकियाँ भी दर्ज की गईं लेकिन भूल-चूक की विधि से ही पंचायती आंदोलन का स्वरूप दिखाई पड़ने लगा तथा पंचायतें सक्रिय हो उठीं। पर जवाहर

रोजगार योजना के कई अवरोधक तत्त्व भी उत्पन्न हो गए। पहला, चुनाव के न होने से मुखिया, जो 1978 से ही मुखिया बने रहे, वे पुराने पड़ गए थे। दूसरा, गाँवों में स्वरोजगार बढ़ाने के लिए समेकित विकास योजना जिला विकास प्राधिकरण के अधीन था, जहाँ सरकारी पदाधिकारियों का वर्चस्व था तथा 1 : 2 अनुपात में उपदान और बैंक कर्ज की व्यवस्था की गई। यह राशि न केवल जवाहर रोजगार योजना की एक चौथाई थी बल्कि उससे बिल्कुल अलग थी। अन्य कई खर्च की योजनाएँ भी बनती गईं जैसे बीस-सूत्री कार्यक्रम आदि, जिनमें आपसी तालमेल नहीं था। इससे समेकित विकास वास्तव में समेकित नहीं बल्कि बिखरा हुआ था। तीसरा, सांसदों तथा विधायकों को अपार कोष का कोटा दिया गया जो पंचायतों की कई वर्षों की आमदनी के बराबर था। वास्तव में यह राशि पंचायतों को मिलनी चाहिए थी पर राजनेताओं के कोटा से पंचायतें उन्हीं की जेब में चली गईं।

1993 के संशोधन में पंचायती आंदोलन के तत्त्व

1993 में पहली बार पंचायती चुनावों को संवैधानिक दर्जा मिला तथा पंचायतों के वित्त को सुधारने के लिए पंचायत वित्त कमीशन का प्रावधान बना। इसके अलावे महिला तथा अत्यंत पिछड़ी जातियों के लिए सभी पदों पर आरक्षण की व्यवस्था से उनके सशक्तीकरण का नया अध्याय शुरू हुआ। ऐसा पहली बार लगा कि अब पंचायतों को वैसा संवैधानिक दर्जा मिल गया जैसे देश में कार्यरत अन्य संवैधानिक संस्थाओं को प्राप्त है।

पर दो साल के भीतर ही कई पंचायती विरोधी तत्त्व भी उभरने लगे। पहला तो यह कि सत्ता का मूल केंद्र राज्य सरकारें ही बनी रहीं क्योंकि पंचायतें राज्य सरकार की सूची में ही रखी गईं। राज्य सरकार की सूची-11 में पंचायतें कौन से काम हाथ में लेंगी, यह राज्य सरकार को ही तय करना था। प्रश्न था कि पंचायतों को एक स्वतंत्र सूची में क्यों नहीं रखा गया? स्पष्ट है कि सत्ता का पूर्ण विकेंद्रीकरण करने की मंशा ऊपर की सरकारों की नहीं थी।

दूसरा, बिहार में संवैधानिक पंचायती चुनाव 1993 संशोधन के 6 महीने के अंदर करवा देना था पर राज्य सरकारें इससे घबरा गईं। उन्हें ऐसा लगा कि पंचायतों के द्वारा कुछ इस तरह के परिवर्तन हो सकते थे जो राज्यों की सत्ता को चुनौती दे देते। राज्य सरकार ने चुनाव टालना शुरू कर दिया। कुछ दिनों तक तो इसको इसलिए टाला गया क्योंकि इसमें 100 करोड़ रुपए का खर्च था, पर बाद में यह तर्क उपस्थित हुआ कि आरक्षण के प्रश्न पर याचिकाएँ उच्च न्यायालय के विचाराधीन थीं और इसलिए चुनाव नहीं किए जा सकते थे। जब उच्च न्यायालय ने 50 प्रतिशत से ज्यादा आरक्षण को अवैध करार दिया तो राज्य सरकार ने उच्चतम न्यायालय में अपील कर दी। यह जातिवादी राजनीति का नया तेवर था जिससे राज्य सरकार

ने पंचायतों को भी कसना चाहा। इस बीच उच्चतम न्यायालय ने चुनाव को लंबे अरसे तक स्थगित पाकर पंचायतों को विसर्जित कर दिया, और वे सरकारी पदाधिकारियों के हाथ में चली गईं। इस तरह बिहार में पंचायती आंदोलन ध्वस्त हो गया जबकि अन्य राज्यों में इसका नया रूप उभरने लगा और चुनाव होते चले गए।

बिहार के पंचायत अधिनियम को लेकर भी कई अड़चनें खड़ी हुई हैं क्योंकि यह बिल रातों-रात विधान सभा में बिना किसी बहस के तथा पंचायती संस्थाओं के बिना विमर्श के पास कर दिया गया जिसमें आरक्षण को दलित जातियों से विस्तारित कर पिछड़ी जातियों तक बढ़ा दिया गया। यह प्रावधान ऐच्छिक था, अनिवार्य नहीं। बिहार में पिछड़ी जातियाँ अनेकानेक हैं और उनमें जो प्रबल हैं उनका प्रवेश 1978 के पंचायती चुनाव में बिना आरक्षण के ही पर्याप्त रूप से हुआ। अतः उनके लिए भी आरक्षण का प्रावधान राजनीतिक दाँव-पेंच मात्र था। इस प्रावधान से अत्यंत पिछड़ी तथा दलित जातियों का महत्त्व क्षीण हो गया।

कानून बनाने वाले ने शायद यह भी भाँप लिया कि पिछड़ी जाति के लोग प्रत्यक्ष चुनाव से मुखिया चुने जाने पर राज्य सरकार से टक्कर लेने लगेंगे। इसलिए सरकार ने पंचायतों को भंग करने का तथा मुखिया अथवा प्रमुख को अयोग्यता के आधार पर हटाने का अधिकार अपने हाथ में रखा।

एक्ट में पंचायती कार्यों को भी गोलमटोल ढंग से इसके तीनों स्तरों पर रख दिया गया जिसमें यह पता नहीं चलता कि एक जैसे कार्य तीनों स्तर कैसे करेंगे और ग्रामपंचायतों की भूमिका मूल इकाई की है या नहीं। वित्त का प्रावधान भी पुरानी ब्रिटिश प्रणाली के शहरी ढाँचे में रह गया तथा भू-राजस्व और भूमि-सुधार के कार्य राज्य के साथ ही रह गए। ऐसी स्थिति में यह भी स्पष्ट होने लगा है कि समस्त पंचायती कार्य राज्य के सरकारी विभागों के ही मत्थे पड़ जाएँगे। (के. के. सिन्हा, समाज विज्ञान संस्थान, पृष्ठ 43-51)

कुछ निष्कर्ष

यह ठीक है कि बिहार में 1978 का पंचायती चुनाव जे.पी. के संपूर्ण क्रांति आंदोलन के समय हुआ तथा इससे दलों की तथा सरकार की निरंकुशता का कोई स्थान नहीं रह गया, पर चुनाव के बाद राज्य और दल दोनों सत्ता के रास्ते से पंचायतों में घुस गए। जे.पी. आंदोलन के प्रभावों का इस्तेमाल सूबे में पंचायत आंदोलन खड़ा करने में नहीं किया जा सका। बंगाल में भी बाद के पंचायती चुनावों में सरकार तथा सरकार के दलों की निरंकुशता से पंचायतों की अपनी पहचान कम होने लगी है।

इन अनुभवों के आधार पर इतना तो कहा जा सकता है कि बंगाल के ग्रामीण समुदाय में एकरूपता है जबकि बिहार का समुदाय टूट गया है तथा नक्सल गुटों

के तथा जातीय सेनाओं के आपसी टकराव से पंचायती आंदोलन का माहौल नहीं बन पा रहा है। बंगाल में नक्सल विद्रोह हुआ लेकिन वह दब गया क्योंकि भूमि-सुधार पंचायतों का मूल आधार हो गया था। बिहार में ऐसे आसार नजर नहीं आते।

यहाँ पंचायती आंदोलन की सफलता गाँव के शिक्षित लोगों की सक्रियता पर निर्भर करेगी। इसमें हिंसा तो नहीं पर गरीबों की उभरती हुई आकांक्षाओं का 'दबाव' बढ़ेगा। गरीबों का अपना शुद्ध संगठन तो संभव नहीं होगा पर शिक्षित वर्ग उनकी बदहाली को ही उभारते हुए जन आंदोलन में बदल सकता है। जो वामपंथी दृष्टि से 'वर्ग शत्रु' हैं, वे संख्या तथा जमीन के क्षेत्रफल की दृष्टि से इतने कम हैं कि उन्हें दबाव तथा पंचायतों और सहकारी संस्थाओं के निर्माण से ही पराजित किया जा सकता है। ऐसी स्थिति में कभी-कभी नक्सल हिंसाएँ गाँव की बदहाली को जरूरत से ज्यादा भयावह बनाती नजर आती हैं पर अगर वे दबाव बढ़ाते हुए गाँव के स्वतंत्र संगठनों को बल दें तो अपना शांतिपूर्ण विकल्प भी तैयार कर सकती हैं। सत्याग्रह में भी काफी उग्रता आ सकती है जैसा स्वतंत्रता आंदोलन के समय देखा गया। नोबेल अर्थशास्त्री टिनबर्जन ने संकेत किया है कि भारत में गाँधी की सरलता तथा संयम के उपायों से विकास को कुछ दिशा मिल सकती है (उद्धृत मिर्डल, पृ. 766), हमें अब इसे पुनः विचारना होगा।

सफलता की शर्तें

पंचायतों की सफलता के लिए यह जरूरी होगा कि यह कोई पंचायती राज या शासन की इकाई न होकर पड़ोसियों के सहयोगी संगठन का रूप ले। ऐसा समझा जाता है कि पंचायतें भी केंद्र और राज्य सरकारों का विस्तार होंगी, पर पंचायतें वास्तव में गाँवों का राज्य या स्वशासन की मुक्त इकाइयाँ होनी चाहिए। इसके लिए कई प्रश्न सामने उठ खड़े होते हैं—

- क्या ग्राम सभाओं में साधारण आदमी अपनी बात निर्भय होकर रखेगा?
- क्या गाँव की एक तिहाई महिलाएँ पंचायतों में शामिल होंगी?
- क्या पंचायतों के तीनों स्तर, राज्य सरकार के नियंत्रण से पूर्णतया मुक्त रहेंगे?
- क्या गाँव के सारे कार्य गाँव में शांतिमय परिवर्तन लाने में समर्थ होंगे?
- क्या नई पंचायतें भूमि संबंधों एवं सामाजिक संबंधों को सुधार कर भू-स्वामियों, खेतिहरों तथा मजदूरों के बीच व्याप्त तनाव को समाप्त कर देंगी।
- क्या जमीन के कागजात जो 90 वर्ष पुराने हो गए हैं, फिर से लिखे जाएँगे?

पंचायती आंदोलन की सफलता इस बात पर निर्भर करेगी कि गाँव अपने

विकास की स्कीमें कैसी बनाते हैं तथा उसके लिए वे अपने संसाधनों को जुटा कर अपनी जरूरतों की पूर्ति कैसे करते हैं। यह एक जागरण की स्थिति है शासन की नहीं। इसके लिए नीचे दी गई बातों पर विचार होना चाहिए—

1. जो भी वित्त पंचायतों को उपलब्ध होगा वह निहित स्वार्थ के लिए बर्बाद हो सकता है, इसके लिए ग्रामसभाओं को सशक्त बनाना होगा जिसमें हर ग्रामवासी अपनी बात रख सके।
2. लोगों में रचनात्मक प्रवृत्ति जगाने, जीवन स्थितियों में सुधार तथा नवनिर्माण के प्रति जागरूकता लाने, साथ ही लोगों को प्रशिक्षित करने के लिए स्वयंसेवी संस्थाओं को आगे आना होगा।
3. पीने का पानी तथा गाँव के जलाशयों में वर्षा के जल का संग्रह केवल ग्रामवासी ही कर सकते हैं।
4. गाँव के मुकदमों का फैसला गाँव में ही हो जाना जरूरी है तथा गाँव अपनी सुरक्षा के लिए अपनी शांतिसेना स्वयं तैयार करेंगे।
5. ग्राम सभा स्वयं भूमि-सुधार के कार्य करेगी तथा भू-राजस्व का कुल स्वयं वसूल कर इस दिशा में खर्च करेगी। यही सभाएँ बटाईदारी तथा न्यूनतम मजदूरी एवं चकबंदी के नियमन का कार्य-भार लेंगी। एक जाग्रत ग्रामसभा नक्सल गुटों से कहीं अधिक परिवर्तनकारी सिद्ध होगी।
6. स्त्री-शिक्षा, स्वास्थ्य केंद्र तथा वयस्क शिक्षा के कार्यक्रम आदि पंचायत सभा की निगरानी में ही ज्यादा प्रभावी एवं उपादेय सिद्ध होंगे।
7. राज्य सरकार तथा राज्य के अधिकारीवर्ग गाँवों को जो भी सहायता देंगे—इसकी भी माँग तथा योजना गाँवों से ही शुरू होगी। इसमें स्वयंसेवी संस्थाएँ विशेषज्ञता का लाभ गाँवों को प्रदान करेंगी।

जबतक गाँव स्वयं अपने प्रयास से ही पंचायतें नहीं खड़ी कर लेते तब तक राज्य सरकार की भूमिका भी नियंत्रक की रह जाएगी, सलाहकार की नहीं। पंचायती आंदोलन ऐसे ही प्रयोग का नाम होगा और इसकी सफलता भी ऐसे प्रयोगों से ही सिद्ध होगी जो भूल सुधार (trial and error) की विधि से पूर्णता प्राप्त करेगी।

पर यह भी सत्य है कि पंचायतों को, राज्य तथा केंद्र सरकारों को वित्तीय सहायता देनी होगी क्योंकि अभी देश के वित्त का लगभग 56 प्रतिशत केंद्र को, 32 प्रतिशत राज्य को तथा केवल 12 प्रतिशत नगरपालिकाओं तथा पंचायतों को जाता है। वित्तीय विभाजन का यह असंतुलन तो दूर करना होगा ही, विकास पर खर्च की जाने वाली राशि को भी केंद्र सरकार को ग्राम-विकास की ओर मोड़ना होगा—पंचायतों की सफलता के लिए ये कुछ ऐसी शर्तें हैं जिसके प्रति शासन प्रशासन के उच्चतर स्तरों यानी राज्य सरकार एवं केंद्र सरकार को भी प्रतिबद्ध होना पड़ेगा।

पंचायतों की क्षेत्रीय रचना : विकास इकाई की दृष्टि से

पंचायतों के विकास में चिर काल तक जो बाधा बनी रहेगी, वह है इनका अक्षम (non-viable) आकार तथा इनके तीनों स्तरों में एक लयबद्धता (rhythm) की कमी। अखंड बिहार में 55 जिला, 724 ब्लॉक तथा 12162 ग्राम पंचायतें हैं जिसमें झारखंड में जाने वाली पंचायतें धारा 5 के अधीन आदिवासी पंचायतों के नियमों में बँध जाएँगी, जो अत्यंत अविकसित हैं। जहाँ ग्राम पंचायतों का आकार 7000 जनसंख्या होगा, ब्लॉक समितियों में प्रति 7000 एक सदस्य तथा जिला परिषदों में प्रति 70,000 एक परिषद सदस्य चुना जाएगा पर जहाँ जिला की जनसंख्या ढाई लाख से ज्यादा होगी, सदस्यों की संख्या और अधिक होगी।

अनुमानतः कुल पंचायती सदस्यों की संख्या इस प्रकार होगी–

ग्राम पंचायत	1,50,000	(महिलाएँ 50,000)
कुल मुखिया	12,162	(महिलाएँ 4,054)
कुल समिति सदस्य	15,000	(महिलाएँ 5,000)
कुल परिषद सदस्य	1,500	(महिलाएँ 500)
कुल समिति प्रमुख	729	(महिलाएँ 243)
कुल अध्यक्ष	55	(महिलाएँ 18)

इसमें लगभग 3668 पंचायतें, 198 समितियाँ तथा 18 परिषदें राज्य के विभाजन के बाद झारखंड में चली गई हैं। फिर भी पंचायतों का यह वृहत् जाल तभी काम कर पाएगा जब हर पंचायत में 500 जनसंख्या का टोला हो तथा उसका निर्वाचित पंच स्वयं को पूरा सशक्त अनुभव करे।

त्रिस्तरीय पंचायतों की लयात्मक रचना वर्तमान व्यवस्था में दिखाई नहीं पड़ रही है तथा कुछ जिले बहुत बड़े तथा कुछ बहुत छोटे बन गए हैं। सक्षमता की दृष्टि से त्रिस्तरीय पंचायतों का आकार न बहुत छोटा न बहुत बड़ा होना चाहिए। साइकिल अथवा बैलगाड़ियों की दृष्टि से पंचायत बाजारों अथवा चट्टियों की रचना कुछ इस प्रकार की होनी चाहिए–

मण्डी (बढ़ते हुए क्रम में)	सबसे छोटे गाँव की संख्या	उसकी जनसंख्या	कुल बाजार का आकार	बाजारों के बीच की दूरी (कि.मी.)	3 आकार के प्रति परिवार खेती योग्य जमीन (एकड़ में)
1. ग्राम मंडी	1	1,500	1,500	2-3	1,350
2. पंचायत मंडी	6	4,500	13,500	7-9	12,150
3. ब्लॉक मंडी	36	20,000	81,000	17-20	72,900
4. जिला मंडी	216	3,00,000	4,86,000	40-50	43,74,000

यहाँ बाजार (खरीद-बिक्री) की जरूरतों के अनुसार 6 गाँव की एक पंचायत इकाई तथा 6 पंचायतों की एक ब्लॉक इकाई तथा 6 ब्लॉकों की एक-एक जिला इकाई की परिकल्पना की गई है, जिससे क्रमशः 1500, 13500, 81000, तथा 486000 ग्रामवासियों के लिए तीन स्तरों पर विकास के काम किए जाएँ। इससे गाँव के बाजार भी सक्षम होंगे तथा प्रति परिवार खेती योग्य जमीन 4.5 एकड़ का होना भी जरूरी हो जाएगा। जिसके लिए भूमि का वितरण अच्छी पंचायतों का एक आवश्यक तत्त्व माना गया है।

पंचायत वित्त कमीशन को क्षेत्रीय पहलुओं पर विचार कर उनकी वित्तीय सक्षमता की योजना बनाना बहुत जरूरी होगा। पंचायतों की रचना एक आंदोलन का स्वरूप तभी लेगी जब आर्थिक विकास के मूल केंद्र अथवा इकाई गाँव बनाए जाएँ। दुर्भाग्य यह है कि विकास की पूरी प्रक्रिया शहर केंद्रित है। गाँवों में वृहत् पैमाने पर निवेश नहीं होने पर पंचायतों का भविष्य अंधकारपूर्ण बना रहेगा।

विकास की पंचायती अवधारणा

गाँवों में निवेश बढ़ाने के क्षेत्र कृषि तथा कृषि से संबंधित उद्योग माने गए हैं। शहरी विकास के मॉडल की सबसे बड़ी भूल कृषि को एक घटते हुए उत्पादन के नियम से जोड़ना रही है। पर यह नहीं समझा गया कि कृषि एक पारिवारिक श्रम की इकाई है, पूँजी लगाने की नहीं। छोटे पैमाने पर की गई खेती पूरे परिवार की जीविका बन सकती है, अगर परिवारों को आवश्यक प्रेरणाएँ तथा सुविधाएँ दी जाएँ। स्पष्ट है कि कृषि विकास के मॉडल न केवल विकेंद्रित होंगे बल्कि गरीब परिवारों को पंचायत के द्वारा जोतने के अधिकार तथा सुरक्षा से संपन्न भी करेंगे।

भूदानी पंचायतें तथा समुदायी ग्रामीण रचना

गाँधी तथा जे.पी. ने इस तरह के विकास का जो ग्रामीण मॉडल दिया है वह अत्यंत विचारणीय है। गाँवों की कम-से-कम 75 प्रतिशत भूमि का समुदायीकरण होना भू-स्वामित्व का एक नया स्वरूप खड़ा कर सकता है। छोटे किसान भू-स्वामी न होते हुए भी एक सामुदायिक स्वामित्व के अंग हो जाते हैं जब किसान जमीन जोतने में पूरी शक्ति तथा उत्साह लगा देंगे। ऐसी स्थिति में छोटी जोतों की उपज भी तेजी से बढ़ती है, क्योंकि जमीन के लिए जोखिम उठाने का उत्साह भी पूँजी और बीज की तरह एक महत्त्वपूर्ण तत्त्व हो जाता है। (के.के. सिन्हा, ग्रोथ, थ्रू एग्रीकल्चर)

मार्क्सवादी तथा उपर्युक्त भूदानी विकास की धाराएँ—दोनों गरीबों को विकास से नजदीकी रूप से जोड़ती हैं पर जहाँ मार्क्सवादी विकास पूँजी और उसके समाजीकरण

से जुड़ता है वहाँ भूदानी विकास भूमि के समुदायीकरण से। स्पष्ट है कि समाजीकरण की प्रक्रिया एक प्रबल राज्य की परिकल्पना करती है जबकि समुदायीकरण एक विकेंद्रित मानव समुदाय की, जो हिंसक कम्यूनों को शांतिपूर्ण पंचायतों में बदल देती है। रूस अथवा चीन के कम्यूनों को भारतीय परिवेश में देखने पर स्पष्ट हो जाता है कि विकास की दृष्टि से ये दोनों अवधारणाएँ एक-दूसरे से बहुत अलग नहीं हैं। परंतु अंतर इतना अवश्य है कि कम्यूनों की रचना राज्यवादी तथा एकल दलीय आधार पर हुई है जबकि पंचायतों की समुदायवादी तथा निर्दलीय। आज के बिहार में गाँवों के विकास के लिए ये सारी बातें अत्यंत विचारणीय मानी जानी चाहिए।

बिहार में भूमि संबंधों की गत्यात्मकता

❒ *च. अ. प्रियदर्शी*

लाख प्रतिकूलताओं और अराजक स्थितियों के बावजूद बिहार का ग्रामीण समाज संभावनाओं और गत्यात्मकता के अंतरणकारी दौर से गुजर रहा है। इसे ही कहते हैं विलोमों पर खड़ा होना। बिहार में भूमि का पुनर्वितरण और बिहार का विकास दोनों के बीच अन्योन्याश्रय संबंध है। एक एकड़ जमीन का स्वामी बन जाने और भूमिहीन रहने के बीच क्या अंतर होता है यह उन परिवारों से बेहतर और कोई नहीं जानता जो 'नव-भूधारी' परिवार कहलाते हैं। जिस समाज में भूमि पर सामंती वर्चस्व अनुत्पादक वातावरण बनाता है, उस समाज में केवल एक एकड़ जमीन की बदौलत नए भूधारी सामंती परंपराओं के चंगुल और अर्द्ध-गुलामी से मुक्त होते हैं। हालाँकि खेती से संबंधित जरूरी सुविधाओं—सिंचाई, सड़क, बिजली की अधिरचना के अभाव में हो रही खेती में एक एकड़ जमीन किसी को भी न्यूनतम जीवन स्तर नहीं प्रदान करती है और उस परिवार की गरीबी बरकरार रहती है, परंतु इस स्थिति-परिवर्तन से वह परिवार आर्थिक प्रक्रियाओं का स्वतंत्र हिस्सेदार बन जाता है।

भूमि-समस्या पर आज फिर से विचार करते समय व्यवहारवादी नजरिए से दिए जा रहे इस तर्क का भी विवेचन करना होगा। प्रशासनिक हलकों में यह स्वर तेज होता गया है कि अब पुनर्वितरित करने के लिए जमीन है कहाँ? भूमि-सुधार कानून पर काम करना सूखी हड्डियाँ चूसने के समान कहा जा रहा है जबकि वस्तुस्थिति यह है कि भूमि पुनर्वितरण कार्यक्रम अभी भी बिहार के लिए रोजगार का अवसर पैदा करने वाला सबसे बड़ा कार्यक्रम है। लाखों परिवार इस तरह स्वरोजगार का अवलंब तथा नए और स्वतंत्र जीवन का अवसर पा सकेंगे। एक आकलन के अनुसार साढ़े चार लाख एकड़ जमीन पर विवाद सर्वोच्च, उच्च और जिला न्यायालयों से लेकर राजस्व और मैजिस्ट्रेट स्तर की अदालतों में लंबित है। राजस्व विभाग द्वारा

500 एकड़ से फाजिल जमीन रखने वाले 80 तथा 200 एकड़ से अधिक की जोत वाले भूस्वामियों की सूची जारी की जाती है। इसी तरह भूदान से प्राप्त तथा वितरण लायक छह लाख एकड़ जमीन के पुनर्वितरण का लक्ष्य सरकार द्वारा 1995 तक रखा जाता रहा है। चंपारण और पूर्णिया में अभी भी गढ़ मौजूद हैं। सही आकलन के विस्तार में हम आगे जाएँगे परंतु बिहार के दो क्षेत्र—पुराना पूर्णिया और दोनों चंपारण के भूमि पुनर्वितरण कार्यक्रम से दो लाख भूमिहीन परिवारों के लिए रोजगार के अवसर सृजित किए जा सकते हैं।

बिहार में कल्याण योजनाओं की बदहाल व्यवस्था तथा गाँवों के लिए बिजली और सड़क की संरचना नहीं के बराबर रह जाने के बावजूद यहाँ के किसान अतिरिक्त उत्पादन करने लगे हैं। अपने माल के साथ उपभोक्ता बाजार में विनिमय तथा आर्थिक प्रक्रियाओं में उनकी हिस्सेदारी बढ़ने लगी है।

बिहार में वर्षों तक अनुत्पादक सामंती परंपराएँ प्रभावी थीं, और अनाज का स्थानीय बाजार साहूकारों के चंगुल में था। प्रायः किसान थोड़ा-बहुत अनाज स्थानीय स्तर पर वस्तु-विनिमय-प्रणाली से बेचते थे। ऐसे में आज जब वे 'सरप्लस' के उत्पादक बनते जा रहे हैं तो उसका ही परिणाम है कि खाद्यान्नों के समुचित बाजार और दाम का मसला खड़ा हो रहा है।

बिहार में सरकार ने जबकि भूमि-वितरण कार्यक्रम को ठंडे बस्ते में डाल दिया है, जनता में भूमि के एक टुकड़े की मिल्कियत की ललक कायम है। परवान चढ़ रही इस ललक के कारण भूमि संबंधों में गत्यात्मक बदलाव आ रहा है। इस संभावनायुक्त बदलाव को राष्ट्रीय प्रशासनिक हलकों में 'बिहार परिदृश्य' कहा गया है। 'तमिलनाडु परिदृश्य' से इसकी तुलना की जाती है। 'बिहार परिदृश्य' में जनता आगे-आगे है। परंतु इससे जो संभावना बन रही है, उतने दायित्व का निर्वहन करने के लिए भी राज्य का 'कल्याणकारी' कार्यक्रम मौजूद नहीं है।

इसके अलावा ग्रामीण समाज में हिंसा-प्रतिहिंसा का अराजक, विभ्रांति का वातावरण मौजूद है। प्रतिक्रांतिकारी हिंसा फलती-फूलती जा रही है। परंतु इसका अर्थ यह नहीं है कि बिहार में भूमिसत्ता का केंद्रण अक्षुण्ण है। बल्कि भूमि के घराने ढहते जा रहे हैं। परिस्थिति गतिमान है और इसमें और अधिक संभावना है। समस्या के सही परिमाण और जनता में निहित संभावना का अद्यतन आकलन दस साल पहले की वस्तुस्थिति से भिन्न है। खेत-खलिहानों पर सामंती नियंत्रण जहाँ मौजूद भी है वहाँ जमीन का एक टुकड़ा पाने के लिए जनता की आकांक्षा बलवती होती गई है। जमीन की अहमियत तब और भी बढ़ गई है जबकि बिहार से बँटकर झारखण्ड सूबा अलग हो गया है। इससे इस मृगमरीचिका का अंत हुआ है कि हमारे पास विपुल खनिज संपदा है (वैसे दक्षिण बिहार की खनिज संपदा का दशमलव अंश भी उत्तर-बिहार में औद्योगीकरण पर नहीं लग रहा था।)।

बिहार परिदृश्य

वास्तव में बिहार में भू-संकेंद्रण का टूटना जारी रहा है। ऐसा मुख्यतः चार रास्तों से हुआ है–

1. राज्य प्रशासन द्वारा कानूनसंगत तरीके से,
2. भूदान में जमीन मालिकों से दानस्वरूप लेकर भूमिहीन परिवारों में इनका वितरण,
3. हिंसक अथवा शांतिमय संघर्षों द्वारा जनता के संघर्ष से अवैध कब्जे की जमीन को मुक्त कराकर, तथा
4. जनता द्वारा नानाविध जुगत लगाकर, खरीद कर या हथिया कर।

इनमें चौथा बहुत प्रभावी परिदृश्य बनता जा रहा है और इसे ही 'बिहार परिदृश्य' कहा जा रहा है।

जहाँ कोई क्रांतिकारी नेतृत्व मौजूद नहीं है वहाँ भी जनता में जमीन का क्रमिक हस्तांतरण हो रहा है। छोटे चक बनने से भूसंकेंद्रण अथवा मिल्कियत विसर्जित हो रही है, भले ही इसके बदले मालिकों को इस परिदृश्य (फेनोमेना) की वजह से अपनी जमीन के लिए ग्राहक मिल रहे हैं और वे जमीन के बदले पूँजी जमा कर शहरों-बाजारों में जा रहे हैं। जनता जिस तरह जमीन की संबंध-संरचना को बदल रही है उसकी पूरक कार्रवाई के तौर पर भी प्रशासन उन्हें पर्चा परवाना देता, उनको मालिकों के बेजा मुकदमों तथा सरकारी दखलंदाजियों से बचाता, तो भूमि-सुधार कार्यक्रमों के संदर्भ में प्रशासन की भूमिका आज जितनी हताशा भरी नहीं होती।

जमीन के एक टुकड़े की ललक के प्रगतिशील परिणाम जरूर परिलक्षित हो रहे हैं, हालाँकि यह सामंती परंपराओं और संबंधों के क्रांतिकारी नाश जैसी विप्लवकारी परिघटना नहीं है। परंतु इस परिघटना की महत्त्वपूर्ण ऐतिहासिक पृष्ठभूमि है। यह पृष्ठभूमि साहूकारी, जमींदारी और औपनिवेशिक दासता के खिलाफ किसान-मजदूरों (खेतिहर वर्गों) के संघर्षों से शुरू होकर जातीय समीकरण बदलने तक के दौर में बनी है। इस पृष्ठभूमि को कुछ महत्त्वपूर्ण उद्धरणों में बाँटकर समझने में सहूलियत होगी–

1. साहूकारी और ब्रिटिश उपनिवेशवाद के खिलाफ बिरसा के नेतृत्व में संथाल विद्रोह से ही सामंती परंपरा के विरोध की लड़ाई शुरू होती है।
2. महात्मा गाँधी और राजकुमार शुक्ल के नेतृत्व में चंपारण के किसानों का गोरे निलहों के खिलाफ संघर्ष (1917 और उसके आगे)। इस संघर्ष के दायरे में दक्षिण-पश्चिम से लेकर उत्तर-पूर्व चंपारण तक 100 किलोमीटर की पट्टी में किसानों ने बगावत की थी।

3. सहजानंद सरस्वती के नेतृत्व मे मध्य बिहार के किसानों का जमींदारी-प्रथा के खिलाफ संघर्ष (1928-1950)। राहुल सांकृत्यायन के शामिल होने से यह आंदोलन उत्तर बिहार में सारण-सीवान तक फैला। यह बिहार का पहला किसान आंदोलन था जिससे 'बिहार प्रांतीय किसान सभा' नाम से किसान संगठन बना जिसने किसान आंदोलन का सैद्धांतिक आधार तथा कार्यक्रम दिया।
4. आजादी के बाद किसान संघर्ष की दो धाराएँ संयुक्त कम्युनिस्ट पार्टी तथा संयुक्त सोशलिस्ट पार्टी के नेतृत्व और प्रेरणा में चलीं। इस दायरे में प्रायः समस्त बिहार आ गया था। इन पार्टियों ने रैयतों को जमींदारों से भूमि हड़प आंदोलन के लिए भी प्रेरित किया। हालाँकि यह अंतःधारा समाप्त हो गई है। परंतु आज भी बिहार भर में संगठित तथा छिटपुट किसान संघर्षों के स्थानीय इतिहास बोध में सोशलिस्ट या कम्युनिस्ट परंपरा का कोई-न-कोई नेतृत्व प्रेरक-गाथा के रूप में मौजूद है।
5. भूदान आंदोलन को देश भर में सबसे ज्यादा सफलता बिहार में ही मिली थी। वैसे तो 30 लाख एकड़ जमीन का दान संपूर्ण कागजी ब्यौरे के साथ हुआ। इसमें से साढ़े सात लाख एकड़ जमीन पुनर्वितरण के लिए चिह्नित की गई और साढ़े तीन लाख एकड़ का वास्तविक वितरण हुआ।
6. अभी भी कायम नक्सलवादी परंपरा का सर्वमान्य इतिहास बिहार में 1970 के दशक के आरंभ से हुआ है। सहार, भोजपुर के एकवारी गाँव से चिनगारी पहले भोजपुर और गया—जहानाबाद में फैली। आपात्काल के बाद की परिस्थिति में नक्सल आंदोलन की जनक एकीकृत भाकपा माले का विभाजन-दर-विभाजन होता गया। परंतु इस धारा के आधार इलाके फैलते ही गए। आज तीन प्रभावी समूहों में माओवादी कम्युनिस्ट सेंटर (एम.सी.सी.) भी है, जिसे कुछ दूसरे समूह नक्सल परंपरा में नहीं स्वीकारते। अन्य दो में भाकपा माले का लिबरेशन तथा पीपुल्स वार नाम के समूह प्रभावी हैं। फिलहाल कुल मिलाकर नक्सल परंपरा के बारह समूह बिहार में मौजूद हैं।
7. छात्र-युवा संघर्ष वाहिनी के नेतृत्व में शांतिमय वर्ग संघर्ष का प्रयोग सबसे पहले 1978 में बोधगया शंकराचार्य मठ के दस हजार एकड़ की अवैध भूसत्ता के खिलाफ हुआ। संघर्ष वाहिनी के पहले बिहार के भूमि संघर्षों ने भूमि के किसी इस कदर बड़े घराने को जद में लेकर उसके खिलाफ सफल व्यूहरचना नहीं की थी। बोधगया में सफल इस संघर्ष का विस्तार पश्चिम-दक्षिण में पलामू तक हुआ। 1985

तक आते बिहार में संघर्ष वाहिनी का विभाजन हुआ। इस विभाजन से इस संगठन का भूमि संघर्षों की दिशा में रुझान आघातित हुआ। इसका छोटा तबका ही आज भूमि संघर्ष की परंपरा में कायम है।

8. बिहार में पिछड़ी जातियों के राजनीतिक उभार से समाज का आपसी समीकरण और संतुलन बदला है। यह उभार 1930 के दशक में त्रिवेणी संघ के आंदोलन से शुरू हुआ। 1967 के बाद बिहार में गैर कांग्रेसवाद को समर्थन देते हुए पिछड़ा आंदोलन का महत्त्व सबको पता है। अभी लालू-राबड़ी सरकार के 12 वर्षों से चल रहे शासनकाल में पिछड़ी जाति का यह उभार सशक्त हुआ और इससे हर स्तर पर जातीय समीकरण बदला। इसका परिणाम यादव जातियों की अग्र हैसियत में अन्य पिछड़ी जातियों और दलितों में जमीन तथा अन्य आर्थिक अवसरों के हस्तांतरण में भी हुआ है।

9. बिहार की सरकार द्वारा कानून बनाने और उन पर 'नौ दिन चले अढ़ाई कोस' की चाल में अमल की विशेष कोई भूमिका हो न हो, इससे जमींदारों को शुरू में ही यह संदेश मिल गया था कि उनकी भूमि-सत्ता अक्षुण्ण नहीं रहने वाली। और इस तरह जमींदारों ने जमीन बचाने के मकसद से खुद ही प्रबंधन न किए जा सकने वाले अपने साम्राज्य से छुटकारा पाया। इस दबाव में उन्होंने अपनी रैयतों से ही 'सलामी' की रकम वसूल कर उनके बीच जमीन बाँटी और बेची। भूमि-सुधार कानून के रहने से भी जमीन की मिल्कियत भावनाप्रेरित हुई।

10. सामंती प्रभाव से मुक्त होने के लिए मजदूरों का मौसमी पलायन अब बिहार की ग्रामीण अर्थव्यवस्था की अनिवार्यता बन गई है। इनके साथ वापसी में खेती करने की नई तकनीक, जानकारी और थोड़ी पूँजी गाँव आ रही है। इस तरह इन छोटी पूँजी के खरीदारों का व्यापक बाजार बनने से अन्य अनुपस्थित जमींदार बड़े पैमाने पर छोटे किसानों के बीच जमीन का हस्तांतरण कर रहे हैं।

वस्तुस्थिति इतनी गत्यात्मक है कि यह कहने से पहले कि बिहार में भूस्वामित्व के कितने घराने, कितने गढ़ हैं, यह स्वीकार करना होगा कि इन सब पर भारी पड़ रही है भूमिहीन जनता की भूमि पाने की बलवती भूख, जिसकी बदौलत यह वर्ग हर तरह के प्रयास आजमाना चाहता है।

बिहार में किसान संघर्षों की परंपरा रही है। इस तरह कहना नहीं होगा कि जब भूमि-सुधार संबंधी कानून मौजूद नहीं थे सिलिंग का तो सवाल भी नहीं था और जमींदारी प्रथा थी तब काश्तकारों ने समता का प्रणय अपने मन में रचाया था। इस प्रणयलीला के नायकों में राजकुमार शुक्ल और चंपारण के किसानों के

बाद सहजानंद सरस्वती, राहुल सांकृत्यायन (1924-1950) के नेतृत्व में चला किसान आंदोलन आता है। इस तरह इस कतार में शामिल होते गए आजादी के बाद चले 'भूमि हड़प' आंदोलन के समाजवादी। 'भूमि हड़प' आंदोलन में कम्युनिस्ट कतार ज्यादा दिनों तक कायम रही। तब भारतीय कम्युनिस्ट पार्टी का आज जैसा विभाजन नहीं हुआ था। इसलिए आज भी बिहार के विभिन्न इलाकों में किसान संघर्षों की परंपरा में प्रायः हर जगह एकीकृत कम्युनिस्ट पार्टी की भूमिका का इतिहास मिल जाता है। इसके दूसरे पायदान पर ही सही, सोशलिस्ट नेतृत्व की अनुगूँज भी बिहार के किसान संघर्षों की परंपरा में मिलती है। कालांतर में सोशलिस्ट पार्टी का भी विभाजन हुआ। सोशलिस्ट नेतृत्व में चले 'भूमि हड़प' आंदोलन के नायक स्वीकारते हैं कि आंदोलन के उठान के दिनों में जमीन तो हड़पी गई, परंतु बाद में जब काश्तकार मुकदमों में फँसाए जाने लगे तब पार्टी के पास कोई युक्ति नहीं थी कि मुकदमों को लड़कर भूमिहीनों के अधिकार को कायम रखा जाए (कर्पूरी ठाकुर, सोशलिस्ट पार्टी की रजत जयंती के अवसर पर सर्वोदय मंडल, पटना में आयोजित संगोष्ठी में)।

वस्तुतः समस्या का परिमाण क्या है

भूमि-समस्या बिहार के लिए इसलिए भी अभी तक महत्त्वपूर्ण बनी हुई है कि इसके सिवा उत्पादक परिसम्पत्ति और दूसरी कोई चीज नहीं बन पाई है। ग्रामीण गरीब परिवारों के बीच जमीन का पुनर्वितरण अभी भी रोजगार-सृजन का सबसे बड़ा संसाधन है। परंतु आखिर कितनी जमीन का पुनर्वितरण हो सकता है इस बारे में सही आँकड़ा जुटाना अब लगभग 'असंभव' कार्य हो गया है।

बिहार सरकार के राजस्व विभाग ने जो सूची बनाई है उसमें 500 एकड़ से 1000 एकड़ जमीन का कब्जा रखने वाले कुल 80 परिवार हैं। सरकार के ब्यौरे के अनुसार इन सब के पास अब भी कुल मिलाकर 54083 एकड़ जमीन है। इनमें अकेले पूर्णिया जिला में 31 परिवार इस सूची में हैं। यदि पुराना पूर्णिया लिया जाए तो इससे कटकर बने कटिहार के पाँच परिवार, किशनगंज के एक परिवार को जोड़कर कुल 37 परिवार पूर्णिया प्रमण्डल से और पूर्वी तथा पश्चिमी चंपारण जिलों से क्रमशः 6 और 4 यानी कुल 10 परिवार चंपारण क्षेत्र से हैं, सरकार की यह सूची 'गोपनीय' मानी जाती है और राजस्व विभाग ने अपने यहाँ इन परिवारों का ब्यौरा इसलिए चिह्नित किया हुआ है कि इनकी अतिरिक्त जमीन का अधिग्रहण करके पुनर्वितरण करे।

500 से 1000 एकड़ के भूधारियों की सूची में नालंदा, जहानाबाद, सारण और सीवान महज चार जिले ऐसे हैं जिनके आगे प्रतिवेदन शून्य लिखा गया है। अर्थात् इन जिलों में ऐसा कोई भी परिवार नहीं है जो इतनी जमीन का स्वामी हो।

इस सूची को भले ही 'गोपनीय' माना जाए परंतु इसका कोई संकेत नहीं है कि सरकार की इस सूची पर कोई व्यूहरचना है। सरकार इसे उद्धृत भले ही नहीं करे परंतु इसको आधार बनाकर लिखा जाता है। बिहार के पूर्व मुख्य सचिव पी.एस. अप्पू ने 1991 में लिखा था, ''राज्य सरकार की सूचना के अनुसार बिहार में 84 ऐसे भूधारी हैं जिनके पास 500 एकड़ से अधिक जमीन है।'' (फरवरी 1991 में पटना में अनुग्रह नारायण सिन्हा समाज अध्ययन संस्थान में प्रस्तुत श्री अप्पू का पर्चा 1993 में सेज प्रकाशन के 'लैण्ड रिफार्म इन इंडिया' सिरीज के खण्ड-1—बिहार : संस्थागत अवरोध, पेज-50-55, में छपा)। भूमि चोरी करते रहे इन घरानों को सीलिंग कानूनों की पकड़ में लेने के लिए कोई विशेष प्रयास होता नहीं दिख रहा। इन पंक्तियों के लेखक के लिए यह प्रामाणिक उद्धरण आया कि 1991 के ऊपर वर्णित सेमीनार (भूमि-सुधार एकक, लाल बहादुर शास्त्री राष्ट्रीय प्रशासन अकादमी, मसूरी और अनुग्रह नारायण सिन्हा, सामाजिक अध्ययन संस्थान, पटना के संयुक्त तत्त्वावधान में संपन्न कार्यशाला 'बिहार में भूमि-सुधार') में, जबकि इन्हीं घरानों का जिक्र आया। फिर 1998 में राजस्व विभाग की सूची में यही घराने चिह्नित किए गए। राजस्व विभाग की सूची में बेगूसराय जिले के तीन घरानों के कब्जे के कुल 2079 एकड़ जमीन में 1542 एकड़ जमीन को अतिरिक्त घोषित किया गया है। इसी तरह सीतामढ़ी जिले के तीन घरानों के कुल 1834 एकड़ जमीन में से दो घरानों के 1066 एकड़ जमीन को अतिरिक्त घोषित किया गया है। समस्तीपुर जिले में सात घरानों के 5290 एकड़ जमीन में से दो परिवार के 1369 एकड़ को, सहरसा के चार घरानों के 1995 एकड़ जमीन में से 1658 एकड़ को, किशनगंज जिले में एक परिवार के 600 एकड़ जमीन में से 366 एकड़ को अतिरिक्त घोषित किया गया है। पश्चिमी चंपारण के घरानों को चिह्नित जरूर किया गया है परंतु अतिरिक्त घोषित जमीन में कोई नाम नहीं है। पूर्वी चंपारण तथा पूर्णिया ये दो जिले हैं जहाँ लगभग सभी चिह्नित परिवार के अतिरिक्त का निर्धारण सरकार की उक्त सूची में है। पूर्वी चंपारण के छह परिवार के चिह्नित साढ़े तीन हजार एकड़ (3511-30 एकड़) जमीन में से ढाई हजार (2528-34) एकड़ को अतिरिक्त घोषित किया गया। इसी तरह पूर्णिया में 31 चिह्नित परिवारों में से 29 के अतिरिक्त जमीन के बारे में ब्यौरा यह सूची देती है। 500 एकड़ से फाजिल भूमि के स्वामी पूर्णिया जिले के कुल 31 परिवार के पास इस ब्यौरे के अनुसार 20346 एकड़ जमीन है। और इनमें से 29 के अतिरिक्त घोषित जमीन का रकबा 9295 एकड़ है।

इस तरह कहना नहीं होगा कि बिहार के कुल 80 परिवारों में से 47 परिवारों की अतिरिक्त घोषित जमीन का योग 17458 एकड़ है। हालाँकि आँकड़ों की यह वास्तविक सूची नहीं है। इन आँकड़ों के अनुसार बिहार के 81 जमींदारों का जो

ब्यौरा बिहार सरकार के पास है उनमें कई जिले हैं जिनके भूस्वामियों का नाम इसलिए शामिल नहीं है क्योंकि पटना सचिवालय तक इन जिलों के राजस्व विभाग से प्रतिवेदन प्राप्त नहीं हुआ है। आरंभ में ही चार जिलों का जिक्र आया है जहाँ से प्रतिवेदन प्राप्त हुआ है, परंतु उनमें कोई भी इतने बड़े रकबे का स्वामी नहीं है। जिन जिलों के आगे राजस्व विभाग की इस सूची में लिख दिया गया है 'प्रतिवेदन अप्राप्त' वो जिले हैं—पटना, बक्सर, गया, मुंगेर, जमुई, लक्खीसराय, शेखपुरा, खगड़िया, बाँका, गोपालगंज, मुजफ्फरपुर, वैशाली, शिवहर, मधेपुरा, सुपौल तथा अररिया। यह सूची झारखण्ड के अलग होने के पहले ही बनी थी परंतु झारखण्ड क्षेत्र में पड़ने वाले तीन प्रमंडल संताल परगना, उत्तरी छोटानागपुर और पलामू के सभी जिले के किसी जिले के किसी भूस्वामी का ब्यौरा नहीं है और यहाँ से प्रतिवेदन अप्राप्त लिखा गया है।

बिहार सरकार के दावे और दायित्वहीनता

1995 के अगस्त में तत्कालीन राजस्व मंत्री इंदर सिंह नामधारी ने प्रेस को बताया था, बिहार में 200 एकड़ से ज्यादा जमीन के मालिक 706 परिवार थे और इनके पास सीलिंग से फाजिल कुल एक लाख 11 हजार एकड़ जमीन थी। परंतु नामधारी ने इसमें से 10 हजार एकड़ के पुनर्वितरण की घोषणा की थी जिसमें से 300 एकड़ जमीन ही सीलिंग अतिरिक्त में से थी।

इसी समय सरकारी तौर पर कहा गया कि भूदान से प्राप्त तथा वितरण लायक 6 लाख एकड़ जमीन अभी भी है। उनमें 4 लाख एकड़ जमीन को भूमिहीनों में पुनर्वितरित करने की घोषणा की गई। अभी भी शेष बिहार में लाखों एकड़ जमीन सरकारी स्तर पर भी चिह्नित है। हालाँकि मंत्री स्तर पर ऐसी घोषणाओं का कतई यह अर्थ नहीं है कि सरकार प्रशासनिक स्तर पर इसके पुनर्वितरण की स्थिति में हो, क्योंकि खाता-खतियान, मौजूदा कब्जे इत्यादि बयौरों के साथ इस जमीन के पुनर्वितरण की स्थिति में सरकार हो ही, यह जरूरी नहीं है।

'भूमि संबंधी रिकार्ड' बिहार में शुरू से ही दोषपूर्ण रहा है। सरकार के पास भी भूमि का मुकम्मल सर्वे नहीं है। शुरू के सर्वे में जमींदारों के खातों को भी आधार बनाना पड़ा था। वैसे सरकारी स्तर पर भी स्वीकार किया जाता है कि भूमि रिकार्ड का अभाव भूमि-सुधार कार्यक्रम को लागू करने में अभी तक बाधक है। जमींदारी उन्मूलन के समय सरकार के पास यह भेद करने के लिए अपना कोई सर्वे आधार नहीं था कि कितनी जमीन उनके 'खास कब्जे' में मानी जा सकती है। इस तरह बाद में 'सर्वे सेटलमेंट' कार्यक्रम के आकलन में यह हुआ कि जमींदारी उन्मूलन कानून ने उन्हें अपनी खास जोत की जमीन रख लेने का जो अधिकार दिया था उसके तहत कुल जमीन का 14 प्रतिशत उनके पास रह गया। इस तरह जमींदारों के पास 15

लाख एकड़ जमीन का बचा रह जाना राजस्व विभाग ने भी स्वीकार किया। चौथी और पाँचवीं पंचवर्षीय योजना तक भूमि-सुधार के कई कानून बन चुके थे। बिहार के बटाईदारी कानून ने बटाईदारों को सबसे ज्यादा हक देना निश्चित किया। परंतु इसकी आवश्यक पूर्व शर्त यह थी कि भूमि रिकार्ड के रख-रखाव की प्रणाली दुरुस्त की जाए।

बिहार के पूरब में पश्चिम बंगाल है। बिहार क्योंकि बंगाल से ही अलग होकर प्रांत बना था—इसलिए जमींदारी की बंगाल जैसी ही प्रथा यहाँ लागू हुई थी। परंतु एक तरफ बंगाल और दूसरी तरफ पड़ोसी राज्य उत्तर प्रदेश के मुकाबले यहाँ की भूमि रिकार्ड प्रणाली कमजोर है। उत्तर प्रदेश की प्रणाली हर साल भूमि के आँकड़ों और नक्शों को अद्यतन बनाने की है, और प्रभावी है। वैसे भी उत्तर प्रदेश के अधिकांश इलाके अंग्रेजों के समय जमींदारी प्रथा के अधीन नहीं थे। यानी भूमि लगान इकट्ठा करने का काम बिचौलिए जमींदार नहीं करते थे।

1973 में बना 'भूमि रिकार्ड मेंटेनेंस' विधेयक। तब बिहार 587 अंचलों का बना हुआ था। परंतु इस विधेयक की अधिसूचना बिहार सरकार ने केवल 9 अंचलों में ही की। इन अंचलों में भी सर्वे रिकार्ड बनाने का काम मुकम्मल नहीं किया गया।

1997-99 के दौरान बिहार के राजस्व सचिव पद पर रहते हुए शंकर प्रसाद ने भूमि रिकार्ड की समस्या को विशेष तौर पर चिह्नित किया। भूमि-सुधार एकक (लाल बहादुर शास्त्री राष्ट्रीय प्रशासन अकादमी, मसूरी) की पहल पर वर्णित 1991 कार्यशाला से बिहार के प्रशासकों, शिक्षाविदों और भूमि-सुधार के लिए कार्यरत नेतृत्वकारी लोगों ने सम्मिलित होकर कई महत्त्वपूर्ण अनुशंसाएँ की थीं। उनमें कहा गया कि सीलिंग तथा बटाईदारी कानून को अब आगे प्रभावी बनाने की पूर्व शर्त यह है कि भूमि संबंधी रिकार्ड को मुकम्मल, आधुनिक और कम्प्यूटर चालित बनाया जाए। उसी कार्यशाला में प्रस्तुत पर्चे में शंकर प्रसाद ने 1977-78 में कर्पूरी ठाकुर की जनता पार्टी सरकार के द्वारा कोशी क्रांति को शुभारंभ करने की समीक्षा की है। इस सरकार ने भूमि रिकार्ड बनाने के लिए यह परियोजना काफी शोर-शराबे के साथ शुरू की थी, परंतु इसके प्रति निश्चयात्मक भावना का सर्वथा अभाव था। इस सर्वे को बिहार की भूमि लॉबी ने रोकने की कोशिश की थी। इस तरह भूमि का ताजा रिकार्ड बनाने और बटाईदारों का रजिस्टर बनाने की इस योजना को ग्रामीण विकास-विभाग को सुपूर्द कर दिया गया। कालांतर में योजना ठंडे बस्ते में डाल दी गई। इस तरह आज तक यह 'बयानों' का मसला तो रहता है परंतु इसके लिए प्रशासनिक संरचना नहीं बन पाती है।

अंचलाधिकारी, रेवेन्यू कोर्ट और जिलाधिकारी जैसे दण्डाधिकारी, अदालत और न्यायिक अदालतों (जिला, उच्च तथा सर्वोच्च) में साढ़े चार लाख एकड़ जमीन के मामले पड़े हैं, जिस वजह से इनका पुनर्वितरण नहीं हो रहा है—यह बयान 1999

के आरंभ में ही तत्कालीन राजस्व मंत्री ने प्रेस में दिया था। वैसे तो इस तरह के बयान सरकार की भूमिकाविहीनता पर पर्दा डालने के लिए देने की जरूरत पड़ती है, परंतु वस्तुतः राजस्व मंत्री के इस बयान में ही यह निहित था कि इनमें महज 50 हजार एकड़ पर उच्च तथा सर्वोच्च न्यायालय में सुनवाई चल रही थी। इसका अर्थ यह हुआ कि 4 लाख एकड़ जमीन का मामला जिला तथा सत्र अदालतों में और अन्य मैजिस्ट्रेट स्तर की अदालतों में पड़ा था।

फरवरी, 1999 में ए. एन. सिन्हा संस्थान की कार्यशाला में तत्कालीन राजस्व मंत्री देवनारायण यादव ने कहा था कि भूमि संबंधी लंबित मामलों के लिए विशेष अदालतों को गठित करने और अपने अधिकारियों को अपने यहाँ चल रहे मामले समय पर निष्पादित करने का निर्देश देने का काम बिहार सरकार का है और इस न्यूनतम दायित्व को निभाने से बचने के लिए सरकार अपनी उँगली अदालतों की दिशा में उठा रही है।

लाल बहादुर शास्त्री राष्ट्रीय प्रशासन अकादमी के प्रशिक्षु पदाधिकारियों (भारतीय प्रशासनिक सेवा के अधिकारी) के कार्यदल ने सीलिंग से ज्यादा जमीन संबंधी एक पर्चा दिसबंर, 1998 तक तैयार किया था। पर्चे में पूर्णिया के सात जमींदारों के 86 हजार एकड़ जमीन के पुनर्वितरण का मामला लंबित है। ये हैं–

मौलचंद	-	22,000 एकड़
रघुवंश प्रसाद सिंह	-	2,000 एकड़
हसिब्बुर रहमान (महमदिया स्टेट)	-	10000 एकड़
रामगुलाम साहू	-	4000 एकड़
रणधीर चौधरी	-	1000 एकड़
पी.सी. लाल	-	1000 एकड़
महंत रामगुलाम दास	-	2000 एकड़

मुकदमों के बारे में यहाँ यह कहना आवश्यक है कि बिहार में भूमि-सुधार कार्यक्रमों के मामले में प्रशासन पूरी तरह दायित्वहीन और लापरवाह है। यही वजह है कि जितने मामलों का निष्पादन अदालतों से हो भी रहा है, उससे संबंधित पूरक कार्यवाही सरकार नहीं कर रही है।

भूमि-सुधार कानून

जमींदारी उन्मूलन अधिनियम 1948 की बदौलत बिहार देश का पहला राज्य है जहाँ भूमि-सुधार के लिए कानून बनाने की ठोस पहल हुई। इसके बाद बिहार भूमि-सुधार विधेयक, 1950 बना (जिसे भी आमतौर पर जमींदारी उन्मूलन विधेयक के रूप

में जाना गया)। कानून बनाने की यह पेशकश इस मान्यता पर आधारित थी कि अंग्रेजों द्वारा खड़े किए गए बिचौलिया जमींदार वर्ग से आम रैयत किसानों को निजात मिले।

कांग्रेस की दो समितियों—कांग्रेस आर्थिक समिति, 1948 और कांग्रेस कृषि-सुधार समिति, 1949 की रपटों ने इस मान्यता को स्वीकारा था। कृषि-सुधार समिति कुमारप्पा समिति के नाम से जानी गई और इसने जमीन के वास्तविक जोतदारों और सरकार के बीच से बिचौलिया वर्ग को समाप्त करने की सिफारिश की थी।

वैसे बिहार की कांग्रेस पार्टी में जमींदार वर्गों का वर्चस्व रहा था। स्वामी सहजानंद सरस्वती के नेतृत्व में चले किसान आंदोलन के प्रति कांग्रेस नेतृत्व का नजरिया विभाजित था। कांग्रेस शासन ने भूमि-सुधार कानून बनाने में देश के सभी राज्यों की अगुआई जरूर की परंतु इस कानून को असरदार बनाने और लागू करने में सरकार की भूमिका दृढ़ नहीं रही। आधे-अधूरे मन से पलायनवादी भूमिका में लाया गया जमींदारी उन्मूलन कानून न्यायालयों के विवाद में उलझा रहा।

जमींदारी उन्मूलन

भूमि-सुधार अधिनियम 1950 की संवैधानिकता को दरभंगा महाराज ने उच्च न्यायालय में चुनौती दी। अंततः 1950 में निर्मित संविधान को भारतीय संसद ने बिहार में जमींदारी उन्मूलन को लागू करने के लिए ही संशोधित किया। संसद द्वारा प्रथम संविधान संशोधन अधिनियम, 1951 के पारित होने से बिहार भूमि-सुधार अधिनियम को मान्यता मिल गई।

जमींदारों-बिचौलियों को विभिन्न चरणों में समाप्त कर दिया गया। प्रथम चरण में उन बिचौलियों को समाप्त किया गया जिनकी वार्षिक आय 50,000 रुपए से अधिक थी। दूसरे चरण में सितंबर, 1952 में, गया, हजारीबाग, पलामू तथा दरभंगा जिलों के बिचौलियों को समाप्त कर दिया गया।

1952-53 में तीसरे चरण के अंतर्गत राज्य के शेष जिलों के 50,000 रुपए तक के बिचौलियों को समाप्त कर दिया गया। इस प्रकार 1956 तक राज्य में बिचौलिया प्रथा को पूरी तरह से समाप्त कर दिया गया। स्वतंत्रता के समय राज्य का नब्बे प्रतिशत भूभाग 'स्थायी बंदोबस्त राज्य' यानी जमींदारी प्रथा के तहत थे। शेष अस्थायी बंदोबस्त सरकारी एस्टेट (Govt. Estate) के अंतर्गत था।

चूँकि ये बिचौलिये जमींदार जमीन के सभी रिकार्ड सरकार को नहीं दे रहे थे, इसलिए इस अधिनियम के कार्यान्वयन में बाधा उत्पन्न हो रही थी। जबकि सरकर द्वारा 1953-54 के बीच जमींदारों को 21.04 करोड़ रुपए का मुआवजा के रूप में भुगतान किया गया। फिर भी इस अधिनियम की एक उपलब्धि यह रही कि

जमींदारी उन्मूलन से पट्टे (tenure) की वृद्धि पूर्णतः रुक गई और काश्तकारों को जमीन पर मालिकाना हक मिला।

तीनों चरणों के जमींदारी उन्मूलन के बाद भी जमींदार बने रहे। सर्वे सेटलमेंट के आधार पर यह आकलन किया गया कि जमींदारों की खास दखल में कुल फीसदी जमीन रह गई। रेवेन्यू विभाग, बिहार ने इस तरह कुल 15 लाख एकड़ जमीन जमींदारों के नियंत्रण में बताया। इनके अलावा जमींदारों के पास अन्य जमीन भी थी जो न्यायालय में चल रहे विवाद के चलते उनके नियंत्रण में थी।

बिहार के पूर्व मुख्य सचिव पी. एस. अप्पू लिखते हैं, "भारत एकमात्र देश है जहाँ न्यायपालिका ने भूमि-सुधार कानूनों को कुंठित करने और असंगत बनाने में निर्णायक भूमिका निभायी है।" (युगांधर, अय्यर द्वारा संपादित 'लैण्ड रिफार्म इन इण्डिया' खण्ड–1, बिहार : संस्थागत अध्ययन सेज प्रकाशन, नई दिल्ली, पृष्ठ 5)।

हाईकोर्ट से जमींदारों ने एक बचाव और प्राप्त कर लिया था। हाईकोर्ट के मतानुसार जमींदारों के 'खास कब्जे' में उस जमीन को भी मान्यता मिली जो उनके खास अनुबंधित नौकर की 'जोत' में ली गई हो। इस प्रावधान से जमींदारों द्वारा अर्द्ध-बँधुआ और उनके माध्यम से फाजिल जमीन बचाने का मौका मिला। 1964 में सुप्रीम कोर्ट ने हाईकोर्ट की इस व्याख्या को उलट दिया। जमींदारी उन्मूलन विधेयक को इस तरह अदालती बाधाओं से पूर्णतः निजात सुप्रीम कोर्ट के 1964 के फैसले से ही मिली। इस तरह कुल 15 वर्ष का लंबा दौर इसमें ही बीता।

इस 15 वर्षों के राहत के दौर में जमींदारों ने पीछे की तारीखों में अनेकानेक 'हुकुमनामा' और इसको मान्यता देने वाली लगान रसीदें जारी कीं। अन्यथा ये गैरमजरुआ आम और गैरमजरुआ खास कहे जाने वाले जमीन के टुकड़े शुरू से ही और बिल्कुल स्पष्टता से सरकार के हाथ में आते, ताकि भूमिहीन परिवारों में इनका पुनर्वितरण हो सके।

कहानी का अंत यहीं नहीं होता है। कहना नहीं होगा कि न्यायालयों से जमींदारों को 30-30 वर्षों तक की राहत मिल गई। राजा रामगढ़ के संदर्भ में प्रचलित एक उदाहरण देना यहाँ मौके के अनुरूप होगा। 1950 के जमींदारी उन्मूलन अधिनियम में रेवेन्यू अधिकारियों को 1946 के बाद किए गए जमीन के हस्तांतरण की जाँच करने का अधिकार था। परंतु राजा रामगढ़ के द्वारा बड़े पैमाने पर किए गए हस्तांतरण को रद्द करने में सरकार को 1976-77 तक समय लग गया।

रामगढ़, दरभंगा और बेतिया राज-बिहार में भूमि पर नियत्रंण करने वाले ये तीन मुख्य घराने रहे हैं। कुछ स्फुट उदाहरणों के अलावा अन्य सभी भू-घरानों की जमींदारी के अधीन पेट्टी जमींदार पूर्णिया तक फैले हुए थे। इसी तरह रामगढ़ राज का क्षेत्र-विस्तार हजारीबाग, चतरा, पलामू तक था। जमींदारों और पेट्टी जमींदारों द्वारा बिहार के भूमि संबंधों में उन दिनों भी अनेक दुश्चक्र रचे गए। उनकी कृपा

से अनेक भूस्वामी घराने पैदा हुए। जैसे पूर्णिया जिले में रघुवंश नारायण सिंह, भागलपुर में साहू, परवत्ता घराने, पूर्णिया के ही मौलचंद और महमदिया स्टेट। चतरा जिले में अनेक बनिया परिवार रामगढ़ स्टेट से खरीद कर सैकड़ों एकड़ जमीन के स्वामी बने थे। चतरा के नवभूपति अभी हाल तक दमन की अनेक दास्तानें रचते रहे थे। पूर्णिया में 1998, दिसंबर में निखरैल (गोगर इस्तबरार) में कई संथालों के घर उजाड़े तथा जलाए गए और उन्हें जला दिया गया। इसके मूल में महमदिया स्टेट था। रामगढ़ राज से ही पलामू के मनातू स्टेट की उत्पत्ति हुई थी। मनातू का जमींदार बाघ पालने वाले आदमखोर के रूप में हिंदी पत्रकारिता में कुख्यात हुआ था। इसी तरह रामनगर और बेतिया राज भी नहीं रहा। परंतु इनसे उत्पन्न रजगड़िया, रणविजय शाही, शिकारपुर स्टेट की दमनात्मक सत्ता हैरतअंगेज दमन कथाओं के बल पर अपनी भूमि-सत्ता चलाती रही है।

तीन राजघरानों में दो बेतिया राज और दरभंगा राज का ही इलाका अब शेष बिहार में है। रामगढ़ स्टेट का दायरा झारखण्ड राज्य में आ जाता है। पूरे इलाके पर विहंगम दृष्टि डालें तो चंपारण की भूमि-सत्ता अन्य इलाकों के मुकाबले अक्षुण्ण है।

वस्तुतः स्थिति यह है कि भूमि-सुधार के अंतर्गत जमींदारी उन्मूलन का काम क्रांतिकारी कार्यक्रम के रूप में नहीं चला। फलस्वरूप जमींदारों ने जाते-जाते हुए भी सामंती अवशेष की अधिरचना रच दी। भूमि-सत्ता के ये घराने नवसामंती अंदाज में ज्यादा आक्रामक और हिंसक थे।

भूमि हदबंदी कानून

जमींदारी उन्मूलन कानून के लागू होने और इसके पूर्ण प्रभाव में आने तक यह स्पष्ट हो गया कि खेतों की हदबंदी लागू किए बगैर भूमि पुनर्वितरण का काम पूरा नहीं हो सकता। बिहार विधान सभा में समाजवादी और साम्यवादी विधायक हाशिए पर थे। मुख्य पार्टी कांग्रेस में भू-स्वामियों की लॉबी का पर्याप्त प्रभुत्व था। परंतु राष्ट्रीय स्तर पर कांग्रेस देश में पूँजी निर्माण की प्रक्रिया और 'विकास' के लिए भूमि-सुधार की समर्थक थी।

बिहार का पिछड़ा हुआ भूमि-संबंध और त्रासद अवपीड़क (कोअर्सिव) जनतंत्र

अर्थशास्त्री जयदेव सेठी (छठी पंचवर्षीय योजना के सदस्य) ने अपनी किताब 'इंडियन इकॉनोमी अंडर सीज' (विकास पब्लिशिंग हाउस, नई दिल्ली-53, 1992) में लिखा है कि भारत में न तो जापान की तरह औद्योगिक क्रांति हुई है और न चीन की तरह कृषि क्रांति। जयदेव सेठी के इस विश्लेषण को खासकर बिहार में समझने की कोशिश करें। कृषि क्रांति के बगैर भूमि-संबंधों में सतत बदलाव का दौर पाँच दशक का लंबा, यंत्रणादायी दौर बन गया था।

जनतंत्र में सहजता और अधिकार-बोध का वातावरण नागरिकों को अपनी माँगें उठाने और पूरा करवाने का समुचित अवसर देता है। किंतु यह दोषरहित व्यवस्था नहीं है। जनतांत्रिक व्यवस्था में अनेक छिद्र हैं। जनतंत्र में हो रही गलतियों, अतियों और ज्यादतियों तक को बदलने की अंतिम कमान जनता में ही होती है। जबतक जनता गाफिल है। तब तक संगठित गिरोहों द्वारा आपराधिक मंशा से जनता के सारे अधिकार गिरवी रखे जा सकते हैं। परंतु इन स्थितियों को बदलना भी जनता के हाथ में होता है।

बिहार में जनतांत्रिक अधिकारों के लिए संगठित होने और उसे हासिल करने की पीड़ादायक परिस्थितियाँ ऐसी हैं कि इसे 'अवपीड़ित (कोअर्सिव) जनतंत्र' कहना समीचीन होगा। जनता का एक हिस्सा अपनी माँग के लिए असंवेदनशील प्रशासन और सरकार के आगे आवाज उठाते हुए थक जाता है, नक्कारखाने में तूती भी नहीं बोलती है। तब सड़क जाम करने का एकमात्र प्रतिकार सूझता है। पीने के पानी के लिए सड़क जाम कर दिया जाता है और दोपहर में जाम में फँसे स्कूल बसों में बच्चे पानी के लिए तरस रहे होते हैं। इस तरह एक तबका दूसरे के लिए त्रासद वातावरण बनाता है और शासन-प्रशासन इस तरह के प्रतिकार की औकात आँकता रहता है।

समाजशास्त्रीय विश्लेषण देहात के पिछड़े हुए और सामंती प्रभाव में बने संबंधों को ही 'अवपीड़क जनतंत्र' का कारण ठहराता है। इसमें बड़े जमींदार और सामंती गढ़ ढहे तो, परंतु यह क्रांतिकारी घटना के रूप में नहीं हुआ। इस तरह बदले हुए भूमि-संबंध के अपेक्षित परिणाम नहीं आए।

बोधगया भूमि-संघर्ष : जनतांत्रिक परंपराओं को मजबूत बनाता है

बोधगया शंकराचार्य मठ के ध्वस्त होने की क्रांतिकारी परिघटना की मिसाल से तुलनात्मक अध्ययन करके इसे समझा जा सकता है। गया जिले के चार प्रखण्डों में सैकड़ों गाँव में मठ के नियंत्रण, खासकर इसके मैनेजर के वर्चस्व में कम-से-कम 10 हजार एकड़ जमीन थी। इसके खिलाफ संघर्ष की स्फुट परंपरा थी। वाहिनी जब 1978 में यहाँ गई तब तक भुइयाँ जाति के मठ के अधिकांश 'कमिया' इतनी चेतना रखते थे कि उनके ही पुरखों ने जमीन आबाद की है। आमतौर पर यह भावना थी कि मठ का कब्जा खत्म नहीं किया जा सकता। वैसे दो-तीन गाँव में मठ की जमीन परती करने की मिसाल वहाँ मौजूद थी। परंतु सैकड़ों गाँवों में एक साथ जमीन परती करने की 'व्यूहरचना' पर छात्र युवा संघर्ष वाहिनी के नेतृत्वकारी 'कैडर' कुशलतापूर्वक लगे। इस तरह आतंक मचाने वाले मठ के 22 कचहरियों के अप्रवासी मुड़िया, [illegible] और बराहिल (पुजारी, मैनेजर और हरकारे सिपाही) कचहरियों को खाली करने लगे। एक साथ 6000 एकड़ जमीन परती कर दी गई।

इस क्रांतिकारी व्यूहरचना की परीक्षा हुई तब जब 8 अगस्त को बोधगया मठ के पास के गाँव मस्तीपुर कचहरी में दर्जनों आग्नेयास्त्र और 200 के करीब लोगों के बूते पर परती घोषित जमीन पर जबरन खेती करने का प्रयास किया गया। निहत्थी जनता ने आगे बढ़कर शांतिमय प्रतिकार को ताकत दी और तीन को गोलियाँ लगने के बावजूद सैकड़ों ग्रामवासी और छात्र युवा संघर्ष वाहिनी के 10 कैडर आगे बढ़ते गए। इस तरह मठ को यह स्पष्ट हो गया कि बंदूक के बल पर वह अवैध कब्जे को कायम नहीं रख सकता। इस तरह जनता ने मठ की सारी कचहरियों को खाली करवा दिया। इस क्रम में गोसाईं-पेसरा, पिपरघट्टी और शेखवारा गाँव की कचहरियों को ढाह दिया गया। परिणामस्वरूप इन कचहरियों से जुड़ी रखैल महिलाएँ स्वतंत्र हुईं। जड़ता तोड़ने की क्रांतिकारी पहल से नए जीवन मूल्य विकसित होते हैं। लोग स्वतंत्रता की अनुभूति पाते हैं। इस प्रकार हजारों परिवारों में विकास की आकांक्षा बनने से इस क्षेत्र का स्वरूप बदल गया। यही नहीं, इसी क्रांतिकारी आकांक्षा से जनता ने भूमि के अन्य आततायी घरानों को चिह्नित कर उनके खिलाफ लड़ाई शुरू कर दी। 1987 तक मठ द्वारा सुप्रीम कोर्ट तक दायर विशेष 'लिव' याचिका खारिज होने के बाद उसके हिस्से के 10 हजार एकड़ में से 100 एकड़ जमीन ही रह गई। मठ से साढ़े नौ हजार एकड़ जमीन मुक्त करायी गई थी। इसके अलावा अन्य भूस्वामियों से तथा गैरमजरूआ आम में से हजारों एकड़ जमीन का पुनर्वितरण जनता ने किया।

यह तो क्रांतिकारी प्रक्रिया हुई। बोधगया मठ की अवैध भूसत्ता ध्वस्त होने के बाद खासकर बिहार के भू-स्वामियों की विरोधी लॉबी में यह आकलन किया जाने लगा कि सबसे बड़े भू-घरानों की सत्ता पंक्ति में इसका असर पड़ा है। साथ ही यह भी स्पष्ट हो गया कि बड़े भू-स्वामियों के खिलाफ किस प्रकार का मुक्ति आंदोलन सफल हो सकता है। यह बात दीगर है कि बोधगया आंदोलन की सफलता परिवर्तन चाहने वाले दूसरे समूहों में मूल्यों अथवा रणनीति के स्तर पर किसी 'बदलाव' या पुनर्विचार का कारण न बन सकी। दूसरी बात यह भी है कि खुद वाहिनी का हिस्सा भी भूमि संघर्षों में कायम नहीं रहा।

शासन, हिंसा, जातीय वैमनस्य और भूमि-संबंध

बिहार में जमीन को लेकर हिंसा ने समाज में मानवीय गरिमा, मानवीय मूल्य और संवेदना के वातावरण को कुंद किया है। सामंती परंपराओं ने जनतांत्रिक वातावरण रहने नहीं दिया है। इस तरह अवपीड़क जनतंत्र के गतिरोध कायम हैं। उत्तर-पश्चिम में चंपारण से शुरू कर घड़ी की सूई के क्रम में बिहार के नक्शे पर विचरण करने पर सीतामढ़ी-भुजफ्फरपुर, मधुबनी-दरभंगा, पूर्णिया-कटिहार, भागलपुर, बेगूसराय-मोकामा, नवादा-गया, शाहाबाद-भोजपुर और सीवान-सारण—इस पूरे चक्र में बिहार के जानकार

व्यक्ति को सामंती अनुगूँज हर जगह ध्वनित होती दिख जाएगी। इस दुश्चक्र से बाहर निकले बगैर बिहार का निर्वाह नहीं है।

सामंती बर्ताव वहाँ भी दृष्टिगोचर होते हैं जहाँ बड़े भूस्वामी घराने नहीं हैं, जैसे जहानाबाद और अरवल। गया जिला से अलग हुए इन दोनों जिलों में भूमिहार जातीय व्यवहार को सामंतवाद का पर्याय बताया जाता है। परंतु भूमि की सामंती सत्ता नहीं है। परंतु जहानाबाद-अरवल में सामाजिक श्रेणीबद्धता और आपसी बर्ताव में असहिष्णु और निर्मम विभेद मौजूद है। इस तरह के विभेद की वजह से भीषण गतिरोध व्याप्त है। सामंती रुक्षता की व्युत्पत्ति है हिंसा। हिंसा की व्युत्पत्ति असंवेदनशील तथा सामंती रुक्षता।

तीन जनसंहार यहाँ ऐसे भी हुए हैं जिसे गरीब जनता के बीच जनाधार रखने वाली पार्टी एम.सी.सी. ने रचाया है। माओवादी कम्युनिस्ट सेंटर जिसे चीनी कम्युनिस्ट पार्टी के अंदर माओत्से तुंग के समय बने दो खेमों का हवाला देकर कई नक्सली ग्रुप 'नक्सलवादी' मानने के लिए तैयार नहीं हैं, खुद को नक्सलवादी परंपरा में रखती है। पहला जनसंहार इस संगठन ने दलेलचक बघौरा में, दूसरा बारा में और तीसरा सेनारी में रचाया। दलेलचक दरमियाँ हत्याकाण्ड के प्रतिशोध में हुआ। इसमें शामिल सैकड़ों लोगों ने राजपूत गाँव में कत्लेआम रचाया तथा स्त्रियों के आगे आने पर उनके स्तन तक काट दिए थे। बारा में भूमिहार गाँव पर कहर बरपा था। इसी तरह रणवीर सेना द्वारा रचाए गए बाथे-नारायणपुर जनसंहार का प्रतिशोध लेने के लिए एम.सी.सी. ने यही रास्ता चुना कि एक ही गाँव सेनारी बिहार में भूमिहार जाति के 32 लोगों को क्रूरतापूर्वक मार डाला। नरसंहार की पहली घटना रूपसपुर चंदवा, पूर्णिया में घटी। 1997 के दिसंबर में लक्ष्मणपुर बाथे जनसंहार में एकसाथ 58 जानें ली गईं। इन पंक्तियों के लेखक ने जाड़े की उस शाम लक्ष्मणपुर बाथे में शहीद हुए 56 लोगों को एक ही चिता पर जलते हुए देखा है। वैसे भूमि संघर्षों की राजनीति में और बिहार में लैण्ड लॉबी के खिलाफ जो पीढ़ी नेतृत्व में है प्रायः उनमें से सभी के सामने बेलछी हत्याकांड पहला जनसंहार था (1978)। इसके बाद 1980 में पिपरा जनसंहार हुआ। इसे रचाया था भूमि-सेना ने जिसे पटना के पास कुरमी जाति के गिरोहबाजों ने संगठित किया था। बेलछी को इंदिरा गाँधी ने आपातकाल के बाद 1977 चुनाव में मिली पराजय से मिले निर्वासन को समाप्त करने के अवसर के रूप में लिया था। इंदिरा जी ने बेलछी आकर दलित पहचान के साथ कांग्रेस की आत्महीनता को झकझोरा था। परंतु पिपरा के समय इंदिरा जी दोबारा दिल्ली की गद्दी पर थीं और राज्य में राष्ट्रपति शासन था। पिपरा में उनके दलित प्रेम की परीक्षा होनी थी। उस समय शासकीय कसौटी पर जो समीकरण बना उसकी वेदी पर भूमि-सेना को चढ़ाया गया। मुकदमे इस तरह बनाए गए कि हथियारबंद दर्जनों लोगों के द्वारा रचाए गए जनसंहार में अदालत में सिद्ध

कर दिया गया कि किसने किसकी हत्या की। इस तरह पिपरा जनसंहार के जिम्मेदार भूमि-सेना के तीन सरगना को सेशन अदालत से मौत की सजा मिली (ऊपर की अदालत ने फाँसी को आजीवन कारावास में बदल दिया)।

पिपरा के समय कांग्रेस शासन-प्रशासन तत्कालीन आपराधिक जातीय सेना, भूमि-सेना के खिलाफ जिस तरह टूट पड़ी थी उसकी तुलना डेढ़ दशक बाद 1995 से रणवीर सेना के उद्भव काल के शासन-प्रशासन की तुलना करने से उजागर होगा। गरीबों के प्रति जनता की असहिष्णुता बढ़ी है। 1996 में होली के पहले संहार, भोजपुर के गाँव खडाँव बुजुर्ग गाँव के समीप नए बसे बथानी टोला पर रणवीर सेना दिन दहाड़े कहर की तरह बरपा था। एक टीम के साथ बथानी टोला जाने के बाद इन पंक्तियों के लेखक को यह स्पष्ट अनुभूति हुई कि पिपरा के समय कांग्रेस शासन की हत्याकांड के बाद जितनी चुस्ती थी, इस समय की गैर-कांग्रेसी शासनकाल में बथानी टोला जनसंहार के बाद नहीं देखी गयी थी। बथानी टोला जनसंहार के बाद की प्रशासन की निष्क्रियता के मद्देनजर रणवीर सेना ने सोन पार कर जहानाबाद जिले के अरवल क्षेत्र के गाँव लक्ष्मणपुर बाथे की 10 दिसंबर, 1997 की रात को आततायी रात में बदल दिया। यह आपातकाल के बाद के दौर का सबसे लोमहर्षक जनसंहार है। आगे बढ़ते हुए कायराना और आततायी कदमों से रणवीर सेना ने नारायणपुर (जहानाबाद) और मियाँपुर (जहानाबाद से सटे औरंगाबाद जिले का गाँव) जनसंहार रचाया।

जनसंहारों के इस दौर में आज शासन की मानसिकता का जिम्मेदारीपूर्वक और तटस्थ आकलन करने पर खतरनाक निष्कर्ष निकलता है। शासन इनसे जातीय स्तर पर बढ़े वैमनस्य में आँख गड़ाई मुद्रा में दिखेगा।

बिहार, यहाँ की खेती-किसानी, यहाँ की अर्थव्यवस्था और सभाज के पिछड़ेपन की ही नहीं, यहाँ के राजनेताओं की हड़बोंग हरकतों और उनके पिछड़े बर्ताव की कहानी भी पत्रकारिता के सुपरिचित मसले हैं।

इस तरह लोकप्रिय माहौल निराशा ही व्यक्त करता है। परंतु बिहार के अभिशापों का वरदान पक्ष भी है। ग्रामीण समाज की गत्यात्मकता यही इजहार करती है। बिहार के उत्पादक वर्ग को परिस्थितियों का इंतजार है। बिहार की सारी संभावना इसके ग्रामीण समाज और यहाँ के उत्पादक वर्गों में निहित है।

बिहार : मानवाधिकारों की आखेट-भूमि

❐ *प्रभाकर सिन्हा*

संयुक्त राष्ट्र द्वारा घोषित मानवाधिकार प्रत्येक व्यक्ति की अंतर्भूत प्रतिष्ठा और उसके समान तथा अहरणीय अधिकार (inalienable rights) को स्थापित ही नहीं करता बल्कि उनको ही विश्व में स्वतंत्रता, न्याय और शांति का आधार मानता है। जाति-व्यवस्था, सांप्रदायिकता, सामंतवादी मनोवृत्ति, राजतंत्र या औपनिवेशिक शासन इन मान्यताओं को पूर्णतः नकारते हैं। इसी कारण भारत मानवाधिकारों की दृष्टि से उपयुक्त जमीन साबित नहीं हुआ है। यद्यपि संविधान और विभिन्न कानूनों के जरिए यहाँ के लोगों को नागरिक, राजनीतिक, सामाजिक और सांस्कृतिक अधिकारों को उपलब्ध कराने की व्यवस्था की गई है, किंतु ये अधिकार अब तक आबादी के एक बहुत छोटे हिस्से को ही उपलब्ध हुए हैं, इसका प्रमुख कारण गरीबी है, जिसके परिणामस्वरूप एक आम आदमी अपने मानवाधिकारों की सुरक्षा के लिए न्यायालयों तक पहुँच नहीं पाता है और उनके हनन को स्वीकारने के लिए बाध्य होता है।

इस मामले में बिहार की परिस्थिति कुछ विशेष रही है। जमींदारी और जमीन सामान्यतः अगड़ी जातियों के हाथों में रही तथा उच्च शैक्षिक स्थिति के कारण ऊँची जातियों के लोग ही सरकारी नौकरियों में भी रहे। आर्थिक सुरक्षा के कारण आजादी के पूर्व उन्होंने राजनीति में भी बड़े पैमाने पर भाग लिया तथा स्वतंत्रता-संग्राम में भी महत्त्वपूर्ण भूमिका निभाई। स्वतंत्रता के बाद स्वाभाविक तौर पर राजनीतिक सत्ता भी उन्हीं के हाथों में आयी। जातीय श्रेष्ठता की भावना, शिक्षा, जमीन, जमींदारी, तामझामयुक्त सामंती जीवनशैली प्रशासन और राजनीति में महत्त्व आदि ने इस छोटे वर्ग के अंदर अपनी अंतर्भूत श्रेष्ठता की भावना और अहंकार को जन्म दिया, जिससे वे आज तक मुक्त नहीं हो पाए हैं। स्वतंत्रता के बाद सत्ता जिस विशिष्ट वर्ग के हाथों में आई, उसकी मानसिकता किसी भी तरह एक जनतांत्रिक तथा समतामूलक समाज की रचना के अनुकूल नहीं थी, इसलिए जनतांत्रिक संविधान

को लागू होने के बावजूद उनका आचरण संविधान की भावनाओं के अनुरूप नहीं हुआ। इन शासकों ने समाज में व्याप्त गैर-बराबरी को चुनौती देने का कोई भी प्रयास नहीं किया। प्रशासन की औपनिवेशिक मानसिकता को बरकरार रखा गया, जिसके परिणामस्वरूप वह एक सामान्य नागरिक के साथ वैसा ही व्यवहार करता रहा जैसे अंग्रेजी शासन के दौरान वह आम प्रजा के साथ करता था। साम्राज्यवादी और सामंतवादी व्यवस्था में आदमी का महत्त्व उसकी समृद्धि, पद, शक्ति पर आधारित रहता है, और कानून भी इनके पक्ष में भेद-भावपूर्ण व्यवहार करता है। ऐसी व्यवस्था में कानून के समक्ष प्रत्येक व्यक्ति की समानता या कानून का महत्त्वपूर्ण से महत्त्वपूर्ण व्यक्ति के ऊपर होने के सिद्धांत के लिए कोई स्थान नहीं रह जाता। भारत ने जनतांत्रिक संविधान तो अपनाया, किंतु समाज में विद्यमान जनतंत्र-विरोधी मानसिकता और मान्यताओं को समाप्त कर जनतांत्रिक मूल्यों की स्थापना के लिए गंभीर प्रयास नहीं हुए। स्वतंत्रता-संग्राम के दौरान जनचेतना जाग्रत हो चुकी थी और स्वतंत्रता के बाद लोगों की अपेक्षाएँ बढ़ीं। आजाद भारत में अपनी आकांक्षाओं को पूरा करने के लिए लोगों में संविधान प्रदत्त स्वतंत्रताओं, और नागरिक अधिकारों के इस्तेमाल के लिए आग्रह भी बढ़ा। शासकों के रुख और संविधान की भावना के बीच की खाई ने एक ऐसी परिस्थिति पैदा की, जिसमें जनता और शासकों के बीच तनाव और टकराहट अवश्यंभावी हो गई। बिहार में मानवाधिकारों की प्रगति का यही विषम संदर्भ रहा है।

अगस्त, 1955 में पटने में पुलिस ने बी.एन. कॉलेज के छात्रों पर गोली चलाई, जिसमें कई छात्र हताहत हुए। आजादी के मात्र आठ वर्ष बाद पुलिस की इस बर्बरता से बिहार की जनता स्तब्ध रह गई। प्रधानमंत्री नेहरू तक पटना आए, तत्काल न्यायिक जाँच की घोषणा की गई। जाँच आयोग ने गोलीकांड को 'अनौचित्यपूर्ण' (unjustified) और अत्यधिक (excessive) करार दिया। तत्कालीन सरकार ने दोषी पुलिसकर्मियों को बचाने के प्रयास में अंग्रेजी हुकूमत के कान काट लिए। न्यायिक जाँच में दोषी पाए जाने के बावजूद संबद्ध पुलिसकर्मियों पर न तो मुकदमा चलाया गया न ही उनके विरुद्ध कोई अन्य कार्रवाई की गई। यह पुलिस को स्पष्ट संकेत और आश्वासन था कि उनको सरकार वही सुरक्षा प्रदान करेगी, जो अंग्रेजी शासक करता था। फलस्वरूप पुलिस द्वारा बात-बात पर गोली चलाने का सिलसिला शुरू हो गया। इस कड़ी में दूसरी उल्लेखनीय घटना 10 दिसंबर 1966 को रामदयालु सिंह महाविद्यालय में हुई, जिसमें पुलिस ने महाविद्यालय में घुसकर गोली चलाई। एक प्रधानाध्यापक और एक छात्र मारे गए और कुछ अन्य घायल हुए। शिक्षकों और छात्रों के विरोध को दबाने के लिए पटना में फिर गोलियाँ चलीं और अनेक निर्दोष लोग घायल व आहत हुए। सरकार ने तो पुलिस के विरुद्ध कोई कार्रवाई नहीं की किंतु बिहार के महाविद्यालयों के शिक्षकों के 'कांग्रेस को

हटाने' का आह्वान का जनता पर असर हुआ और 1967 के विधान सभा चुनावों में कांग्रेस पराजित हुई। रामदयालु सिंह गोलीकांड की न्यायिक जाँच हुई। जाँच आयोग ने गोलीकांड को अनौचित्यपूर्ण करार दिया लेकिन गैर-कांग्रेसी संविद सरकार ने भी दोषी व्यक्तियों को कोई सजा नहीं दी। आपातूकाल के बाद जनता पार्टी के शासन के दौरान कई गोली कांड हुए। 20 महीनों से दबी जनता ने अपनी समस्याओं के समाधान के लिए आंदोलन किया तो जगह-जगह पर उसको अपनी ही पुलिस की गोलियों का शिकार होना पड़ा। पुलिस द्वारा गोली चलाने का यह सिलसिला आज तक चलता आ रहा है।

पुलिस द्वारा जनता पर गोली चलाने की घटनाएँ इतनी बढ़ी हैं कि दावे से कहा जा सकता है कि बिहार में पिछले सैंतालीस वर्षों में (1955-2002) जनता पर जितनी बार गोलियाँ चलीं, उतनी बार सन् 1900 से 1947 के दौरान अंग्रेजों ने भी नहीं चलाईं। पुलिस का अहंकार दिनानुदिन बढ़ता जा रहा है। और अगर उनको दो-चार ढेले या पत्थर लग जाएँ तो उनका अहम् इतना आहत होता है कि वे तिलमिला उठते हैं और जवाब में लोगों की हत्या करने में वे तनिक भी नहीं हिचकते। केवल अगस्त, 2000 में पुलिस ने तीन जगहों पर गोली चलाई और कई लोग मारे गए।

सातवें दशक में नक्सली आंदोलन के कारण एक नई परिस्थिति पैदा हुई। एक ओर जहाँ वर्ग शत्रु के सफाए के तहत नक्सलपंथियों ने हत्या की राजनीति को अपनाया, वहीं दूसरी तरफ ग्रामीण क्षेत्रों के दबंग वर्ग के वर्चस्व को भी चुनौती दी। दलित-शोषित जनता (जो अबतक शोषण और अपमान को सहती आ रही थी) के मन में अपने ऊपर अत्याचार करनेवालों को दण्ड देने वालों के प्रति सहानुभूति का भाव जगा। इस नई चुनौती ने सरकार को हतप्रभ कर दिया और तब सरकार ने सुनियोजित ढंग से नक्सलियों का पुलिस द्वारा सफाया आरंभ किया। एक उल्लेखनीय घटना में पुलिस ने गया जिले के लई गाँव से एम.सी.सी. (माऊइस्ट कम्युनिस्ट सेंटर) के लोगों को गिरफ्तार किया और 15-20 कि.मी. दूर मटरगड़हा के जंगल में ले जाकर गोली मार दी। इस हत्या को छुपाने के लिए उन्होंने एक प्राथमिकी दर्ज कराई जिसके अनुसार उनलोगों की हत्या पुलिस की मुठभेड़ में हुई। प्राथमिकी में कहा गया कि पुलिस दल रात में जीप से गश्ती में जा रहा था, तभी उनको एक ग्रामीण ने रोका और सूचित किया कि जंगल में करीब 100-150 सशस्त्र उग्रवादी छिपकर बैठक कर रहे हैं। पुलिस ने जब उनको आत्मसमर्पण का आदेश दिया तो उन्होंने पुलिस दल पर गोली चलानी आरंभ कर दी। मुठभेड़ में ग्यारह उग्रवादी मारे गए और बाकी भाग गए। पुलिस दल के किसी सदस्य को गोली नहीं लगी। पी.यू. सी.एल. (P.U.C.L.) के जाँच दल ने पुलिस की प्राथमिकी को पूर्णतः मनगढ़ंत पाया। उसकी रपट में कहा गया है कि यह अविश्वसनीय है कि 100-150 सशस्त्र उग्रवादियों पर जो छिपकर सुरक्षित बैठे हैं, पुलिस बाहर से गोली चलाए और पुलिस

का एक भी सदस्य आहत न हुआ हो यह भी अविश्वसनीय है कि उग्रवादियों में गोली लगने से प्रत्येक व्यक्ति की मृत्यु हो जाए और कोई भी घायल जिंदा न बच पाए। घटनास्थल पर जहाँ दोनों तरफ से सैकड़ों गोलियाँ चलने का पुलिस ने दावा पेश किया था, वहाँ पर आसपास की चट्टानों या पेड़ों पर एक भी गोली के निशान नहीं होना भी पुलिस की कहानी को मनगढ़ंत साबित करता था। पी.यू.सी.एल. ने राष्ट्रीय मानवाधिकार से पुलिस ज्यादती की शिकायत की जिसकी जाँच का आदेश आयोग ने गया के मुख्य दण्डाधिकारी को दिया। पुलिस के आतंक से लोग मुख्य दण्डाधिकारी के पास साक्ष्य के लिए नहीं आए और उन्होंने पुलिस को निर्दोष करार दिया। इस जाँच से असंतुष्ट मानवाधिकार आयोग ने तत्पश्चात् मुख्य सचिव को घटना की जाँच कराने का आदेश दिया। पुलिस को सर्वदा बचाने की नीति के तहत सरकार ने गुप्तचर विभाग से जाँच की रस्मअदायगी कर पुलिस को पुनः निर्दोष बता दिया। विवश होकर आयोग ने मामले पर कार्यवाही तो समाप्त कर दी, किंतु मृतकों के परिवार को एक-एक लाख की रकम मुआवजे के रूप में देने की सिफारिश की। यदि वास्तव में आयोग को यह विश्वास होता कि ये लोग आग्नेयास्त्रों से पुलिस पर आक्रमण करने के दौरान मारे गए तो उनके परिवारों को मुआवजा देने की अनुशंसा क्यों करता?

नकली मुठभेड़ों में हत्या के निशाने पर केवल नक्सली ही नहीं रहे, नक्सलियों के बाद पुलिस पर राजनीतिक संरक्षणरहित अपराधियों की भी हत्या के आरोप लगे। पुलिस के वरिष्ठ अधिकारी कथित तौर पर इन योजनाओं को प्रोत्साहित ही नहीं करते थे, बल्कि उसमें शरीक भी होते थे। पूर्वी चंपारण के एक एस.पी. को राष्ट्रीय मानवाधिकार आयोग ने एक अपराधी की हत्या का दोषी पाया और उन पर खून का मुकदमा चलाने की सिफारिश की। बिहार सरकार ने उनके विरुद्ध कोई कार्रवाई तो नहीं ही की, उल्टे विभिन्न जगहों में एस.पी. के रूप में उनको पदस्थापित करती रही।

अब पुलिस विभिन्न उद्देश्यों से बिना ऊपर के आदेश के भी अपराधियों की नहीं, निर्दोष लोगों की हत्या करती पायी जा रही है। पाँच-छह वर्ष पहले ग्रांड-ट्रंक रोड पर (गया जिले में) पुलिस ने मुठभेड़ में कुछ डकैतों को मारने का दावा किया। बाद में पाया गया कि मृतक राँची का एक व्यवसायी था, जिसकी हत्या कर पुलिस ने उसके रुपए लूट लिए, दोषी पुलिसकर्मियों को आजीवन कारावास की सजा हुई है। अदालत ने गया के तत्कालीन एस.पी. के द्वारा दोषी पुलिसकर्मियों को बचाने का अनुचित प्रयास करने की निंदा की। औरंगाबाद जिले में शराब के नशे में धुत एक पुलिसकर्मी ने दूसरे की गोली मारकर हत्या कर दी। अपराध को छिपाने के लिए पुलिस दल के लोगों ने पास के गाँव में एक दलित की भी गोली मारकर हत्या कर दी और दावा किया कि नक्सलियों ने उनकी चौकी पर हमला किया था जिसमें

एक पुलिस और नक्सली मारे गए। जनाक्रोश के दबाव में सरकार को दोषी पुलिसकर्मियों को मुअत्तल करना पड़ा। इस तरह की घटनाएँ रोजमर्रे की बात हो गई हैं और इनमें से कुछ-एक की चर्चा स्थिति की गंभीरता को दर्शाती है।

हत्या करने की इस छूट के कारण पुलिस हिरासत में भी हत्याओं में वृद्धि हुई है। पुलिस सदा से अपराधियों से जानकारी प्राप्त करने के लिए उत्पीड़न (Torture) का सहारा लेती रही है। इस दौरान यदा-कदा हिरासत में मौतें भी होती रही हैं, किंतु जब सरकार ने ही पुलिस से हत्या करवानी शुरू कर दी तब पुलिस और निरंकुश तथा बेखौफ हो गई। जहाँ पहले हिरासत में कुछ अपराधियों की हत्या उत्पीड़न के क्रम में हो जाती थी, या कभी-कभी जानबूझकर की जाती थी, वहीं छोटी-छोटी बातों के लिए पुलिस निर्दोष लोगों की भी हत्या करने लगी है। पी.यू.सी.एल. द्वारा कई घटनाओं की जाँच ने पुलिस की इस हत्यारी प्रवृत्ति की पुष्टि की है। मार्च, 1987 की एक शाम को योगेन्द्र चौधरी नामक एक पान बेचनेवाले को पुलिस ने पटना में गिरफ्तार किया और कई दिनों बाद उसकी लाश गंगा में पायी गई। पुलिस ने दावा किया कि उसने उसको उसी रात छोड़ दिया था पर प्रत्यक्षदर्शियों ने योगेन्द्र चौधरी को आहत स्थिति में पुलिस हिरासत में देखा था। प्रशासन ने कई हजार की राशि मृतक की पत्नी को दी। उसी महीने की सत्रह तारीख को बिहार शरीफ पुलिस ने सत्तर वर्षीय रामपवित्तर सिंह को माध्यमिक परीक्षा में कदाचार कराने के आरोप में सड़क पर से पकड़ लिया और उनके प्रतिवाद पर उनको बेरहमी से इतना पीटा कि उनकी हिरासत में ही मृत्यु हो गई। पी.यू.सी.एल. की जाँच टीम ने पाया कि मृतक का कोई सगा-संबंधी परीक्षा में भाग नहीं ले रहा था और वह संयोगवश बगल के गाँव में जाने के क्रम में परीक्षा केंद्र के पास से तब गुजर रहा था जब अभिभावकों की भीड़ पर पुलिस कार्रवाई करने पहुँची। अगस्त 1987 में दानापुर के ग्यारह वर्षीय बालक अजय कुमार को एक छोटी-सी चाय दुकान से कुछ सामान चुराने के आरोप में पकड़कर पुलिस के हवाले किया गया, पुलिस ने उसको इतना पीटा कि उसकी मृत्यु हो गई। पुलिस ने अजय कुमार के विरुद्ध शिकायत करने वाले दुकानदार को पीटकर हत्या करने के आरोप में गिरफ्तार कर लिया। पुलिस के अत्याचार के खिलाफ जबर्दस्त जन-आंदोलन हुआ, पुलिस ने फिर गोली चलाई, जिसमें कई अन्य लोग मारे गए। अब के सीवान जिला अंतर्गत जनता बाजार पुलिस ने एक बारह-चौदह वर्ष के एक बालक को एक मामूली चोरी के आरोप में गिरफ्तार किया और उसकी हत्या करके उसकी लाश गायब कर दी। पुलिस के मुताबिक वह लड़का हिरासत से कागज में छेद करने वाले सूए से दीवार में सेंध लगाकर भाग गया। उच्चाधिकारियों ने इस हास्यास्पद सफाई को स्वीकार किया और जब आई.पी.ऐफ. के नेतृत्व में जनता ने इसके विरोध में प्रदर्शन किया तो पुलिस ने उन पर गोलियाँ चलाईं और पाँच-छह और निर्दोष लोग मारे गए। 1994

में पटना जिला के नौबतपुर में दो नौजवानों को गिरफ्तार किया और सार्वजनिक रूप से इतना पीटा कि उनकी मृत्यु हो गई। राष्ट्रीय मानवाधिकार आयोग की सिफारिश पर बाद में उन पर मुकदमा चला। इस तरह के कई आरोपों की जाँच पी.यू.सी. एल. के द्वारा की गई और पुलिस के विरुद्ध आरोप सही पाए गए।

सी.आर.पी.सी. में धारा 144 के तहत दण्डाधिकारी को अधिकार है कि वह किसी व्यक्ति या समूह को कुछ करने से रोक दे या कोई आदेश पालन करने को बाध्य करे। यदि ऐसा करना उसको जीवन, स्वास्थ्य, शांति, सुरक्षा, दंगा, हंगामा आदि रोकने के लिए आवश्यक लगे। स्वतंत्रता के पूर्व अंग्रेजी हुकूमत को इन व्यापक और निरंकुश अधिकारों की आवश्यकता जन-आंदोलनों को दबाने के लिए थी, जिसका उन्होंने खुलकर दुरुपयोग किया। भारत के जनतांत्रिक संविधान के अनुच्छेद-19 में नागरिक स्वातंत्र्य मौलिक अधिकार के रूप में दिए गए हैं। इसके तहत अभिव्यक्ति की स्वतंत्रता के साथ-साथ शांतिपूर्ण तरीके से एकत्र होकर, प्रदर्शन करना, जुलूस निकालना आदि नागरिकों के मौलिक अधिकार हैं। विडंबना है कि सी.आर.पी.सी. की धारा 144 का उपयोग संविधान प्रदत्त उपर्युक्त अधिकारों को समाप्त करने के लिए पिछले पचास वर्षों से होता आ रहा है। किंतु इस विकट स्थिति की तरफ जनप्रतिनिधियों का ध्यान अब तक नहीं गया है। शायद ही कोई महीना गुजरता हो जब जुलूसों पर रोक नहीं लगती हो, प्रदर्शनकारियों पर लाठी न बरसती हो और यदि पुलिस पर दो-चार ईंट-पत्थर चल जाएँ तो गोलियाँ न चलती हों। यदि सरकार और प्रशासन संवेदनाविहीन हो तो जनता को अपनी समस्याओं के समाधान के लिए अपने जनतांत्रिक अधिकारों को बार-बार इस्तेमाल करना लाजिमी हो जाता है। दूसरी तरफ चूँकि ऐसी सरकार या प्रशासन उनकी समस्याओं के समाधान के लिए कुछ करना नहीं चाहती इसलिए दमन का रास्ता अख्तियार करती है। आजादी के बाद से जनता की समस्याओं को सुलझाने के बदले या उनको विश्वास में लेने के बदले सरकार दमन का रास्ता अपनाती रही है। जनांदोलनों के प्रति सरकार की असहिष्णुता ने एक ऐसी स्थिति पैदा कर दी है जो जनता के राजनीतिक अधिकारों को सीमित, संकुचित तो करती है, साथ-साथ उनके इन सामान्य अधिकारों के उपयोग को खतरनाक बनाती है।

राजनीतिक कारणों से ब्रिटिश सरकार द्वारा कानून के गैरवाजिब इस्तेमाल की नीति में भी आजादी के बाद भी कोई परिवर्तन नहीं किया गया। सरकार ने भारतीय कम्युनिस्ट पार्टी के कार्यकर्ताओं को नजरबंद ही नहीं किया, बल्कि उनपर जानबूझ कर झूठे मुकदमे चलवाए। 1974 में जे.पी. के नेतृत्व में चले आंदोलन के दौरान छात्रों समेत सैकड़ों लोगों को 'मीसा' के अंतर्गत नजरबंद किया गया। आपात्‌काल के दौरान 'मीसा' के साथ-साथ भारत सुरक्षा अधिनियम के तहत भी हजारों लोग जेलों में बंद किए गए। बाद के दिनों में आतंकवाद विरोधी कानून

'टाडा' (TADA) का इस्तेमाल निर्दोष राजनीतिक कार्यकर्ताओं के विरुद्ध हुआ। सातवें दशक में बड़ी संख्या में नक्सलियों को डकैती-हत्या आदि के झूठे मुकदमों में फँसा कर वर्षों तक जेलों में रखने की नीति अपनाई गई। झूठे मुकदमों में फँसाने की इस अनैतिक और गैर-कानूनी प्रक्रिया का सरकार छूटकर उपयोग करती थी और आज भी कर रही है। सरकार की इस नीति का परिणाम है कि लोगों को झूठे मुकदमों में फँसाने में पुलिस को न कोई भय है, न कोई शर्म ही है। झूठे मामलों में फँसाए गए निर्दोष लोगों को या तो पुलिस को रिश्वत देकर मुक्ति पानी होती है या लंबे अरसे तक अदालतों के चक्कर काटना पड़ता है। सरकार द्वारा कानून की इस सुनियोजित अवहेलना ने नागरिकों तथा नौकरशाही दोनों में ही कानून के प्रति सम्मान के भाव को तो घटाया ही है, इसके अतिरिक्त सरकार और उसके प्रशासन में घोर अनास्था उत्पन्न की है। परिणामस्वरूप कानून को अपने हाथों में लेने की प्रवृत्ति बढ़ी है।

राज्य की न्यूनतम जिम्मेदारी और अहम कर्तव्य है व्यक्तियों के जीवन तथा स्वतंत्रता की सुरक्षा। इसके प्रति थोड़ी भी उदासीनता या शिथिलता अक्षम्य है, क्योंकि अपने पर अत्याचार करनेवालों को दण्डित करने का अधिकार नागरिकों को नहीं है। यह राज्य का एकाधिकार है। कोई व्यक्ति अपने पर अत्याचार करनेवाले को दण्डित करता है तो वह स्वयं एक अपराधी हो जाता है और दण्ड का भागी होता है। इस व्यवस्था के बावजूद बिहार में राज्य अपने इस कर्तव्य के पालन में क्रमशः शिथिल होता रहा है और आज ऐसी स्थिति है जिसमें राज्य ने करीब-करीब अपने उत्तरदायित्व और कर्तव्य को छोड़ दिया है। कानून का शासन (Rule of law) प्रायः समाप्त हो चुका है। पुलिस का संरक्षण निर्दोष नागरिकों के बदले राजनीतिक संरक्षण प्राप्त या रिश्वत देने वाले अपराधियों को उपलब्ध होता है। अदालतों में अपराधियों को दण्ड नहीं मिल पाता, क्योंकि पुलिस और सरकारी वकील रिश्वत लेकर अपराधियों को बचाते हैं। अदालतों में सजा पाँच प्रतिशत से भी कम मामलों में होती है। वास्तविकता तो यह है कि आज इस राज्य में यदि कोई जिंदा है तो केवल इसलिए कि कोई उसको मारना नहीं चाहता, अन्यथा लोगों की हत्याएँ तो दिन-दहाड़े होती ही रहती हैं। हत्या की घटनाओं को लोग देखते हैं, हत्यारों को जानते हैं, पर पुलिस इनको दण्ड नहीं दिलाती। फलस्वरूप राज्य की अपराध-निवारक और नागरिकों को संरक्षण देने की उसकी भूमिका समाप्तप्रायः हो चुकी है। कोई भी राज्य प्रत्येक स्थान पर पुलिस तैनात नहीं कर सकता है। इसके बावजूद अपराध के अधिक से अधिक मामलों में अपराधियों की सजा सुनिश्चित करके वह अपराध-निवारण में सक्षम हो पाता है।

स्वतंत्रता के पहले से ही प्रशासन निष्पक्ष नहीं था और प्रभावशाली वर्ग के हित में पक्षपात करता आ रहा था। जनतांत्रिक व्यवस्था को लागू करने के बाद

भी इसको बदलने की दिशा में कोई प्रयास नहीं हुआ। फलतः आम आदमी का प्रशासन पर भरोसा घटता गया। कानून के शासन को करीब-करीब तिलांजलि दे देने का परिणाम है कि बिहार अराजकता की स्थिति में पहुँच चुका है। शहरों और कस्बों के विभिन्न हिस्सों में स्थानीय अपराधी तत्त्वों का शासन चलता है। दुकानदार उनको रंगदारी टैक्स देते हैं, बसें स्थान-स्थान पर उनको टैक्स देने को बाध्य होती हैं। बड़े-बड़े सरकारी ठेके करीब-करीब पूरे तौर पर इन दबंग अपराधियों को मिलते हैं। सरकारी पदाधिकारी भय से इनके कार्यों का उचित निरीक्षण करने का साहस नहीं जुटा पाते। एक आम नागरिक भी भय की जिंदगी जीता है। करीब-करीब पूरे राज्य में फिरौती के लिए अपहरण एक व्यवसाय का रूप ले चुका है। लोग आमतौर पर पुलिस में जाने की बजाय अपहरणकर्ताओं से सीधा संपर्क करते हैं और मोल-जोल कर फिरौती की रकम तय कर लेते हैं। पी.यू.सी.एल. की 1994 के अपहरण पर प्रकाशित एक रपट में उल्लेख है कि बाढ़ जिला के अपहरण प्रभावित एक गाँव के एक होमियोपैथ चिकित्सक ने कहा कि लोग अपहरणकर्ताओं से सीधा संपर्क इसलिए करते हैं कि 'सौदा' सस्ता पड़ता है। पुलिस के माध्यम से जाने से भी फिरौती देकर ही मुक्ति मिलती है और यदि पुलिस फिरौती की रकम तय करती है तो वह भी एक हिस्सा लेती है और इसलिए सौदा महँगा पड़ता है। इसी रपट में पश्चिम चंपारण में आठवें दशक से चले आ रहे अपहरण के शिकार रहे दोण इलाके के गाँवों के करीब-करीब सारे स्कूल इसलिए बंद पाए गए क्योंकि फिरौती के लिए अपहरण के भय से शिक्षक गाँवों में रहने से इनकार करते थे। अपहरणकर्ता, अपराधी, दलितों की महिलाओं के साथ बलात्कार तक करते हैं। अपनी महिलाओं पर होते इस अत्याचार के संदर्भ में एक बूढ़े व्यक्ति ने कहा कि ऐसा अत्याचार तो अंग्रेजों के राज्य में भी नहीं होता था। बिहार के नागरिकों का जीवन और उनकी व्यक्तिगत स्वतंत्रता काफी हद तक इन अपहरणकर्ताओं या अन्य अपराधी तत्त्वों के हाथों में बंधक है।

कानून के शासन के सिद्धांत की व्यवहार की अवहेलना तथा विशिष्ट वर्गों के प्रति प्रशासन के पक्षपातपूर्ण व्यवहार ने कई अन्य जटिल समस्याएँ उत्पन्न की हैं। सातवें दशक से, जब शोषित-दलित लोगों ने अपने अधिकार और प्रतिष्ठा के लिए संघर्ष आरंभ किया (जो अब बहुधा हिंसक हो गया है) तो नरसंहारों का सिलसिला शुरू हुआ। दबंग वर्ग के लोगों ने (जिसमें अगड़ी जाति के अतिरिक्त मध्य जातियों के लोग भी शामिल हैं) नरसंहारों के द्वारा उनको दबाने की नीति अपनाई। पद-दलित वर्गों को बिहार के कई हिस्सों में नक्सलियों ने संगठित किया और उनकी सुरक्षा के लिए अपने सशस्त्र दस्तों का उपयोग करना शुरू किया। इस दौरान कई जातीय सेनाओं का संगठन हुआ, जिनकी टकराहट नक्सलियों से होती रही। सातवें और आठवें दशक में ब्रह्मर्षि सेना (भूमिहार), कुँअर सेना (राजपूत), लोरिक सेना (यादव),

भूमि सेना (कुर्मी) आदि सक्रिय रहे। इन सेनाओं की उत्पत्ति के मुख्य कारण अपने जायज-नाजायज आर्थिक हितों की सुरक्षा के साथ-साथ बल प्रयोग द्वारा समाज में अपनी प्रभुता, वर्चस्व और परंपरागत श्रेष्ठता कायम रखने की मंशा थी। किंतु नक्सलियों के सामने ये सेनाएँ टिक नहीं सकीं और समाप्त हो गईं, पर इनके अंत के साथ सेनाओं के गठन की प्रक्रिया का अंत नहीं हुआ। यह उल्लेखनीय है कि प्रशासन ने इनके अस्तित्व को समाप्त करने की दिशा में कोई गंभीर प्रयास नहीं किया।

नई सदी के आरंभ में भी नक्सलियों और भूधारियों के सशस्त्र दस्ते नरसंहारों में सक्रिय हैं। एम.सी.सी., पीपुल्स वार ग्रुप (जो विलय के पूर्व सी.पी.आई., एम. एल. पार्टी यूनिटी के नाम से जाना जाता था) भूमिगत संगठन है और इनकी राजनीति में सशस्त्र दस्तों की अहम भूमिका है। सी.पी.आई. (एम.एल.) लिबरेशन चुनाव में भाग लेती है और अब इसकी राजनीति में सशस्त्र दलों की भूमिका गौण है। भूधारियों की सर्वाधिक चर्चित संगठन रणवीर सेना है जिसने कई नरसंहार किए हैं। इसके अतिरिक्त पलामू जिले (झारखंड) में सनलाइट सेना और अली सेना आदि सक्रिय हैं।

इन सेनाओं तथा नक्सलियों ने कई जनसंहार किए, जनवरी 1999 में रणसेना ने शंकर बीघा में 22 और फरवरी में नारायणपुर में 11 लोगों की निर्मम हत्या की। सन् 2000 के जून महीने में औरंगाबाद जिले के मियाँपुर गाँव में उन्होंने 33 लोगों की हत्या की। उसी जिला के सेंधानी गाँव में एक वर्ष पूर्व उन्होंने एक नरसंहार किया था। इन अमानवीय नरसंहारों में औरतें और बच्चे भी नहीं बख्शे गए। जवाबी कार्रवाई में लिबरेशन ने उसरी बाजार में सात लोगों की (फरवरी, 1992), पार्टी यूनिटी ने भीमपुरा में चार लोगों की (मार्च, 1999) और एम.सी.सी. ने सेनारी में 34 लोगों की मार्च, 1999 में गला रेतकर नृशंस हत्या की। उल्लेखनीय है कि रणवीर सेना या नक्सलियों के सशस्त्र दस्तों ने एक-दूसरे पर कोई भी हमला नहीं किया और न उन गाँवों पर हमला किया जहाँ सशस्त्र विरोध की संभावना हो। हमले का शिकार उनलोगों को बनाया गया जो निर्दोष और निःशस्त्र थे। शंकर बीघा और नारायणपुर के दलितों की निर्मम हत्या रणवीर सेना ने केवल इसलिए की कि वे उनकी नजर में नक्सल समर्थक थे। उसरी बाजार, भीमपुरा और सेनारी के लोगों को नक्सलियों ने केवल इसलिए निशाना बनाया क्योंकि वे भूमिहार जाति के थे, जिसकी सेना के रूप में रणवीर सेना को देखा जाता है। रणवीर सेना के लिए औरतों, बच्चों आदि तक की नृशंस हत्या केवल इसलिए औचित्यपूर्ण हो गई क्योंकि उनकी नजर में नक्सलियों का समर्थक होना ही एक अपराध है। उपर्युक्त दृष्टिकोण उस सिद्धांत को नकारते हैं, जिसके तहत अपराध के लिए वही व्यक्ति दोषी होता है जो व्यक्ति अपराध करता है। किसी व्यक्ति के अपराध के लिए उसके संगठन, दल, जाति

या संप्रदाय को दोषी करार देना एक ऐसी कबीलाई मानसिकता का द्योतक है जिसको कोई भी सभ्य समाज स्वीकार नहीं कर सकता है। जिस क्षेत्र में किसी की हत्या किसी नक्सली संगठन या रणवीर सेना के प्रति वैचारिक जुड़ाव या सहानुभूति रखने मात्र के लिए हो सकती है, वहाँ के निवासियों की भयाक्रांत जीवन की कल्पना की जा सकती है। बिहार में कुछ ऐसे भी क्षेत्र हैं, जहाँ एम.सी.सी. या पीपुल्स वार ग्रुप का करीब-करीब पूर्ण नियंत्रण है। वहाँ के वैसे निवासियों को जो नक्सल विरोधी हैं, आतंक के साये में जीना पड़ रहा है। उन क्षेत्रों में एम.सी.सी. या पीपुल्स वार ग्रुप की जन-अदालतें बैठती हैं, जहाँ उनकी नजर में दोषी व्यक्तियों को मृत्युदण्ड तक दिया जाता है। एम.सी.सी तो हाथ, नाक, कान आदि काटने जैसी अमानुषिक सजा तक देती है। इन सशस्त्र संगठनों पर जनता के किसी तरह के नियंत्रण का प्रश्न ही नहीं उठता, परिणामस्वरूप वहाँ आतंक का राज होना स्वाभाविक है। कई जिलों की स्थिति भी वैसी ही है, जहाँ के नागरिक कथित अपराधी जनप्रतिनिधियों के आतंक तले जी रहे हैं।

वैचारिक विरोध अथवा वर्चस्व की चुनौती को लेकर विभिन्न नक्सली संगठनों, यानी एम.सी.सी., पीपुल्स वार ग्रुप और लिबरेशन में भी आपस में खूनी संघर्ष होते आ रहे हैं, जिनमें उनके सैकड़ों कार्यकर्ताओं की जानें जा चुकी हैं।

सन् 2000 में भी कई खूनी संघर्ष हुए किंतु इनका चरित्र भिन्न था। नवादा जिला के राजेबिघा गाँव के पाँच लोगों की हत्या तीन बजे बाहर से आए हमलावरों ने की। मृतक यादव थे। ग्रामीणों के अनुसार हमलावर भूमिहार जाति के थे और उन पर हमला होने का कारण उनका यादव होना भर था। ग्यारह जून की रात में उसी जिला के अपसर ग्राम पर हमला करके ग्यारह लोगों की हत्या कर दी गई। मृतक भूमिहार थे। सोलह जून की शाम को रणवीर सेना ने औरंगाबाद के मियाँपुर गाँव पर हमला किया और तैंतीस लोगों की नृशंस हत्या कर दी, जिसमें बीस (20) स्त्रियाँ और दो (2) बच्चे भी थे। मृतक यादव थे। मियाँपुर सेनारी के तीन-चार किलोमीटर की दूरी पर है। राजेबिघा और मियाँपुर के निवासियों का पूर्ण विश्वास है कि उनको केवल इसलिए निशाना बनाया गया कि वे यादव थे। अपसर के भूमिहार निवासियों की भी धारणा है कि उन पर हमला उनकी जाति के आधार पर हुआ।

बलात्कार की लोमहर्षक घटनाओं से महिलाएँ असुरक्षा की भावना से आक्रांत हैं। राजधानी पटना में सार्वजनिक स्थान से शाम को एक लड़की को जबरन उठाकर ले जाकर दो युवकों ने बलात्कार किया। एक अन्य घटना में एक लड़की को उठाकर ले जाने के विरोध के फलस्वरूप उसके पिता की हत्या सरेआम कर दी गई। भारतीय प्रशासनिक सेवा के एक अधिकारी की पत्नी का बलात्कार राजद के नेताओं के परिवार के लोगों ने तो किया ही, उक्त महिला ने कथित तौर पर कुछ अति महत्त्वपूर्ण लोगों पर भी बलात्कार का आरोप लगाया। पटना जंक्शन रेलवे स्टेशन पर अकेली

महिलाओं के साथ पुलिस द्वारा बलात्कार की घटनाओं की चर्चा प्रकाशित होती रही है। इसके अलावा राज्य में जगह-जगह महिलाओं पर बलात्कार समेत अनेक अत्याचारों जैसे, डायन कहकर या किसी और कारण से नंगा कर घुमाना, मल-मूत्र पिलाना आदि घटनाएँ होती आ रही हैं।

सदी के अंतिम दशक में जब राज्य की सत्ता पिछड़े वर्ग के हाथों में आई और पिछड़े वर्ग के ही एक गरीब परिवार का व्यक्ति मुख्यमंत्री बना तो एक संभावना दिखी कि अब शासन में सामंतवादी मनोवृत्ति और तौर-तरीकों का अंत होगा, कानून का शासन स्थापित करने की दिशा में प्रगति होगी और पिछड़े और दलितों के मानवाधिकार अधिक सुरक्षित होंगे। किंतु पिछड़े वर्गों का नेतृत्व करने वालों ने सामंतवादी जीवन-पद्धति को अपनाया ही नहीं, बल्कि उसको महिमा-मंडित भी किया। मानवाधिकारों की दृष्टि से देखें तो नेतृत्वकारी वर्ग का चरित्र, व्यवहार और छवि, ताम-झाम, रौब-रोआब बिल्कुल निराश करने वाला है। आम नागरिकों के प्रति हिकारत के नजरिए और तिरस्कारपूर्ण व्यवहार में इस नेतृत्व ने पूर्व के जमींदारों को काफी पीछे छोड़ दिया। बिहार मंत्रिमंडल के कुछ सदस्यों पर भी आपराधिक मामले दर्ज हुए और उन्हें अपने पद से हाथ भी धोना पड़ा। संरक्षित अपराधियों का मनोबल इतना बढ़ चुका है कि उनसे बिहार मंत्रिमंडल के सदस्य तक भयाक्रांत हैं। राज्य की सरकार जैसे नागरिकों के जीवन तथा व्यक्तिगत स्वतंत्रता जैसे मौलिक अधिकारों के प्रति बिल्कुल उदासीन है।

मानवाधिकारों की इस विषम स्थिति के बावजूद राज्य में कोई व्यापक जनांदोलन नहीं है। 1955 के पटना के गोलीकांड ने पूरे राज्य को उद्वेलित कर दिया था और छात्रों ने दो वर्ष बाद 1957 के विधान सभा चुनाव में राज्य परिवहन मंत्री को (जिनको वे गोलीकांड के लिए जिम्मेदार समझते थे) हराने में अहम भूमिका अदा की। 1966 के रामदयालु सिंह महाविद्यालय के गोलीकांड की प्रतिक्रिया फलस्वरूप 1967 के विधान सभा चुनाव में शिक्षकों और छात्रों ने राज्यव्यापी अभियान चलाकर कांग्रेस शासन की समाप्ति में निर्णायक योगदान दिया। आपातकाल के विरुद्ध जनाक्रोश के फलस्वरूप इंदिरा गाँधी को 1977 के लोकसभा चुनाव में राज्य में एक भी सीट प्राप्त नहीं हुई। उसी बिहार में आज मानवाधिकारों के इतने भयावह हनन के विरुद्ध किसी भी व्यापक जनांदोलन का नहीं होना विस्मयकारी है। स्थानीय विरोध तो होते हैं, पर उनमें भी समाज के हर तबके की भागीदारी हो यह आवश्यक नहीं। जनसंहारों के संबंध में प्रतिक्रिया और भी दुःखद और निराशाजनक है। जैसे सांप्रदायिक दंगों में जहाँ एक संप्रदाय की सहानुभूति अपने संप्रदाय के पीड़ितों के प्रति होती है वहीं दूसरे संप्रदाय की दंगाइयों के प्रति, उसी प्रकार दलितों और पिछड़ों के निर्मम संहार होने पर अगड़े उनके साथ खड़े नहीं होते और न ही अगड़ों की सामूहिक हत्या होने पर दलित और पिछड़े। इन जनसंहारों से प्रभावित समाज का एक बहुत

बड़ा हिस्सा इसको अपनी समस्या नहीं मानकर उदासीन रहता है। मानवाधिकारों के हनन के प्रति संवेदनशीलता के अभाव या उनको अप्रासंगिक समझने का सबसे बड़ा प्रमाण तो चुनाव परिणामों में दिखता है। शासक दल के जन-समर्थन पर राज्य में हो रहे इन अमानुषिक घटनाओं का कोई खास प्रतिकूल प्रभाव नहीं पड़ता, न ही नरसंहार या मौलिक अधिकारों का हनन चुनाव में कोई मुद्दा बन पाता है। और तो और, राज्य के कुख्यात अपराधी तक चुनावों में विजयी हो रहे हैं। इनमें सभी जनाधार के बिना केवल बाहुबल से सफलता प्राप्त करते हों, यह आवश्यक नहीं।

उपरोक्त स्थिति समाज में मानवाधिकारों की चेतना के ह्रास को ही नहीं बल्कि विकृति को भी चिह्नित करती है। सार्वभौमिकता (universality), अनहरणीयता (inalienability) मानवाधिकारों के मूल आधार हैं, अर्थात् ये अधिकार मानव समाज के प्रत्येक व्यक्ति के ऐसे जन्मसिद्ध अधिकार हैं, जिनको छीनने का अधिकार न राज्य को है और न किसी समूह या व्यक्ति को, इनके स्रोत कानून नहीं हैं और इसलिए कानून बनाकर भी इनको छीनना मानवाधिकारों का हनन है। कानून अवश्य वह माध्यम है जिसके द्वारा राज्य इनको नागरिकों को उपलब्ध कराता है। जिन अधिकारों के हनन के लिए राज्य तक अधिकृत नहीं है, उनके हनन का अधिकार किसी व्यक्ति, दल, संगठन और समूह को कैसे हो सकता है? संपूर्ण विश्व में एक सभ्य, सुस्कृत और मानवीय समाज के निर्माण के लिए इन्हें एक आवश्यक शर्त माना जाता है। इसके बावजूद यहाँ की सरकार लगातार इनकी अवहेलना करती जा रही है, जिसके कारण समाज में भी मानवाधिकारों के प्रति तिरस्कार की भावना बढ़ी है। विभिन्न राजनीतिक दलों ने भी इनकी अवहेलना की है और अपने आचरण से वातावरण को विषाक्त किया है। जनतांत्रिक व्यवस्था में मतभेद और विरोध स्वाभाविक और मान्य है, किंतु विरोधी को शत्रु मानने की परंपरा अपना घातक प्रभाव दिखा रही है। जाति या संप्रदाय के आधार पर किसी व्यक्ति या समूह मात्र का विरोध उनके मानवाधिकारों पर प्रहार है, किंतु राजनीति इतनी विकृत हो गई है कि विभिन्न संप्रदाय और जातियों को एक-दूसरे के शत्रु के रूप में प्रस्तुत किया जा रहा है। इस तरह की राजनीति की परिणति या तो अमेरिका में हुए कबीलाई खूनी संघर्ष में होती है या हिटलर द्वारा की गई यहूदियों और अन्य विरोधियों के नरसंहार में। और कुछ नहीं तो यह एक ऐसा शत्रुतापूर्ण वातावरण तो पैदा करता ही है, जिसमें किसी भी सार्वभौम मानवीय मूल्य के अस्तित्व के लिए स्थान नहीं रहता। व्यक्ति या समूह की हत्या की राजनीति की भी मानवाधिकारों की चेतना के क्षरण में अहम भूमिका रही है। राजनीतिक कारणों से हत्या या अंग-भंग जैसे अमानवीय कार्यों को उचित ठहराना मानवाधिकारों के आधार को ही नकारना है। समाज का वह हिस्सा जो हत्या की राजनीति से राहत या लाभ पाता है, मानवाधिकारों

के पक्ष में खड़ा नहीं होता, क्योंकि अपने विरोधियों के मानवाधिकारों के हनन में उसका निहित स्वार्थ होता है। नरसंहारों ने स्पष्ट कर दिया है कि इनमें लगी जमातों ने प्रतिशोध और शक्ति प्रदर्शन की वेदी पर सारे मानवीय मूल्यों की बलि चढ़ा दी है। समाज इससे प्रभावित हुआ है। जिस समाज में निर्दोष स्त्रियों और बच्चों की हत्या हो, जिसमें जघन्य अपराधों को भी समर्थन प्राप्त हो, वह निश्चय ही बीमार है। समय के साथ इसकी स्थिति क्रमशः बिगड़ती जा रही है। हिंसा और प्रतिहिंसा राज्य को अधिक बर्बरता की ओर ले जा रही हैं। इस प्रवृत्ति और प्रवाह को रोक कर मानवाधिकारों के दायरे के अंदर विभिन्न समस्याओं का समाधान ढूँढ़ना ही बर्बरता से बचने का एकमात्र रास्ता है। ऐसा संभव भी है। दक्षिण अफ्रीका के अश्वेतों पर रंगभेद की नीति के तहत जो अत्याचार हुए, उसकी शायद दूसरी कोई मिसाल (नाजियों और फासिस्टों द्वारा किए गए अत्याचारों को छोड़कर) आज की दुनिया में नहीं है। पर बहुसंख्यक अश्वेतों के सत्ता में आने के बाद नेल्सन मंडेला ने जिनको श्वेतों ने लगातार सत्ताईस वर्षों तक कारावास में रखा, अपने पूर्व के विरोधी श्वेतों के मानवाधिकारों की पूरी रक्षा की नीति अपनाकर दुनिया के समक्ष एक अद्‌भुत उदाहरण पेश किया है। यदि दक्षिण अफ्रीका के इतिहास की पृष्ठभूमि में श्वेत और अश्वेत एक-दूसरे के मानवाधिकारों की रक्षा करते हुए सुंदर भविष्य के निर्माण का प्रयास कर सकते हैं तो कोई कारण नहीं कि बिहार में मानवीय मूल्यों की रक्षा करते हुए अपनी समस्याओं का समाधान नहीं ढूँढ़ा जा सकता।

राष्ट्रीय नदी ग्रिड, बाढ़ और बिहार

❑ *दिनेश कुमार मिश्र*

हमारे देश के कुछ हिस्सों में कुछ पेशेवर शादी कराने वाले लोग होते हैं जो कि पहचान करवा देने पर लड़के का अपहरण करवा देते हैं। उनकी भूमिका केवल फेरे पड़ने तक और अपनी रकम की वसूली तक रहती है। उसके बाद शादी कायम रहे या टूटे, कन्या वर-पक्ष के लोग आपस में प्रेम से रहें या कट मरें इससे उन्हें कोई मतलब नहीं होता। प्रचलित भाषा में इसे पकड़ौआ विवाह कहते हैं। अब इसकी सीमा बढ़ाई जा रही है और राष्ट्रीय ग्रिड के नाम से ब्रह्मपुत्र-कावेरी की पकड़ौआ शादी का प्रस्ताव किया जा रहा है।

इस प्रस्ताव के वर्तमान स्वरूप के प्रणेता डॉ. के.एल. राव रहे हैं जो कि 1963 से 1980 के दशक तक देश के सिंचाई मंत्री रह चुके हैं। योजना के प्रभावों और अपेक्षाओं में जाने के पहले इस योजना का एक जायजा लेते हैं।

राष्ट्रीय जल प्रबंधन प्रणाली (नेशनल वाटर ग्रिड-1972) : इस योजना का प्रस्ताव 1972 में डॉ. के.एल. राव ने किया था। इस योजना का मुख्य लक्ष्य बाढ़-प्रवण क्षेत्र के पानी को सुखाड़-प्रवण क्षेत्र में भेजना है। स्मरण रहे, इसी समय खाद्यान्न के क्षेत्र में आत्मनिर्भरता, गरीबी हटाओ, हरित क्रांति, आदि नारे पूरे देश में गूँज रहे थे। वस्तुतः राष्ट्रीय जल प्रबंधन प्रणाली की परिकल्पना इन नारों के उद्घोषकों के ही मन की कल्पना थी।

विशेषज्ञों ने तर्क दिया कि गंगा नदी का काफी पानी यूँ ही समुद्र में व्यर्थ बह जाता है। अतः व्यर्थ बह जाने वाले गंगा का पानी दक्षिण भारत के सूखा-प्रवण क्षेत्र में पहुँचाने का भगीरथ-प्रयास करने का संकल्प लिया गया। 'आधुनिक भगीरथों' ने संपूर्ण देश को चार क्षेत्रों में बाँटा। इन क्षेत्रों का क्षेत्रफल पूरे देश में उपलब्ध पानी का प्रतिशत तालिका-1 में दर्शाया गया है।

तालिका-1

क्षेत्र विवरण	देश के क्षेत्रफल का प्रतिशत	देश में उपलब्ध जल का प्रतिशत
1. हिमालय क्षेत्र गंगा-ब्रह्मपुत्र घाटी	44	64
2. केरल को छोड़ कर पश्चिम की ओर बहने वाली नदियों की घाटी	19	9
3. गंगा घाटी के दक्षिण कावेरी तक पूर्व की ओर बहने वाली नदियों की घाटी	35	19
4. (क) देखें रेखाचित्र	1.2	7
4. (ख) देखें रेखाचित्र	0.8	1
योग	100	100

इस प्रस्तावित परियोजना के मुख्य अंश निम्न हैं :—

भारत के जलीय क्षेत्र सूचक रेखाचित्र

स्रोत—वाटर वेल्थ ऑफ इण्डिया (डॉ. के. एल. राव) से साभार

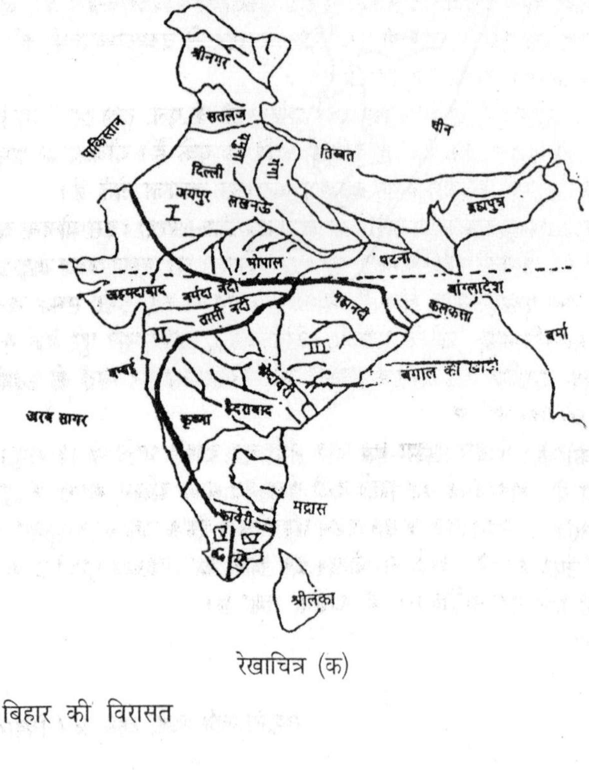

रेखाचित्र (क)

डॉ. राव की प्रस्तावित नेशनल वाटर ग्रिड (लिंक योजना)

स्रोत–वाटर वेल्थ ऑफ इण्डिया (डॉ. के.एल. राव) से साभार

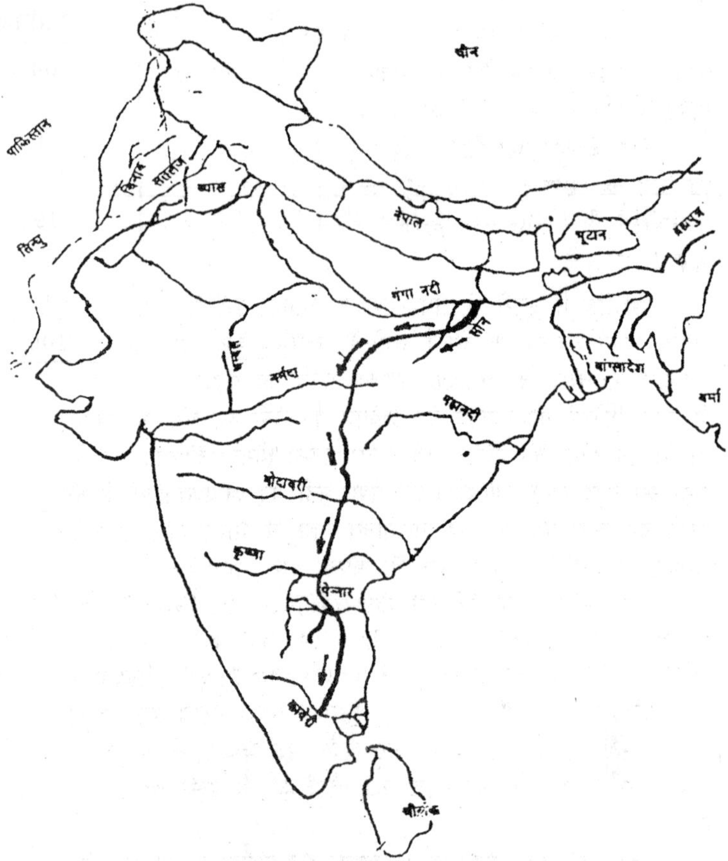

रेखाचित्र (ख)

(क) **गंगा-कावेरी लिंक**–इस योजना के तहत गंगा का जल स्तर ऊपर उठाने हेतु पटना के समीप एक बराज बनाये जाने का प्रस्ताव है। गंगा का जलस्तर ऊपर उठाकर 60,000 घनसेक पानी को पंप के माध्यम से उँड़ेला जाएगा। 10,000 घनसेक पानी का उपयोग दक्षिण बिहार तथा दक्षिणी उत्तर प्रदेश के सूखाग्रस्त क्षेत्रों की प्यास बुझाने के लिए किया जाएगा और बाकी बचे 50,000 घनसेक पानी को वर्ष में 150 दिनों तक पंप करके गुजरात, मध्य प्रदेश, महाराष्ट्र, आंध्र प्रदेश, कर्नाटक

तथा तमिलनाडु के अभावग्रस्त क्षेत्रों में पहुँचाया जाएगा। गंगा जल को अपने गंतव्य स्थान तक पहुँचने हेतु विंध्य पर्वत की शृंखलाओं को लाँघना होगा। पानी को 350 से 400 मीटर की ऊँचाई तक ले जाना होगा। गंगा नदी सोन, नर्मदा, वैनगंगा, प्राणहिता, गोदावरी, कृष्णा, पेन्नार नदियों की घाटियों से गुजरती हुई कावेरी नदी पर बने ग्राण्ड एनकट में विसर्जित होगी। आधुनिक विज्ञान से लैस आधुनिक भगीरथ वाकई पौराणिक भगीरथ से ज्यादा शक्तिवान लगते हैं।

(ख) ब्रह्मपुत्र-गंगा लिंक (बी. जी. लिंक)–मात्र गंगा ही नहीं, ब्रह्मपुत्र का भी व्यर्थ बह जाना इन्हें रास नहीं आ रहा था। भारत में ब्रह्मपुत्र घाटी मात्र 80 किलोमीटर चौड़ी तथा 800 किलोमीटर लंबी है परंतु इस नदी में प्रचुर मात्रा में पानी उपलब्ध है।

आसाम में घुबरी के समीप बराज बनाकर इस नदी के उन्मुक्त मार्ग को बाधित करने की योजना बनायी गयी है। लगभग 320 किलोमीटर लंबी नहर की सहायता से बराज के 40,000 घनसेक पानी को फरक्का बराज के प्रति प्रवाह में लाकर छोड़ने का प्रस्ताव है। ब्रह्मपुत्र के पानी को गंगा से संगम कराने हेतु 10 से 15 मीटर की ऊँचाई तक ऊपर उठना होगा। बंगलादेश से गुजरने वाली नहर का कुछ पानी बंगलादेश की पद्मा नदी की आवश्यताओं के लिए सुरक्षित रखने को कहा गया है। इस प्रस्तावित नहर से भारत और बंगलादेश के बीच नौ-परिवहन विकसित करने का भी सपना देखा गया है।

(ग) गुजरात तथा पश्चिमी राजस्थान-नर्मदा नहर लिंक–इस परियोजना के अंतर्गत नर्मदा नदी पर नवगाँव के निकट एक बाँध बनाने का प्रस्ताव है जिसके दाहिने तट की एक नहर के माध्यम से गुजरात तथा पश्चिमी राजस्थान में पंप करके पानी पहुँचाया जाएगा। नर्मदा के जल को भी गंतव्य स्थान तक पहुँचने हेतु 150 से 250 मीटर ऊँची पहाड़ियाँ लाँघनी होंगी। इस योजना के अनुसार गंगा-कावेरी लिंक नहर के रास्ते में आने वाले कई बाँधों को भी पानी दिए जाने का प्रस्ताव है।

(घ) चंबल क्षेत्र और मध्य राजस्थान–इस योजना के अंतर्गत चंबल नदी को राजस्थान नहर से जोड़ा जाएगा। चंबल नदी को राजस्थान नहर तक पहुँचने हेतु 200 से 250 मीटर ऊँची डेग भरनी होगी।

(ङ) पश्चिमी घाट की नदियों को पूर्वी घाट की नदियों की तरफ मोड़ना–पश्चिमी घाट की नदियों को पूर्वी घाट की नदियों से संगम कराने की योजना है। इससे नदियों के संगम से पूर्व के रेन शैडो वाले क्षेत्रों की जरूरतों को पूरा किया जा सकेगा।

(च) नेशनल वाटर ग्रिड से सूखा क्षेत्रों की आवश्यकताओं की पूर्ति–चूँकि उपर्युक्त प्रस्तावित लिंक नहरें पूर्णतया सूखा ग्रस्त क्षेत्रों से नहीं गुजरती हैं, अतः इस उद्देश्य की प्राप्ति के लिए अन्य छोटी लिंक नहरों का भी प्रस्ताव किया गया है। इसके

अतिरिक्त इन नहरों के माध्यम से नौ-परिवहन को भी विकसित करने की योजना है।

जाहिर है कि अधिकांश योजनाओं में यत्र-तत्र पानी को लिफ्ट करना होगा, जो बगैर बिजली के संभव नहीं है। डॉ. राव इस समस्या का समाधान बतलाते हुए कहते हैं कि उपर्युक्त नहर-प्रणालियों को विकसित करने में तीस वर्ष का समय लग जाएगा और इतने वर्षों में देश का अतिरिक्त विद्युत उत्पादन इन जरूरतों को पूरा करने में सक्षम होगा। डॉ. राव के गणित के अनुसार, देश के कुल विद्युत उत्पादन का मात्र तीन प्रतिशत इन नहरों के संचालन में खर्च होगा। पुनः उनका मानना था कि इस बिजली की आवश्यकता केवल वर्षा या उसके बाद के कुछ महीनों में होगी जिसका उत्पादन उन नदियों में उपलब्ध प्रवाह से भी किया जा सकेगा।

इस पूरी योजना की लागत तत्कालीन दरों से 12,500 करोड़ रुपए आँकी गयी जिससे 40 लाख हेक्टेयर की अतिरिक्त भूमि पर सिंचाई उपलब्ध होती। इस पूरे जल-कवायद में 7,200 मेगावाट बिजली की खपत होने का अनुमान है।

इस प्रस्ताव की महत्ता का प्रमाण-पत्र भी विदेशी विशेषज्ञों से जुगाड़ करने की कोशिश की गई। इसका एक अध्ययन संयुक्त राष्ट्र संघ के यू. एन. डी. पी. कार्यक्रम के विशेषज्ञों ने 1971-72 में किया था और उनका मानना था कि "सन् 2000 ई. तक नेशनल वॉटर ग्रिड एक जीवंत आवश्यकता बन जाएगी। इसके गूढ़ और कठिन अनुसंधान के लिए अब समय नहीं गँवाना चाहिए। इस काम के लिए आवश्यक तकनीकी क्षमता और शक्ति भारत में उपलब्ध है और इसे इस काम में लगाना चाहिए।"

यद्यपि यह प्रस्ताव तकनीकी रूप से तो सक्षम माना गया, परंतु इसका आर्थिक पक्ष उतना आकर्षक नहीं था। एक समग्र दृष्टि का घनघोर अभाव इस प्रस्तावित योजना में पाया गया। इन तमाम सीमाओं के बावजूद इस योजना का महत्त्व कम नहीं हुआ।

सत्तर के दशक में पानी के उपयोग पर पूरे देश में एक अन्य प्रस्ताव ने तहलका मचा दिया था। गारलैण्ड कैनाल के नाम से चर्चित इस प्रस्ताव की थोड़ी-सी जानकारी यहाँ दी जा रही है।

गारलैण्ड कैनाल का फितूर भी छोड़ा गया

यह प्रस्ताव 1978 में एयर इंडिया के एक भूतपूर्व पायलट डी.जे. दस्तूर ने सुझाया था। इस महत्वाकांक्षी परियोजना के तहत देश के लगभग सभी सतही पानी को उत्तर भारत में 4,800 किलोमीटर लंबी नहरों और मध्य तथा दक्षिण भारत की सारी नदियों को 10,400 किलोमीटर लंबी नहरों के माध्यम से जोड़कर एक दूसरे से मिला देना था। इस प्रस्तावित कैनाल को समुद्रतल से 350 मीटर ऊपर रखने का

प्रस्ताव था। नहरों एवं जलाशयों के माध्यम से 12,000 लाख एकड़ फीट सतही जल का उपयोग कर 21 लाख वर्ग किलोमीटर जमीन को सिंचित करने का दावा पेश किया गया। स्मरण रहे कि हमारे देश का कुल क्षेत्रफल मात्र 32 लाख वर्ग किलोमीटर है।

इस प्रस्तावित योजना ने भले एक हलचल पैदा की हो, परंतु अंततः इसे हास्यास्पद ही माना गया। बी.जी. वर्गीज ने इस प्रस्ताव पर टिप्पणी करते हुए कहा कि ''यह आश्चर्यजनक है कि ऐसा अव्यावहारिक प्रस्ताव जो कि स्पष्टतः पर्यावरण के लिए घातक था तथा सामाजिक और राजनीतिक दृष्टि से स्वीकार करने योग्य नहीं था, दो-तीन वर्षों तक केवल इसलिए चर्चा में बना रहा क्योंकि तत्कालीन प्रधानमंत्री ने इसको खारिज नहीं किया। इस पर किसी गंभीर चिंतन की कोई गुंजाइश ही नहीं थी।'' बी. बी. वोरा की टिप्पणी थोड़ी और तीखी थी। उन्होंने नेशनल वाटर ग्रिड तथा गारलैण्ड कैनाल दोनों को ही 'दिवा-स्वप्न' देखने वालों के दिमाग का फितूर बताया था।

और अब नेशनल वाटर ग्रिड

पिछले कुछ दिनों में नेशनल वाटर ग्रिड का प्रस्ताव एक बार फिर परवान चढ़ा है और राजनीतिक हलकों में इसकी चर्चा फिर जोरों पर है। योजना को अमली जामा पहनाने के लिए एक कार्यकारी अध्यक्ष की तलाश पूरी कर ली गई है और 2016 ई. तक इस योजना को पूरा कर लिए जाने का प्रस्ताव किया गया है। सरकार की तरफ से उप-प्रधानमंत्री लालकृष्ण आडवाणी ने 5 दिसंबर, 2002 को लोक सभा में बयान दिया है कि इस योजना को यथाशीघ्र पूरा कर लिया जाएगा तथा इसके लिए धन की कमी आड़े आने नहीं दी जाएगी।

संशोधित प्रस्ताव में 320 किलोमीटर लंबी और 800 मीटर चौड़ी ब्रह्मपुत्र-गंगा लिंक की मदद से ब्रह्मपुत्र से 1,00,000 क्यूसेक पानी को बंगलादेश होते हुए फरक्का के पास गंगा में गिराने की योजना है। इसके अलावा 2460 कि.मी. लंबी गंगा-कावेरी लिंक नहर के माध्यम से पानी कावेरी तक पहुँचाया जाएगा। यह नहर गया, औरंगाबाद, सिद्धी, सिवनी, बालाघाट, भण्डारा, चन्द्रपुर, वारंगल, नलगोण्डा, कूरनूल और अनंतपुर होते हुए तिरुच्चिरापल्ली के पास कावेरी में मिलाई जाएगी।

विंध्य पर्वत पार कर लेने के बाद इस पानी को कम से कम एक बार लगभग 150 मीटर की ऊँचाई और भी पार करनी पड़ेगी। जब इतना हो जाता है तब इस पानी को गुजरात, मध्य प्रदेश, पश्चिमी राजस्थान, महाराष्ट्र, आंध्र प्रदेश और तमिलनाडु के क्षेत्रों पर फैलाया जा सकता है। पश्चिमी घाट की समुद्रवाही नदियों के पानी को सुरंगों के माध्यम से पूर्व की ओर मोड़ने का प्रस्ताव भी इस योजना का अंग है। इन नदियों का कुछ पानी पंप करके गुजरात भी ले जाया जाएगा।

संयोगवश, बंगलादेश ब्रह्मपुत्र-गंगा लिंक के इस प्रस्ताव से सहमत नहीं है और यह नहर बहुत से राजनीतिक दाँव-पेंच में फँसी है जिसके कारण इसका क्रियान्वयन संभव नहीं लगता। इसका जो विकल्प है कि भारतीय क्षेत्र में ही यह नहर बने उसमें एक बार फिर पंप से पानी को उठाना पड़ेगा जिसे इंजीनियर लोग व्यावहारिक नहीं मानते। व्यावहारिक तो गंगा-कावेरी नहर भी नहीं है क्योंकि इसमें जो 549 मीटर नहरी पानी को विंध्य पर्वत पार करवाने की बात की जाती है, वह असंभव नहीं तो एक मुश्किल काम जरूर है। इसके लिए जो कार्य संस्कृति चाहिए वह हमारे देश में फिलहाल नहीं है। इसके लिए हर स्तर पर, सारे पंपों को, सारे समय चालू हालत में रखना होगा। और हर नियंत्रण बिंदु पर लोग मुस्तैद रहने चाहिए। उसके साथ बिजली की सतत आपूर्ति होनी चाहिए, नहर में पानी आगे तभी बढ़ेगा। यहाँ उत्तर प्रदेश में ओबरा के नीचे सोन पंप नहर का उदाहरण बड़ा सटीक बैठता है। मिर्जापुर/सोनभद्र इलाकों में सिंचाई प्रदान करने के लिए एक घाघर मुख्य नहर बनाई गई है। इस नहर को सोन नदी से सोन पंप नहर के माध्यम से चार स्टेज पर लगाए गए 6 गुणा 60 हॉर्स पॉवर के 24 पंपों से पानी मिलना था। इसके लिए यह जरूरी था कि पानी का स्रोत ठीक हो और सारे के सारे पंप एक साथ ठीक से काम करें। यह कभी नहीं हुआ। जानकार लोगों का कहना है कि घाघर पंप नहर में बहने वाले नहरी पानी के एक गिलास (ये लोग स्थानीय छोटे गिलासों की बात करते हैं, पंजाब-हरियाणा में इस्तेमाल होनेवाले गिलासों की नहीं) की कीमत 10 रु. पड़ती है जबकि मिर्जापुर में संतरे के रस का एक गिलास 5 रु. में मिल जाता है। अगर प्रस्तावित पंप-व्यवस्था ने काम नहीं किया तो घाघर नहर की पुनरावृत्ति गंगा-कावेरी लिंक में जरूर होगी। इस तरह से जब बिहार के झारखंड वाले हिस्से में 1970-80 के दशक में 394 लिफ्ट इरिगेशन योजनाओं का निर्माण हो चुका था मगर काम जैसे-तैसे केवल 110 योजनाएँ ही करती थीं। बाकी सब या तो यांत्रिक दोष से या बिजली के दोष से या दोनों दोषों के कारण बंद पड़ी थीं। इसके अलावा जब जरूरत पड़ती थी तो बिजली नदारद रहती थी। हमारे देश में पंप नहरें किस प्रकार काम करती हैं उसके ये दो छोटे-से उदाहरण हैं।

अगर कहीं पंप सफलतापूर्वक काम करते हैं तो नहरों के रख-रखाव पर बड़ी चुस्ती बरतनी पड़ेगी। इसमें ज़रा भी कोताही नहरों को तहस-नहस कर सकती है। गंगा-ब्रह्मपुत्र घाटी के राज्यों में बरसात के मौसम में टूटने वाले बाँधों, तटबंधों और नहरों की लंबी फेहरिस्त बनती है जिसकी जिम्मेवारी लेने को कोई तैयार नहीं होता। तब यह जिम्मेवारी चूहों, लोमड़ियों द्वारा बनाए गए बिलों, असामाजिक तत्त्वों, निर्वनीकरण, नेपाल द्वारा पानी छोड़ना या फिर ग्लोबल वार्मिंग जैसे अमूर्त तत्त्वों पर डाल दी जाती है। 1950 के दशक में कोशी नदी पर तटबंध बनाने के साथ

देश की बहुतांश नदियों पर तटबंध बने और इसके लिए विशेषज्ञों ने चीन में ह्वांग-हो और अमेरिका में मिस्सीसिप्पी नदी पर बने तटबंधों के सही ढंग से काम करने की नजीर दी और यथाशीघ्र कोशी पर तटबंध बनाने की सिफारिश की। तटबंध बन भी गए मगर जब 1963 में नेपाल में डलवा के पास यह तटबंध टूट गए तो विशेषज्ञ अपनी बात से साफ मुकर गए और कहा कि यह तो कोई भी नहीं कह सकता कि कोई तटबंध टूटेगा या नहीं, और कोशी के बारे में तो हरगिज नहीं। बाद के वर्षों में कोशी के तटबंध कम-से-कम पाँच बार टूटे। ये घटनाएँ 1968, 1971, 1980, 1984 और 1987 में हुईं और हर बार विशेषज्ञ लोगों ने दो-एक ओवरसियरों को निलंबित करके इन पर सफलतापूर्वक लीपापोती कर दी। नहरें तो इस मौसम में बेतरह टूटती हैं और उनका हिसाब रख पाना नामुमकिन है। ऐसी हालत में जहाँ आंध्र प्रदेश और तमिलनाडु के किसान पानी का इंतजार कर रहे होंगे उस समय बिहार या मध्य प्रदेश में नहरों की मरम्मत का टेण्डर निकल रहा होगा। सरकार को चाहिए कि नहर बनाने के पहले इन घटनाओं का संज्ञान ले।

दूसरी बात, सिंचाई की योजना बनाने का जो थम्बरूल है उसके हिसाब से 1 क्यूसेक पानी से 100 एकड़ सिंचाई को आधार माना जाता है। इस तरह से 50,000 क्यूसेक पानी से 50 लाख एकड़ (लगभग 20 लाख हेक्टेयर) क्षेत्र से ज्यादा पर सिंचाई सैद्धांतिक रूप से भी मुमकिन नहीं है, भले ही इतने पानी को बाँध में सुरक्षित ही क्यों न रख लिया जाए। जबकि इस योजना में 40 लाख हेक्टेयर जमीन सींचने की बात कही जाती है। यहाँ पर यह जरूरी होगा कि देश में चल रही आजादी के बाद बनी योजनाओं से नहरों में पानी के प्रवाह और उससे होने वाली सिंचाई का एक मूल्यांकन कर लिया जाए और उसी कसौटी पर गंगा-कावेरी लिंक को परख कर देखा जाए। केवल विशेषज्ञों के कह देने भर से इस देश में अगर सिंचाई हो गई होती तो आज गंगा-कावेरी को जोड़ने की जरूरत नहीं पड़ती।

इसके अलावा राष्ट्रीय वाटर ग्रिड का प्रचार कुछ इस तरीके से किया जा रहा है कि एक बार गंगा-कावेरी लिंक बन भर जाए तो देश में बाढ़ और सूखे की समस्या का हमेशा-हमेशा के लिए समाधान हो जाएगा। सच यह है कि देश में कुल 14 करोड़ हेक्टेयर जमीन पर खेती होती है जिसमें से मात्र 5.3 करोड़ हेक्टेयर जमीन पर सिंचाई उपलब्ध है। अगर यह मान भी लिया जाए कि गंगा-कावेरी लिंक से पूरे 40 लाख हेक्टेयर पर सिंचाई मिल ही जाएगी तो भी सिंचित क्षेत्र का रकबा बढ़ कर 5.7 करोड़ हेक्टेयर हो जाएगा जबकि 8.3 करोड़ हेक्टेयर जमीन पर अभी भी सिंचाई का इंतजार रहेगा। इस नहर से बाढ़-नियंत्रण के फायदों की चर्चा हम आगे करेंगे।

तीसरी बात, इन नहरों में भारी मात्रा में गाद जमा होगी जो कि नहर की

क्षमता को समय के साथ घटाएगी। सफाई के बाद यह गाद कहाँ रखी जाएगी, यह फैसला अभी से होना चाहिए। वैसे नहरों की सफाई करना अब एक उद्योग बन चुका है जहाँ निहित स्वार्थ वाले तत्त्व चाहते हैं कि नहर में गाद भरे ताकि वह उसकी सफाई कर सकें। फिलहाल यह कहा जा सकता है कि नहर में सिल्ट नहीं आएगी। हमारा सुझाव है कि इस निष्कर्ष पर पहुँचने के पहले एक बार कोशी और गंडक तथा इस तरह की तमाम नहरों का मूल्यांकन कर लिया जाए। इसके साथ ही अनुमान कितने सही साबित होते हैं उसकी झलक अभी कुछ दिनों पहले केंद्रीय जल आयोग द्वारा किए गए एक अध्ययन से जाहिर होता है। आयोग ने भारत में बने 65 बाँधों का अध्ययन कर के पाया कि इनमें से 44 बाँधों में गाद के जमाव की दर अनुमान से दो से पाँच गुना अधिक है और केवल आठ बाँधों में यह दर प्रारंभिक अनुमान के बराबर या कम रही है। बाकी तेरह बाँधों में यह दुगुने के आस-पास है।

चौथी बात, जल-जमाव अपने आप में बहुत ही संवेदनशीन मसला है जिसको प्रायः सभी प्रांतों में सिंचाई विभाग द्वारा दरकिनार करने की लंबी परंपरा है जो कि अंग्रेजों के जमाने से चली आ रही है। ब्रिटिश काल में (1873) पंजाब में एक रॉबर्ट ग्रीन कैनेडी नाम का इंजीनियर हुआ करता था जिसने प्रयोग कर के बताया कि नहर के हेडवर्क से जितना पानी छोड़ा जाता है उसका मात्र 28 प्रतिशत ही खेतों तक पहुँचता है बाकी अधिकांश जमीन में रिस कर जल-जमाव बढ़ाता है। उसने यह भी कहा कि अगर सरकार खेतों की सिंचाई का श्रेय लेती है और उसके लिए पैसा वसूल करती है तो उसका यह भी फर्ज बनता है कि वह जल-जमाव का दायित्व ले और किसानों को उनके नुकसान की भरपाई करे। बस, इतनी सी बात थी और कैनेडी का तबादला नहर से हटाकर अफगानिस्तान के लड़ाई के मैदानों में कर दिया गया। जल-जमाव पर कोई गंभीर काम होने की अभी भी कोई उम्मीद नहीं है। क्योंकि यह मसला राष्ट्रीय ग्रिड का है, अतः राष्ट्रीय स्तर पर इस ग्रिड का जल-निकासी पर क्या असर पड़ेगा इसकी जानकारी पहले से होनी चाहिए। जो कुछ अब तक हुआ है वह महज या तो खानापूरी हुई है या फिर कागजी घोड़े दौड़ाए गए हैं। उत्तर प्रदेश में सरयूपार के गंडक के कमान क्षेत्र में 2000 नलकूप लगाए जाने की योजना इसका एक ज्वलंत उदाहरण है। इसमें केवल 200 नलकूप लगे जिनके अब मजार ही जगह-जगह दिखाई पड़ते हैं। उसके बाद बाकी के 1800 नलकूप लगाने का कार्यक्रम छोड़ देना पड़ा। नहरी पानी के समेकित उपयोग (कंजक्टिव यूज) की जो वकालत इंजीनियर करते हैं या करेंगे उसकी वस्तुस्थिति यही है। शारदा नहरों के जल-जमाव ने विनाश की कितनी कहानियाँ लिखी हैं। गंडक और कोशी कमाण्ड में जल-जमाव अब लाइलाज हो गया है क्योंकि वहाँ इस काम के लिए राशि ही उपलब्ध नहीं है। इस अकर्मण्यता का एक छोटा-सा

कारण यह है कि जल-निकासी के काम में खर्च तो बहुत है मगर उससे वोट पैदा नहीं होते। वोटों का जन्म सबसे ज्यादा सिंचाई परियोजनाओं से होता है, फिर वह चाहे कितनी ही नकारा क्यों न हों।

बिहार में इस समय 9.42 लाख हेक्टेयर जमीन पर जल-जमाव है जिसके निदान के रूप में केवल योजनाएँ बनती हैं और घोषणाएँ जारी होती हैं। यह काम 1985 से गंडक और कोशी परियोजनाओं के फेज-1 की समाप्ति से अनवरत चल रहा है जबकि जमीन पर काम नदारद है। बिहार के साथ दिक्कत यह है कि यहाँ की अकर्मण्यता और संसाधनों का अभाव भी भ्रष्टाचार के खाते में चला जाता है। इसलिए न तो इन मुद्दों पर कभी बहस होती है, न ही राष्ट्रीय स्तर पर बिहार की समस्या को कोई गंभीरता से लेता है।

राष्ट्रीय वाटर ग्रिड का बिहार पर संभावित प्रभाव

पटना के पूरब से जिस गंगा-कावेरी लिंक नहर का प्रस्ताव किया जा रहा है उस नहर में गंगा का पानी ठेलने के दो तरीके हो सकते हैं। एक तो यह कि एक बराज बनाकर पानी के लेवेल को ऊपर उठाया जाए और फिर पानी को नहर में बहाया जाए। दूसरा तरीका यह हो सकता है कि लिंक-नहर इस प्रकार बनाई जाए कि गंगा में पानी का स्तर बढ़ने पर पानी अपने-आप लिंक-नहर में चला जाए। नहर की कार्यक्षमता सुनिश्चित करने के लिए बराज का निर्माण जरूरी होगा क्योंकि राष्ट्रीय महत्त्व की इस नहर को गंगा के बढ़ते-घटते लेवेल के सहारे छोड़ा नहीं जा सकता।

अगर इस बराज का निर्माण होता है तो बराज के प्रति-प्रवाह में यानी पश्चिम में, गंगा में मिलने वाली नदियों के प्रवाह में ठहराव आएगा जिसकी वजह से गंडक, घाघरा और सोन नदियों के क्षेत्रों में बाढ़ों की स्थिति निश्चित रूप से बिगड़ेगी जैसा कि महानंदा और कोशी के मामले में फरक्का बराज बन जाने के कारण हुआ है। गंगा के बढ़ते बाढ़ के लेवेल का नतीजा है कि भागलपुर, बाँका, साहेबगंज और गोड्डा जैसे जिलों को बाढ़ ने घर कर लिया है। साहेबगंज और गोड्डा तो अब झारखंड में चले गए हैं। लेकिन बाढ़ के नक्शे पर इन जिलों की मौजूदगी कम चौंकाने वाली नहीं है। इसके अलावा छपरा पहुँचने के पहले घाघरा और सोनपुर में गंगा से मिलने के पहले गंडक, सीवान, सारण और गोपालगंज को पहले से ज्यादा तबाह करेंगी। पश्चिमी चंपारण, पूर्वी चंपारण, मुजफ्फरपुर और वैशाली जिलों की भी यही स्थिति होगी। इस तरह सोन का पानी भोजपुर और पटना जिलों को तबाह करेगा।

पटना से पूरब बराज निर्माण की स्थिति में सैद्धांतिक रूप से बाढ़ की स्थिति में सुधार होना चाहिए क्योंकि गंगा से 60,000 क्यूसेक पानी गंगा-कावेरी लिंक नहर में ठेला जा चुका होगा। लेकिन बराज के संचालन में अगर कोई कोताही बरती जाती है और अगर इस नई गंगा बराज से पानी आकस्मिक रूप से छोड़ा

जाता है तो बराज के नीचे के जिलों में तबाही पहले से ज्यादा बढ़ेगी, भले ही 60,000 क्यूसेक पानी गंगा के प्रवाह से निकाल लिया गया हो। आज कई वर्षों से बिहार की जनता को नेताओं और मीडिया द्वारा यह बताया जा रहा है कि नेपाल पानी छोड़ता है जिसकी वजह से उत्तर बिहार में बाढ़ आती है। जबकि कमला, कोशी और गंडक बराजों के संचालन का पूरा का पूरा जिम्मा बिहार के जल-संसाधन विभाग के इंजीनियरों का है और यही लोग नदियों में पानी छोड़ते हैं। क्योंकि यह इंजीनियर बिहार सरकार से तनख्वाह पाते हैं, अतः बिना बिहार सरकार की मरजी, सहमति और आदेश के बिना यह काम नहीं कर सकते। गंगा पर प्रस्तावित पटना-बराज गैर-जिम्मेवार प्रशासनिक और इंजीनियरिंग तंत्र के हाथ में एक नया अस्त्र बन कर सामने आएगा जिससे वह निचले इलाके के लोगों को तबाह और बरबाद करेंगे। यह समय बताएगा कि इस हिमाकत की जिम्मेवारी किस पर डाली जाती है।

बाढ़ तो अब मध्य प्रदेश के लिए नई चीज नहीं रह गई है। पिछले दस वर्षों में वहाँ असंभव-सी लगने वाली जगहों, जैसे छतरपुर, भोपाल और होशंगाबाद में बाढ़ें आई हैं जिनसे जान-माल का भारी नुकसान हुआ है। यह जानना बड़ा रोचक होगा कि बरसात के महीने में मध्य प्रदेश 50,000 क्यूसेक का अतिरक्त प्रवाह अपनी जमीन पर स्वीकार करेगा?

अब रही सिंचाई की बात, तो 10,000 क्यूसेक वाले प्रवाह की एक नहर गंगा-कावेरी लिंक नहर से निकाली जाएगी जिससे दक्षिण बिहार तथा दक्षिण-पूर्वी उत्तर प्रदेश के कुछ हिस्सों में सिंचाई होगी, क्योंकि गंगा-कावेरी लिंक नहर का संचालन किसी भी हालत में दिसंबर तक रोक देना पड़ेगा इसलिए यह निश्चित है कि रब्बी के मौसम में इन इलाकों को पानी नहीं मिलेगा। पानी मिलेगा बरसात के मौसम में जबकि सिंचाई की जरूरत नहीं पड़ती। ज्यादा से ज्यादा यह मुमकिन हो सकता है कि अगर हथिया का पानी न बरसे तो किसानों को इस नहर से पानी मिले। मगर यह भी कितनी बार हुआ है कि हथिया में पानी नहीं बरसता और नहरों से भी सिंचाई नहीं मिली। बिहार में गंडक, कोशी और सोन नहरें हथिया का पानी नहीं बरसने पर कितनी फसल बचा पाती हैं, यह जानना बड़ा दिलचस्प होगा।

गंगा-कावेरी लिंक नहर के निर्माण से बिहार को दो फायदे निश्चित रूप से होंगे। एक तो यह कि इस नहर का हेड वर्क बिहार में होगा जिसकी वजह से बिहार राष्ट्रीय संदर्भ में अपनी बात मनवाने की स्थिति में आ जाएगा, क्योंकि बहुत से राज्यों को पानी की आपूर्ति बिहार से होगी। दूसरा फायदा यह होगा कि केंद्र सरकार के खर्चे पर यहाँ दक्षिण बिहार की जमीन की सिंचाई के लिए 10,000 क्यूसेक क्षमता की एक नहर मुफ्त में मिल जाएगी। इस नहर का कितना पानी

खेतों तक पहुँचेगा, वह एकदम अलग बात है। यह बात हमें इसलिए कहनी पड़ रही है क्योंकि जब वैशाली जिले में गंडक नहरों का 1970 के दशक में विस्तार हो रहा था तब उस जिले में नहरों के विस्तार के खिलाफ जबर्दस्त आंदोलन हुआ था। आंदोलनकारियों का कहना था कि गंडक नहरों में बरसात के मौसम में पानी छोड़ा जाएगा। इस तरह से जब पानी की जरूरत होगी तब पानी नहीं मिलेगा और जब बरसात में पहले से ही हालत खराब रहेगी तब नहरें और भी ज्यादा पानी लाएँगी। ये दोनों ही शंकाएँ सच साबित हुईं। मगर सरकार यह कहकर आंदोलन तोड़ने में सफल हो गई कि यह मान भी लिया जाए कि नहर से समस्याएँ पैदा होंगी तो भी इनके निर्माण में बहुत ज्यादा लोगों को रोजगार मिलेगा। कहा तो यहाँ तक गया था कि अगर नहरों से परेशानी होगी तो उन्हें ध्वस्त कर दिया जाएगा और इसमें भी रोजगार पैदा होगा। बस, इतना-सा आश्वासन था कि आंदोलन बिखर गया। अब वैशाली में गंडक-नहरें किसानों के गले में चक्की बन कर लटकी हुई हैं और उन्हें कोई पूछने वाला नहीं है।

ऐसा ही रोजगार का साधन 60,000 क्यूसेक क्षमता वाली मुख्य नहर के निर्माण में भी उपलब्ध होगा। इससे इंजीनियरों, ठेकेदारों और नेताओं के अपने निहित स्वार्थ होंगे और आम जनता की बेरोजगारी को भुना करके नहरों के पक्ष में जबर्दस्त माहौल तैयार किया जाएगा। यह दोनों प्रलोभन बिहार राज्य में गंगा-कावेरी लिंक के निर्माण में सहायक होंगे मगर इसका दीर्घकालीन परिणाम भी इसी राज्य को भोगना पड़ेगा जिस पर न तो अभी कोई चर्चा होगी और न होने दी जाएगी।

इसके अलावा जो एक और बात ध्यान देने योग्य है कि क्या वह राज्य जिन्हें बिहार के इस पानी से कोई फायदा पहुँचने वाला है बिहार को इस पानी की कोई रॉयल्टी या कोई शुल्क अदा करेंगे? क्या केंद्र सरकार इस तरह की कोई व्यवस्था करेगी कि बिहार को उसके पानी की वाजिब कीमत मिल सके जिससे वह उन क्षेत्रों में बाढ़-नियंत्रण के काम चला सके या राहत-सामग्री पहुँचा सके जो कि पटना जिले में बराज के निर्माण के कारण डूबेंगे।

वास्तव में यह समय भावनाओं में बहकर जय-जयकार करने का नहीं है, एक गंभीर आत्मचिंतन का है। फिलहाल तो होड़ यह लगी है कि किसकी सरकार इस योजना का शिलान्यास करके अपनी राजनीतिक रोटी सेंक पाती है। बाद में न तो नौ मन तेल होगा और न राधा नाचेगी। पंपों के माध्यम से 550 मीटर ऊँचा पानी उठाने की बात पर बहुत से इंजीनियर बगलें झाँकते हैं और दबी जबान में अनाम रहने की शर्त पर कहते हैं कि पानी जमीन की ढाल के अनुरूप अपने आप बहता तो ठीक था क्योंकि पंपिंग अव्यावहारिक है। वह यह भी कहते हैं कि सरकार उनसे उनका विचार नहीं माँगती, कम्प्लायेंस रिपोर्ट माँगती है, यानी आदेश का पालन हुआ या नहीं—यह पूछती है। इसमें बहस की कोई गुंजाइश ही नहीं है।

अगर हम देश में पानी की समस्या के प्रति सचमुच गंभीर हैं तो इस ग्रिड के तैयार होने के पहले हमें अब तक किए गए काम की समीक्षा करनी चाहिए। पिछले 10-15 वर्षों से यह कहा जाता रहा है कि पानी की बूँद पर उन्हीं लोगों का हक है जहाँ यह बूँद आसमान से गिरती है। राष्ट्रीय ग्रिड इस अवधारणा के एकदम विरुद्ध है और इस मान्यता की धज्जियाँ उड़ाएगी क्योंकि ग्रिड के संचालन के लिए एक मजबूत केंद्रीय व्यवस्था की वकालत पहले से ही की जा रही है। अब जलछाजन योजनाओं पर काम करने वाले समूहों और पंचायतों का क्या हश्र होगा यह तो भविष्य ही बताएगा। इसके पहले 'अधिक अन्न उपजाओ', 'विकास के मंदिर', 'हरित क्रांति', 'लघु-सिंचाई', 'वाटर हार्वेस्टिंग', 'जलछाजन' जैसे बहुत से अमल पढ़कर देख लिए गए हैं ताकि पानी की कमी के जिन्न को भगाया जा सके। यह सच है कि अन्न का उत्पादन बढ़ा है मगर इसमें सरकार और किसान के पुरुषार्थ का कितना-कितना हिस्सा है, इसकी भी समीक्षा होनी चाहिए। विस्थापन, पुनर्वास, मुआवजा, कानूनी लड़ाई, कर्ज का इंतजाम, उसका भुगतान, लागत की बढ़ोतरी, पंपों के संचालन के लिए 9000 मेगावाट बिजली और जवाबदेही इत्यादि मसले इन सब के ऊपर हैं। जवाबदेही एक ऐसा शब्द है जिसका राष्ट्रीय जलनीति 2002 में कहीं उल्लेख ही नहीं है। राष्ट्रीय नदी ग्रिड का बखान चारों ओर इस तरह से किया जा रहा है कि इससे देश में बाढ़ से लेकर अकाल तक सारी समस्याओं का समाधान हो जाएगा और चारों तरफ हरियाली छा जाएगी जबकि यह बहुत ही सीमित उपयोगिता वाली योजना होगी औरं गंगा का पानी कावेरी तक पहुँचेगा या नहीं इस पर भी मतभेद है, क्योंकि वर्ष के सात महीने इसका स्रोत सूखा रहेगा। ब्रह्मपुत्र-कावेरी विवाद की तैयारियाँ अंदर-अंदर चल रही हैं मगर इन सारे मुद्दों पर एक ईमानदार बहस होनी चाहिए इसके पहले कि राष्ट्रीय ग्रिड में हाथ लगे, क्योंकि इस बार दाँव पर प्रारंभिक अनुमान से ही 5,60,000 करोड़ रुपए लगेंगे।

बिहार का आर्थिक व सांस्कृतिक नवनिर्माण

❑ *शिवदयाल*

क्या विडंबना है कि पूँजीवादी उत्कर्ष के इस दौर में जबकि आर्थिक सुधारों के जरिए भारत ने भी भूमण्डलीकरण की प्रक्रिया में अपने को शामिल कर लिया है, जबकि एक विश्वग्राम (?) की परिकल्पना आकार ले रही है, देश में बहुराष्ट्रियों की बहार आई हुई है, और अन्य राज्यों में पूँजी निवेश की होड़ मची है, बिहार खुद अपना लहू चाट रहा है! लेकिन इस विडंबना का एक लाभ भी है कि विकास के प्रचलित मॉडल को, ढाँचे को बिहार ही चुनौती देने की स्थिति में है, इसका विकल्प प्रस्तुत कर सकने की संभावना है तो बिहार में ही।

देश में औद्योगीकरण का नेतृत्व जिन कुछ राज्यों ने किया बिहार उनमें से एक रहा है। औद्योगीकरण, खासकर आधारभूत उद्योगों की स्थापना उन्नीसवीं सदी के उत्तरार्द्ध से ही बिहार में शुरू हो गई थी। इनमें कोयला और इस्पात प्रमुख हैं। आजादी के बाद भी इन उद्योगों के लिहाज से बिहार ने देश का नेतृत्व किया। इसके अतिरिक्त बॉक्साइट, अभ्रक, यूरेनियम जैसी अनमोल खनिज संपदा भी बिहार में प्रचुर मात्रा में मौजूद रही है। बिहार में कुल मिलाकर साठ के दशक तक सब कुछ ठीक-ठाक चलता रहा। सत्तर के दशक में एक ओर महँगाई, बेरोजगारी, कुशिक्षा और भ्रष्टाचार के खिलाफ व्यापक आंदोलन हुए तो दूसरी ओर बिहार में क्षणजीवी राजनीति का दौर भी शुरू हुआ। कुछ अपवादों को छोड़ दें तो बिहार का मुख्यमंत्री दिल्ली तय करती रही है। बिहार में कांग्रेस की सरकारें प्रदेश के जायज हकों के लिए भी अपना मुँह खोलने की वकत नहीं रखती थीं। अस्सी के दशक से जहाँ दूसरे राज्यों में विकास दर बढ़ी, नए उद्योग लगे, वहीं कुछ दृष्टांतों को छोड़ बिहार के हाथ कुछ भी नहीं आया। इस बीच बिहार का नेतृत्व बिजली जैसे आधारभूत उद्योग के प्रति तो जैसे अंधता की हद तक उदासीन रहा। एक कहलगाँव परियोजना आई तो 'बिहारीपन' का इस कदर शिकार हुई कि एन.टी.पी.सी. को इसे पूरा करने में रेकार्ड विलंब हुआ। अभी भी शायद एन.टी.पी.सी.

के अयोग्य, और निकम्मे तकनीशियनों के लिए यह एक पनिशमेंट पोस्टिंग है। यही हाल तेनूघाट निगम का हुआ। जहाँ एक ओर नई परियोजनाएँ हाथ नहीं आईं वहीं जो कुछ हमारे पास पहले से था उसे भी सँभाल नहीं सके, नतीजतन बिजली उत्पादन के क्षेत्र में जहाँ हमारी स्थापित क्षमता गिरी वहीं संयंत्र भार क्षमता (पी.एल.एफ.) में भी हमारी दुर्गति हुई। फिलहाल देश का औसत पी.एल.एफ. 60 प्रतिशत है जबकि बिहार का पी.एल.एफ. 15 प्रतिशत के आसपास रहता है। लगभग 3000 मेगावाट की आवश्यकता के मुकाबले बमुश्किल 300-400 मेगावाट बिजली का उत्पादन हो रहा है। यह एक मान्य तथ्य है कि बिजली आधुनिक विकास की धुरी है और उसका पैमाना भी। अस्सी के दशक में ही हमारे पड़ोसी उत्तर प्रदेश के दक्षिणांचल में सोन की सहायक नदी रिहंद को बाँधकर देश का सबसे बड़ा जलाशय 'गोविंद बल्लभ पंत सागर' का निर्माण करके उसके चारों ओर बिजली संयंत्र स्थापित किए गए हैं। इन संयंत्रों की स्थापित क्षमता लगभग 9-10 हजार मेगावाट है और सिंगरौली कोयला खदानों से कोयला प्रचुरता से उपलब्ध है, वह भी सस्ती दर का। रिहन्द जलाशय के कारण हमें सोन में कम पानी मिलता है। हमारी वर्षों पुरानी सोन नहर-प्रणाली सूख रही है और भोजपुर क्षेत्र के किसान भारी संकट का सामना कर रहे हैं। इस समस्या पर आवाज भी उठाई गई और मामला केंद्र सरकार तक भी पहुँचा लेकिन परिणाम कुछ नहीं निकला। इस बीच बिहार की मुख्यमंत्री ने कदवन जलाशय (अब झारखंड में) का निर्माण शुरू करने की घोषणा की तो सोनभद्र जिले के लोग इसके खिलाफ गोलबंद होना शुरू हो गए। कारण कि इस जलाशय से जिले के कई गाँव डूब क्षेत्र में समा जाएँगे और सोनभद्र जिले के निवासियों को विस्थापन की एक और त्रासदी झेलनी होगी। हमारे इस राजनीतिक रूप से अत्यधिक संवेदनशील राज्य की एक विडंबना यह भी है कि किसानों के हकों के लिए यहाँ कोई जोरदार आंदोलन अभी भी एक सपना है। कभी-कभी कुछ सुगबुगाहटें होती भी हैं तो उनकी उम्र बहुत छोटी होती है। वैसे पिछले दिनों गया जिले के कुर्था के इब्राहिमपुर में मुहाने नदी की धारा रोकने के खिलाफ पूरे इलाके के हर वर्ग और जाति के किसान सत्याग्रह कर रहे थे। मुहाने फल्गु की सहायक नदी है। उदेरा सिंचाई परियोजना के लिए साठ के दशक में ही इस नदी का मुँह बंद कर दिया गया था। नोनई और मुहाने नदियों के पानी से उदेरा परियोजना के अंतर्गत नहर-प्रणालियों का जाल बिछाना था जो अबतक संभव नहीं हो सका। दूसरी ओर नदी का मुँह बंद होने से पूरा इलाका बाढ़ और सूखे की चपेट में आ गया। इसी तरह भोजपुर क्षेत्र के किसानों को हर वर्ष सस्ते दामों पर अनाज बेचने को विवश होना पड़ता है। उत्तर बिहार के किसानों की खून-पसीने की गाढ़ी कमाई हर वर्ष बाढ़ बहा ले जाती है। कुछ इलाकों में किसानों से रंगदारी टैक्स वसूलने के भी समाचार मिलते हैं, किंतु ये परिस्थितियाँ अंततः किसी व्यापक आंदोलन की तैयारी से नहीं जुड़ पातीं।

बिहार में सरकारी उद्यम या तो बैठ चुके हैं या बैठने को हैं। कर्मचारियों को सालों से वेतन नहीं मिला। कुछ केंद्रीय संस्थान चल रहे हैं, लेकिन उनकी स्थिति बहुत अच्छी नहीं, दूसरी ओर बिहार में निजी उद्यमियों के लिए कोई स्थिति ही नहीं है। टाटा जैसे महाबली ने भी टिस्को और टेल्को के नए संयंत्र तब के अविभाजित बिहार के बाहर स्थापित किए, ऐसे में आज बिहार में बिड़ला या रिलायंस या अन्य कोई उद्योग समूह इन परिस्थितियों में यहाँ विनियोग करने का जोखिम क्यों ले? एक डालमिया नगर भी कभी हुआ करता था, अब गुजरे जमाने की दास्तान है। जिस अवशेष बिहार को औद्योगिक रूप से बंजर मानकर आहें भरी जाती हैं, वहीं साठ, बल्कि सत्तर के दशक तक उद्योगों की संतोषजनक उपस्थिति थी। छपरा के निकट मढ़ौरा जैसी छोटी-सी जगह भी औद्योगिक रूप से समृद्ध थी। वास्तव में दक्षिण बिहार (अब झारखंड) में स्थापित खनिज आधारित भारी उद्योगों के मुकाबले उत्तर बिहार (आज के बिहार) में कृषि आधारित उद्योगों, यथा चीनी, जूट, वस्त्र, कागज तथा अन्य कृषि-प्रोसेसिंग इकाइयों की जीवंत उपस्थिति थी। इसके अतिरिक्त कुटीर उद्योगों की अच्छी-खासी संख्या थी। यही कारण है कि बिहार साठ के दशक तक देश का एक प्रमुख औद्योगिक क्षेत्र था, लेकिन तीन दशकों के अंदर इसे एक रुग्ण राज्य घोषित कर दिया गया। इसके चलते बिहार में घरेलू उत्पादन, रोजगार व निवेश के क्षेत्रों में विषम स्थिति पैदा हुई है।

कुल मिलाकर जो स्थिति है वह यह है कि पिछले 18-20 सालों में नाममात्र की परियोजनाएँ मिली हैं। जो मिलीं वे विलंबित रही हैं–कभी वे राजनीतिज्ञों व सरकारी मशीनरी का चरागाह बन गईं तो कभी पर्यावरण और विस्थापन जैसे मुद्दों पर जनविरोध का शिकार। बिहार की अपनी कुछ परियोजनाएँ दृष्टिहीन नियोजन का भी शिकार रही हैं। जैसे मुजफ्फरपुर की बिजली परियोजना। इन बातों के अतिरिक्त पहले से जो उद्योग का वातावरण था उसमें लगातार ह्रास ही हुआ। लघु उद्योगों में भी उत्साह-हीनता रही। कभी उनके साथ बाजार की समस्या रही तो कभी सामाजिक-राजनीतिक वातावरण प्रतिकूल साबित हुआ, और सरकार तो बराबर उदासीन ही रही। फतुहा में सन् 1977 में इंडस्ट्रियल इस्टेट बनाया गया था। वहाँ अब नाम मात्र को कुछ बच गया हो तो कहा नहीं जा सकता। राज्य में नियोजन की क्या हालत है यह राज्य के प्लानिंग बोर्ड या योजना पार्षद की स्थिति से स्पष्ट हो जाता है। राज्य में योजनाएँ बनाने वाली यह शीर्ष संस्था शक्तिहीनता के गर्त में सालों से गिरी हुई है। लोगों को शायद यह गुमान ही न हो कि ऐसी कोई संस्था का कागज पर ही सही, अस्तित्व है।

बिहार की एक खास पहचान बिहार के स्टेशनों से खुलने वाली लंबी दूरी की रेलगाड़ियों में सवार मैले-कुचैले मजदूर बनाते हैं–बिहारी मजदूर, जो दिल्ली, पंजाब और आसाम से लेकर कोलकाता, मुंबई और गुजरात तक रोजगार की तलाश में

जाते हैं। पिछले दसेक वर्षों में इनकी तादाद बहुत बढ़ी है। मुख्यतः ये ग्रामीण परिवेश के श्रमजीवी हैं जिनके लिए खेती के सहारे पेट पालना असंभव हो गया है। इन मजदूरों का पलायन बिहार के कृषि जगत का हाल बयान करता है। बिहार का आम खेतिहर अपने में इस कदर उलझा हुआ है कि वह कृषि के भूमंडलीकरण और बीजों-फसलों से संबंधित पेटेंट नियमों से प्रायः अनभिज्ञ है। यह बहुत खतरनाक स्थिति है। बिहार के कम्युनिस्ट या सोशलिस्ट भूमि आंदोलन अभी तक बिहार में किसानों की तकदीर बदलने में नाकामयाब रहे हैं। खेती अबतक अनुत्पादक पेशा है और लोग इसे परंपरा द्वारा मजबूरी में गले लगाते हैं। दूसरी ओर सरकारों की भूमि-सुधारों में कोई दिलचस्पी नहीं रही है क्योंकि इस समस्या के कई राजनीतिक आयाम हैं। भूमि-सुधार ऐसा कोई मामला नहीं है जिसमें स्वैच्छिक स्तर पर बहुत कुछ कर पाने की गुंजाइश हो। यह भी दुर्भाग्य ही है कि बिहार में हुए भूमि आंदोलनों में से कोई अबतक मंजिल तक नहीं पहुँचा। वह या तो रास्ते में बिखर गया, दम तोड़ गया या उसे अपने लक्ष्यों की ठीक-ठीक जानकारी नहीं थी। यहाँ तक कि बोधगया आंदोलन की ऐतिहासिक सफलता से भी आस-पास के इलाकों में शांतिमय भूमि-संघर्षों की कोई कड़ी जोड़ने में कामयाबी नहीं मिली। यह एक विचारणीय मुद्दा है जिस पर गहन विमर्श होना चाहिए। अभी तो बिहार में जहाँ-तहाँ चल रहे कम्युनिस्ट आंदोलन एक ओर तो आपसी घात-प्रतिघात झेल रहे हैं, दूसरी ओर सामंती-नवसामंती तत्त्वों की एकजुटता से नरसंहारों का सिलसिला-सा बन पड़ा है जो पहले रूपसपुर फिर बेलछी से शुरू हुआ और जाने कहाँ खत्म होगा। इन लड़ाइयों में मोटे तौर पर किसानी तो बर्बाद हुई ही, सबसे ज्यादा नुकसान मध्यम और छोटे किसानों का हुआ। जातीय कारक इन संघर्षों को और जटिल और दुरूह बना देते हैं। दोनों पक्ष एक-दूसरे के अंत के लिए आमादा हैं लेकिन अंत किसी का नहीं दीख पड़ता। कोई बीच का रास्ता भी हो सकता है या नहीं, यहाँ तक विचार करना असंभव हो चला है। सरकार की अगर कुछ चिंता है तो सिर्फ इतनी कि नरसंहार नहीं हो।

आजादी के पचास सालों में आखिर क्यों बिहार में भूमि-सुधार लागू नहीं किया जा सका? मान लिया जाए कि पूर्ववर्ती सरकारों में भू-सामंतों का वर्चस्व था और सरकारें भी स्थिर नहीं थीं लेकिन पिछले बारह वर्षों में प्रदेश में कमोबेश एक स्थिर सरकार है जिसमें पिछड़ी जातियों और दबी-कुचली जमातों की सशक्त उपस्थिति है। आखिर वे कौन सी मजबूरियाँ हैं? मंडलवाद के उफान के दौर में एक समय ऐसा लगा था कि बिहार में सामंतवाद के दिन गिने-चुने हैं लेकिन बाद में सामंतशाही को चुनौती देने वाली जमातों ने ही सामंतों का एक नया वर्ग बना लिया। नवसामंतों का यह वर्ग अपने प्रतियोगियों (पूर्वकालीनों) से भी ज्यादा रूढ़ और नृशंस साबित हुआ, अपने यथास्थितिवादी आग्रहों में ये और भी संवेदनहीन निकले—चाहे वह

जातीय आग्रहों का मामला हो या जमीन के मसले हों। नतीजतन सामाजिक दूरियाँ बढ़ीं, निचले तबकों के अंदर भी ताकत पाने वाले सामाजिक समूह अपने को नए ढंग से व्यापक परिवर्तन के लिए प्रयुक्त नहीं कर सके—वे बस सत्ता की राजनीति के बनते-बिगड़ते समीकरणों की बलि चढ़ते रहे, और बिहार ने नवजागरण का ऐतिहासिक अवसर गँवा दिया।

बिहार के लिए असल चुनौती झारखंड के गठन के बाद आई है। छोटानागपुर के जाते रहने के बाद बिहार में अर्थव्यवस्था के नाम पर सिर्फ कृषि बची रह गई है जिस पर जनसंख्या का भारी बोझ है। मध्य और उत्तरी बिहार में उद्योग के नाम पर लगभग कुछ भी नहीं है, न ही इन क्षेत्रों में औद्योगिक विकास के लिए कोई अधिसंरचना है। जबकि सबसे बड़ी मुश्किल यह है कि बिहार की जो ज्वलंत समस्याएँ हैं, वे मध्य व उत्तरी बिहार में ही ज्यादा हैं—चाहे वह उग्रवाद हो, भू-संबंधों में तनाव हो या सामाजिक-आर्थिक पिछड़ापन। झारखंड के गठन के पश्चात् बचे हुए बिहार में सामाजिक-आर्थिक विकास कितना कठिन है इससे इसका अंदाजा लगाया जा सकता है। वैसे अभी हाल में रोहतास, कैमूर और जमुई जिले में सोना सहित कुछ महत्त्वपूर्ण खनिज संपदा का पता चला है जिससे बिहार में खनन उद्योग की संभावना बनी है। यदि सीमेंट उद्योग को संरक्षण मिले, साथ ही जूट और चीनी उद्योग का पुनरुद्धार किया जा सके तो बिहार में एक सशक्त औद्योगिक परिदृश्य बन सकता है। दूसरी ओर सहकारी क्षेत्र में 'सुधा' जैसी संस्था ने स्पृहणीय पहचान बना ली है, अंतर्राष्ट्रीय मानकता वाले अपने दुग्ध उत्पादनों को लेकर। कुटीर उद्योग तो बिहार ही नहीं, देश को भी नई राह दिखा सकते हैं। पटना का बेकरी उद्योग एक मिसाल है जिसके उत्पाद अंतर्राष्ट्रीय बाजार में अपनी पहुँच बना चुके हैं। कृषि आधारित कुटीर व ग्रामोद्योग बिहार का कायाकल्प कर सकते हैं यदि सुस्पष्ट व प्रभावी नीतियाँ बनाकर इसके लिए सघन प्रयास किए जाएँ।

क्या बिहार के आर्थिक पुनर्निर्माण की प्रक्रिया एक स्वायत्त या एकांगी प्रक्रिया है? शायद नहीं। इसके लिए एक सांस्कृतिक और नैतिक आधार की भी जरूरत होगी। बिहार का मानस टूटा हुआ है, मनोबल गिरा हुआ है। जिसे कहते हैं, अपना होश नहीं रहना, यह हाल है बिहार का। बिहार को नए रास्ते पर ले चलने के लिए उसे नया विश्वास, भरोसा दिलाना होगा, नए ढंग से संकल्पबद्ध करना होगा—एक ऐसा स्फुरण भरना होगा कि वह जागे, अपने को जाने, देशकाल को पहचाने, अपने गौरवपूर्ण अतीत को याद करे कि भारत का हजार वर्ष का इतिहास बिहार का, पाटलिपुत्र का इतिहास रहा है। यहीं जरूरत आन पड़ती है सांस्कृतिक नवजागरण की, पुनर्निर्माण की। अभी बिहार की सामाजिक-सांस्कृतिक पहचान क्या है? आज बिहार नरसंहारों, अँखफोड़वा कांडों, लूट, अपहरण, बलात्कार, ट्रेन लूट, रंगदारी टैक्स और निजी सेनाओं के लिए जाना जाता है। यह पहचान बदलना आसान नहीं होगा लेकिन आर्थिक और

सांस्कृतिक पुनर्निर्माण की प्रक्रियाएँ साथ-साथ चलनी हैं। लेकिन सवाल यह है कि पुनर्निर्माण की इस मुहिम में लीड कौन लेगा? नेतृत्व कौन करेगा?

यह माना जा सकता है कि मोटे तौर पर बिहार में गैर-कांग्रेसी सरकारों का नेतृत्व जनाधार वाले नेताओं ने किया है। उसमें भी कांग्रेसी राज की अमरबेली नेतृत्व के बरअक्स जनाधार की राजनीति दरअसल नब्बे में ही शुरू हुई। नब्बे के दशक यानी पिछली सदी के सीमांत में बिहार में नेतृत्व की सर्वथा नई परिभाषा गढ़ी गई और पहचान बनाई गई। नेतृत्व का मान्य सिद्धांत अब तक यही था कि नेतृत्व अपने लक्षित समूह या वर्ग के साथ एक जीवंत रिश्ता तो कायम करे लेकिन उस समूह के साथ उसका पूर्ण विलीनीकरण नहीं हो जाए। वह हमेशा भीड़ से अलग दिखे और लोगों को उसके जैसा बनने और करने को प्रेरित करे, जिज्ञासा जगाए। ठीक उल्टा हुआ बिहार में। अपने लक्षित समूह के साथ पहचान करने की कोशिश में नेता ने वह भाषा अपनाई जो भीड़ की थी, उसने वह व्यवहार प्रतिमान स्थापित किए जो उनके लोगों का रोजनामचे का व्यवहार था। व्यवहार के परिष्कार की संभावना खत्म हो गई क्योंकि उसकी जरूरत ही न रही। नेतृत्व की इस नयी शैली ने लक्षित समूहों को अपने साथ पहचान और एकरूप होने का भाव तो दिया लेकिन अनुकरण के लिए आदर्श न उपस्थित कर सका। हालाँकि इसका इस्तेमाल सिनेमा और टीवी माध्यमों में खूब किया गया। और तब जानबूझकर बिहार की छवि खराब करने की शिकायत की गई। इसमें कोई शक नहीं कि शोषित-वंचित और बेआवाज तबकों के तनकर खड़े होने में, उन्हें उग्र और आक्रामक तेवर देने में, एक नयी सत्ता-संस्कृति के निर्माण में इस नेतृत्व की ऐतिहासिक भूमिका रही। लेकिन धीरे-धीरे यह स्पष्ट होता गया कि सत्ता के आगे इसका दृष्टि-विस्तार नहीं है। यद्यपि इस नेतृत्व को बिहार में सामाजिक न्याय की शक्तियों को संगठित करने का श्रेय जाता है, साथ ही इसने राजनीतिक विवशताओं के तहत ही सही, सांप्रदायिकता के झंझावातों से प्रदेश को भरसक बचाए रखकर एक मिसाल कायम की। अभी तो एक महिला मुख्यमंत्री के हाथों में शासन की बागडोर है लेकिन इस नेतृत्व को बिहार की तकदीर बदलने के उपक्रमों में किस प्रकार एक लोकतांत्रिक प्रक्रिया के तहत साझीदार बनाया जा सकता है, इस पर विचार करना होगा। शोचनीय स्थिति यह है कि जो विकल्प मौजूद हैं वे निराशा ही जगाते हैं।

बिहार की सड़कें भी खूब चर्चा में रही हैं हालाँकि विगत दसेक वर्षों में सबसे ज्यादा काम इसी क्षेत्र में दिखाई देता है। इस महाद्वीप में पहली बार लंबी सड़कों का निर्माण करने वाले महान मौर्यों के इस बिहार और उनकी राजधानी पाटलिपुत्र में आज सड़कों की बदहाली शायद केंद्र सरकार की महत्त्वाकांक्षी 'स्वर्णिम चतुर्भुज' परियोजना से जुड़ कर बहुत हद तक दूर हो। लेकिन जिस पाटलिपुत्र के सौंदर्य की तुलना रोम और पेरिस से की जाती थी, आज उस पाटलिपुत्र में बागों-फुलवारियों

की चमक और महक नहीं, पॉलीथिन की उड़ती पन्नियाँ, खुले हुएं मैन होल, गर्दों-गुबार और सड़कों पर बहते पेशाब की बदबू है। कभी इसी पटना में सड़कों की नियमित मरम्मत की जाती थी, अहले सुबह सफाई की जाती थी, नालियों की सफाई करके मच्छररोधी दवाओं का छिड़काव किया जाता था, सरकारी भवनों की देख-रेख की जाती थी, और हाँ, बागों में माली चमक और रंग भरते थे। जाने वो दिन कहाँ फना हो गए। ऐसे ही एक पुराने पुस्तकालय गेट पब्लिक लाइब्रेरी के साथ जिस बर्बरता के साथ पेश आया गया वह एक सभ्य और प्रगतिकामी समाज में नहीं हो सकता। किताबें-फर्नीचर सब सड़क पर फेंक दिए गए। बेशकीमती पुस्तकें बर्बाद हो गईं या साहब लोगों की अलमारियों में कैद हो गईं। कहीं कोई हो-हंगामा नहीं मचा। बुद्धिजीवी समुदाय में इस कुकृत्य के प्रगतिवादी औचित्य पर बहस होती रही। यह एक दृष्टांत है जो बहुत कुछ बयान करता है। यह भी कि शिक्षा के साथ इस प्रदेश में क्या कुछ हुआ होगा। जो कुछ हुआ है उसकी भरपाई में बहुत समय लगेगा। कुछ कोशिशें शुरू हुई हैं जो आशा जगाने वाली हैं।

शिक्षा संस्कृति का महत्त्वपूर्ण घटक है। यह एक तथ्ये है कि पिछले डेढ़-दो दशकों में वंचित समूहों में जो राजनीतिक चेतना विकसित हुई है उसका विस्तार शिक्षा के क्षेत्र में भी स्पष्टतः दिखाई देता है। साक्षरता आंदोलनों ने इसमें उत्प्रेरक का काम किया है। अब शोषित-वंचित समूहों में पढ़ने की, जानने की, समझने की भूख जगी है। यह एक अभूतपूर्व स्थिति है इस प्रदेश के लिए, और इस मायने में यह युगान्तरकारी दौर है जो आने वाले दिनों में समाज और सत्ता के प्रतिष्ठानों पर अपनी अमिट छाप छोड़ेगा। शिक्षा के क्षेत्र में स्वैच्छिक पहलों की एक शृंखला-सी दीख पड़ती है जिसने स्थानीय स्तर पर न सिर्फ समुदाय, बल्कि परिवेश और पर्यावरण को भी अपने में आवेष्टित किया है। शासन पर भी इसका दबाव स्पष्टतः परिलक्षित होता है। स्पीड (राज्य प्रारंभिक शिक्षा विकास कार्यक्रम) जैसी सरकारी संस्था ने प्रारंभिक शिक्षा में गुणात्मक सुधार के लिए सघन अभियान छेड़ा है, इसका राज्य की प्रारम्भिक एवं माध्यमिक शिक्षा पर दूरगामी प्रभाव होगा। इन प्रयासों से निश्चय ही एक अभिनव सांस्कृतिक परिवेश की आधारभूमि तैयार हो रही है। काश कि इसकी परिणति आत्मनिर्भर, स्थानिक, समुदाय केंद्रित विकास के उपादानों के निर्माण में हो पाती जो स्थानीय जरूरतों, संसाधनों और प्रतिभा के सुमेल से तैयार होते और प्रचलित बाजारवादी विकास का एक विश्वसनीय विकल्प प्रस्तुत किया जा सकता।

बिहार के जनजीवन में सिर्फ हिंसा नहीं, नृशंसता और बेरहमी भी घर कर गई है। सड़क पर चलते कोई कुछ नहीं बोलता। चलती ट्रेनों से लड़कियाँ उतार ली जाती हैं। शिक्षकों को भीड़ नंगा करके शहर भर घुमाती है। कोई कुछ नहीं बोलता। एक नपुंसक तटस्थता ने इस प्रदेश को जैसे दबोच लिया है। उच्च न्यायालय

तक यह मान चुका है कि बिहार में कानून का शासन नहीं चलता। समाज विभाजित है, आर्थिक प्रक्रिया ठप्प है। लेकिन जीवन के हर पक्ष में क्षुद्र राजनीति का जहर घुला है। बिहार में एक ही चीज की खेती हो रही है—एक ही फसल लहलहा रही है—राजनीति की फसल। इस राजनीति की कोई मर्यादा नहीं, कोई मूल्य नहीं। इस फसल के लिए कोई भी कीमत चुकाने की तत्परता दिखाई देती है—क्या समाज, क्या देश और क्या मनुष्यता। अब तो लगता है पंचायती राज के माध्यम से सुशासन का सपना भी इस सर्वग्रासी राजनीति का निवाला बनने को है।

कुल मिलाकर जो स्थिति है उसमें बिहार के उद्धार के लिए नेतृत्व का मामला हमेशा महत्त्वपूर्ण व ज्वलंत बना रहेगा। बिहार को आगे देखने वाला दृष्टिसंपन्न और चरित्रवान नेतृत्व चाहिए, चाहे वो व्यक्ति हो या समूह। एक ऐसा गत्यात्मक नेतृत्व जिसका एकमात्र अभीष्ट सत्ता नहीं हो—स्वयं बिहार हो। लेकिन इस दिशा में पहलकदमी की जिम्मेदारी बिहार की स्थिति के लिए वास्तव में चिंतित और व्यग्र ऐसे सेंद्रिय जनकर्म समूहों की होगी जो जमीनी स्तर पर वैकल्पिक नेतृत्व-निर्माण के लिए प्रयासरत रहेंगे। ये समूह व्यापक बदलाव के लिए क्षेत्रवार विकास का मॉडल भी पेश कर सकने में समर्थ होंगे जिसमें तथाकथित 'विकास' के विनाशकारी संदर्भों को निरस्त किया जा सकेगा। बिहार बदहाल है लेकिन यह बिहार ही है—अभी भी, जहाँ से नई संभावनाओं के द्वार खुलते हैं।

बिहार के आर्थिक-सांस्कृतिक पुनर्निर्माण के लिए तत्काल निम्नलिखित उपाय किए जा सकते हैं :–

1. कानून-व्यवस्था की स्थिति सुदृढ़ की जाए, राजकाज में राजनीतिक हस्तक्षेप बंद हों।
2. विकास कार्यक्रम जहाँ तक हो सके पंचायत के स्तर से निर्धारित किए जाएँ और पैसा खर्च करने के लिए शासन के निचले स्तरों को सक्षम बनाया जाए। पंचायतों की सामाजिक भूमिका को भी प्रभावी बनाया जाए।
3. क्षेत्रवार आवश्यकताओं व उपलब्ध संसाधनों के हिसाब से उद्योग स्थापित करने की संभावनाओं का पता लगाया जाए।
4. बिजली उत्पादन को सर्वोच्च प्राथमिकता मिले। नई तापीय और पनबिजली इकाइयों/परियोजनाओं का प्रारूप बने। पहले से चालू इकाइयों का रीनोवेशन किया जाए। स्थापित क्षमता हर हाल में बढ़ाई जाए। बिजली उद्योग को नौकरशाही से मुक्त कराया जाए।
5. प्राथमिकता के आधार पर राज्य भर में सड़कें बनवाने व मरम्मत कराने का प्रयास किया जाए। ऐसी व्यवस्था हो कि सड़कों की नियमित देखभाल हो।

6. भूमि-सुधार कार्यक्रम नए सिरे से बनाए जाएँ। चकबंदी जैसे कार्यक्रम समाप्त करने के फैसले की समीक्षा की जाए। खेती को उत्पादक बनाने एवं कृषि उपज को बाजार उपलब्ध कराने की पुख्ता व्यवस्था हो।
7. एक मद का पैसा दूसरे मद में स्थानांतरित न किया जाए। जैसे पी. डब्लू.डी. का पैसा सिंचाई में खर्च न हो। प्राथमिकता वाले कामों के लिए अलग से निधि हो और इसके लिए केंद्र सरकार पर दबाव बनाया जाए। राजस्व वृद्धि के लिए सतत प्रयास होते रहें।
8. पुरानी नहर-प्रणालियों को पुनर्जीवित करने के अतिरिक्त नई उपादेय, पर्यावरण सक्षम बायबल सिंचाई प्रणालियाँ बनाई जाएँ। वाल्मी (WALMI) जैसे केंद्रों का प्रसार हो और उन पर खेती के उन्नत तरीके उपलब्ध कराने का दायित्व हो।
9. भूमि-संघर्षों को रोकने के लिए कारगर उपाय किए जाएँ। न्यूनतम मजदूरी कानून सख्ती से लागू कराया जाए। साथ ही अलग-अलग क्षेत्रों में खेती की उत्पादकता के हिसाब से पेइंग कैपेसिटी पर भी विचार किया जाए। दोनों पक्षों के बीच संवाद की जमीन तलाश की जाए।
10. ग्रामीण बेकारी दूर करने के ठोस कार्यक्रम बनें, कुटीर उद्योगों को सरकार द्वारा प्रोत्साहन व संरक्षण मिले।
11. राज्य प्लानिंग बोर्ड का पुनर्गठन किया जाए और उसे पर्याप्त साधन व शक्ति प्रदान करके राज्य में शीर्ष नीति-निर्धारक समन्वयक संस्था बनाया जाए।
12. साक्षरता कार्यक्रमों को विकास कार्यक्रमों से जोड़कर व्यापक आधार प्रदान किया जाए।
13. बजट में शिक्षा के लिए ज्यादा निधि की व्यवस्था हो। प्राथमिक शिक्षा को दूरगामी उद्देश्यों को ध्यान में रखकर नए सिरे से संगठित किया जाए। स्कूलों में पठन-पाठन का माहौल हो और प्राथमिक शिक्षकों को उनके गृह जिले में ही तैनात किया जाए। उच्च शिक्षा में वित्तरहित एवं वित्तसहित शिक्षा के बीच का द्वन्द्व समाप्त किया जाए। उच्च और तकनीकी शिक्षा में गुणवत्ता सुनिश्चित की जाए। नए वैज्ञानिक एवं प्रौद्योगिकी शिक्षा केंद्र स्थापित किए जाएँ। इसे निवेश के क्षेत्र के रूप में प्रोत्साहन मिले।
14. पंचायत स्तर पर सार्वजनिक पुस्तकालयों की व्यवस्था हो, कम-से-कम प्रखण्ड स्तर पर तो हो ही। राज्य भर के पुस्तकालयों को शासन का पर्याप्त संरक्षण मिले।
15. स्थानीय निकायों, नगर-निगमों, नगरपालिका जैसी संस्थाओं का पुनरुद्धार

करके उन्हें पर्याप्त शक्ति प्रदान की जाए। कर्मियों को नियमित वेतन सुनिश्चित किया जाए। यह बाकी सरकारी कर्मचारियों के लिए भी हो।

16. बड़े शहरों के आस-पास के कस्बों का नियंत्रित एवं नियोजित ढंग से विकास हो। जैसे पटना के पास परसा बाजार, पुनपुन, फतुहा आदि।

17. शहरों में अतिक्रमण को हर हाल में हतोत्साहित किया जाए। शहरों को स्वच्छ-सुंदर रखने के लिए स्थायी समितियाँ बनें, जिसमें शासन और नागरिक पक्ष के लोग हों। एक व्यापक शहरी विकास नीति बने।

उपरोक्त उपायों के लिए शासन पर यदि जन-दबाव बनाया जा सके तो यह बिहार के नव-निर्माण के लिए प्रस्थान बिंदु हो सकता है।

❑❑

पुस्तक के प्रतिभागी लेखक

1. **श्री किशन पटनायक** प्रख्यात समाजवादी नेता एवं अग्रणी चिंतक हैं। भारत में समाजवादी आंदोलन के पुरोधा व्यक्तित्व। पचास के दशक से ही सार्वजनिक जीवन में, सबसे कम उम्र के लोकसभा सदस्य। जयप्रकाश नारायण के बाद लोकतंत्र और समाजवाद के संभवतः सबसे प्रखर और समर्थ व्याख्याकार व विचारक। विशिष्ट किंतु सहज वक्तृत्व शैली के धनी, सामर्थ्यवान लेखक व संपादक। समाज, संस्कृति, राजनीति व अर्थतंत्र पर विपुल लेखन। 'सामयिक वार्त्ता' के संपादक। पिछले दिनों 'विकल्पहीन नहीं है दुनिया' नामक पुस्तक बहुत चर्चित हुई। संप्रति समाजवादी जन परिषद के राष्ट्रीय अध्यक्ष।
   संपर्क–VIM, 467 प्रथम तल, शैलश्री विहार, भुवनेश्वर-751021
2. **श्री सच्चिदानंद सिन्हा** सुविख्यात लेखक और समाजवादी विचारक हैं। विगत चालीस वर्षों में आंतरिक उपनिवेश, राष्ट्रवाद, समाजवाद, उपभोक्तावाद, शहरीकरण तथा संस्कृति जैसे महत्त्वपूर्ण विषयों पर इनका मौलिक योगदान है। कला, साहित्य, राजनीति, मानवशास्त्र और विज्ञान की अनेक शाखाओं-प्रशाखाओं के प्रामाणिक अध्येता व विद्वान हैं। प्रमुख पुस्तकें हैं–द इंटरनल कॉलोनी, केओस एण्ड क्रिएशन, द एडवेंचर्स ऑफ लिबर्टी, समाजवाद के बढ़ते चरण, भारतीय राष्ट्रीयता और सांप्रदायिकता, मानव सभ्यता और राष्ट्र-राज्य, नक्सली आंदोलन का वैचारिक संकट तथा संस्कृति विमर्श।
   संपर्क–ग्राम+पोस्ट–मनिका, जिला-मुजफ्फरपुर (बिहार)
3. **श्री ईश्वरी प्रसाद** सुख्यात अर्थशास्त्री तथा राजनीतिक अर्थशास्त्र के प्रामाणिक विद्वान हैं। गाँधीवादी-समाजवादी विकेंद्रित अर्थतंत्र के वैचारिक धरातल को पुष्ट करने में विगत तीन दशकों से सक्रिय हैं।

सामाजिक-आर्थिक-राजनीतिक विषयों पर अविराम लेखन। जवाहरलाल नेहरू विश्वविद्यालय के पूर्व प्राध्यापक।

संपर्क–103, ओम अपार्टमेंट्स, न्यू चित्रगुप्त नगर, कंकड़बाग, पटना-800020।

4. **डॉ. महेन्द्र नारायण कर्ण** अपनी पीढ़ी के महत्त्वपूर्ण समाजशास्त्री हैं। सामाजिक गत्यात्मकता, जनांदोलन एवं विकास के सूक्ष्म अवलोकनकर्ता, अध्येता और आधिकारिक विद्वान। सन् 1965 से 1980 तक पटना विश्वविद्यालय के बी.एन. कॉलेज में समाजशास्त्र के अध्यापक रहे। सन् 1980 से पूर्वोत्तर पर्वतीय विश्वविद्यालय (नेहु), शिलांग में अध्यापक। सन् 1991 से 1994 तक अनुग्रह नारायण समाज अध्ययन संस्थान के निदेशक रहे। किसान आंदोलन, विकास का समाजशास्त्र, राष्ट्र और राष्ट्रीयता जैसे विषयों पर शोध-कार्य, कई पुस्तकें प्रकाशित।

   संपर्क–अपराजिता अपार्टमेंट्स, बहादुरपुर हाउसिंग कॉलोनी (एच.आई.जी.), कंकड़बाग, पटना-800020।

5. **डॉ. हेतुकर झा** सुख्यात समाजशास्त्री हैं। पिछले तीन दशकों से अधिक समय से बिहार की सांस्कृतिक एवं आर्थिक स्थिति पर शोध-कार्य कर रहे हैं। लगभग 60 शोध-पत्र एवं एक दर्जन से अधिक शोध-ग्रंथों का प्रकाशन हो चुका है। वर्ष 2002 में इनकी पुस्तकें–Man in Indian Tradition : Vidyapati's Discourse on Purush, Perspectives on Indian Society and History–a critique, तथा Mithila in the 19th Century : Aina-e-Tirhut, प्रकाशित हुई हैं। संप्रति पटना विश्वविद्यालय के स्नातकोत्तर समाजशास्त्र विभाग के आचार्य एवं विभागाध्यक्ष के पद पर कार्यरत।

   संपर्क–ओ-17, आशियाना नगर, पटना-800025।

6. **श्री अरविंद मोहन** की गिनती प्रखर व मूल्यबद्ध पत्रकारों में होती है। कुमारबाग (प. चंपारण), मोतिहारी, जमशेदपुर और दिल्ली में पढ़ाई करने वाले अरविंद मोहन चौहत्तर आंदोलन के समय से सक्रिय हुए, तबसे ये अनेक राजनीतिक-सामाजिक संगठनों से जुड़े रहे हैं। पत्रकारिता में पहले जनसत्ता तथा बाद में हिंदी इंडिया टुडे से जुड़े रहने के बाद अभी हिंदुस्तान (दिल्ली) में सहायक संपादक हैं। प्रवासी बिहारी मजदूरों पर 'प्रवासी मजदूरों की पीड़ा' पुस्तक लिखने के साथ कई अन्य किताबों के लेखक और अनुवादक भी हैं। अभी-अभी उन्होंने पत्रकारिता पर एक किताब लिखी है जो सामयिक प्रकाशन से आ रही है।

संपर्क–सहायक संपादक, दैनिक हिंदुस्तान, 12-14, कस्तूरबा गाँधी मार्ग, नई दिल्ली-110001।

7. **प्रो. विनय कुमार कंठ** पेशे से पटना विश्वविद्यालय के बी.एन. कॉलेज में गणित के प्राध्यापक हैं, किंतु एक शिक्षाशास्त्री के रूप में इनकी ख्याति है। लगभग ढाई दशकों से शिक्षा के क्षेत्र में नवीन प्रयोगों एवं स्थापनाओं को लेकर निरंतर सक्रिय हैं। ईस्ट एण्ड वेस्ट एडुकेशनल सोसायटी के संस्थापक प्रो. कंठ वर्तमान में ग्रामीण एवं वंचित बच्चों के लिए बेला (नेऊरा), पटना में एक शिक्षा केंद्र चला रहे हैं, साथ ही पर्यावरण शिक्षा के लिए पाठ्यक्रम बनाने और पर्यावरण शिक्षा का एक केंद्र–'प्रतिवेश' चलाने का श्रेय भी इन्हें प्राप्त है। बच्चों एवं शिक्षकों के लिए दो पत्रिकाओं–'झिलमिल जुगनू' और 'ज्ञान विज्ञान' का संपादन भी कर रहे हैं।
संपर्क–ईस्ट एण्ड वेस्ट एडुकेशनल सोसायटी, आर.के.एवेन्यू (नाला रोड), पटना-800004।

8. **डॉ. योगेंद्र** टी.एन.बी. कॉलेज, भागलपुर में हिंदी के प्राध्यापक हैं। अनेक सामाजिक-सांस्कृतिक-राजनीतिक संगठनों से जुड़े रहे डॉ. योगेंद्र अपनी पुस्तक 'गुरु कुम्हार शिष कुंभ' से चर्चा में आए। बाद में इन्होंने 'गंगा को अविरल बहने दो' नामक पुस्तक का संपादन भी किया। इसके अतिरिक्त 'माध्यम', 'समिधा' एवं 'सृष्टि' जैसी लघु पत्रिकाओं का भी संपादन किया। आपको पत्रकारिता के अतिरिक्त सन् 1988-96 तक माध्यमिक स्कूल में अध्यापन का भी अनुभव प्राप्त है। वर्तमान में शिक्षा और साहित्य के क्षेत्र में सक्रिय।
संपर्क–व्याख्याता, हिंदी विभाग, टी.एन.बी. कॉलेज, भागलपुर।

9. **श्री के.के. सिन्हा** जाने माने अर्थशास्त्री, गाँधीवादी विचारक एवं पंचायत विशेषज्ञ हैं। बिहार में संपूर्ण क्रांति आंदोलन से सक्रिय रूप से जुड़े रहे, साथ ही सिटीजेंस फॉर डेमोक्रेसी (बिहार) के सचिव तथा गाँधी विचार परिषद के संयोजक रहे। इन्होंने विवेकानंद केंद्र, कन्याकुमारी के शिक्षा सेल के सदस्य के रूप में भी काम किया। समाज विज्ञान संस्थान (ISS), दिल्ली के बिहार पंचायत योजना के समन्वयक व यू.जी.सी. के एमेरिटस प्रोफेसर भी रहे। कॉमर्स कॉलेज, पटना के स्नातकोत्तर अर्थशास्त्र विभाग के अध्यक्ष पद से सेवानिवृत्त हुए। 100 से अधिक शोध-पत्र प्रकाशित। हाल ही में 'समाज विज्ञान अनुसंधान परिषद', दिल्ली द्वारा इनके शोध-प्रकल्प–'पंचायतों की संभावना (बिहार के संदर्भ में)' पर फेलोशिप प्रदान किया गया है। संप्रति निदेशक, त्यागी शोध केंद्र, बिहार पंचायत परिषद के रूप में कार्यरत।

संपर्क–28, चित्रगुप्त नगर, कंकड़बाग, पटना-800020।

10. **श्री च. अ. प्रियदर्शी** सन् 1974 में बिहार आंदोलन में सक्रिय हुए और तबसे इनकी एक जुझारू जनकर्मी के रूप में ख्याति है। जे. पी. द्वारा संस्थापित छात्र-युवा संघर्ष वाहिनी के नेता-कार्यकर्त्ता के रूप में बोधगया भूमि आंदोलन में नेतृत्वकारी भूमिका। कितने ही सामाजिक-राजनीतिक आंदोलनों से जुड़ाव। बिहार के विकास के मुद्दे पर संगोष्ठियों की शृंखला चलाई। सामाजिक-आर्थिक और राजनीतिक विषयों पर लेखन भी। वर्तमान में जनमुक्ति संघर्ष वाहिनी से संबद्ध।
संपर्क–एल-164, रोड नं-23, श्रीकृष्ण नगर, पटना-800001।

11. **डॉ. जगदीश प्रसाद** कृषि अर्थशास्त्र के आधिकारिक विद्वान हैं। विगत 28 वर्षों से अनुग्रह नारायण सिन्हा समाज अध्ययन संस्थान से संबद्ध देश के प्रथम अर्थशास्त्री जिन्होंने कृषि विपणन पर 12 खंडों में विश्वकोश तैयार किया है। अब तक कई पुस्तकें और शतकाधिक शोध-पत्र प्रकाशित। बिहार के विकास की समस्या पर लगातार शोध एवं लेखन कार्य किया तथा कई सेमिनार आयोजित करवाए। 'दि बिहार जर्नल ऑफ एग्रीकल्चर मार्केटिंग' एवं 'दि बिहार इकोनॉमिक जर्नल' का संपादन। महत्त्वपूर्ण पुस्तकें हैं—मार्केटेबुल सरप्लस एण्ड मार्केट परफॉरमेंस, न्यू इकोनॉमिक पॉलिसी : रिफॉर्म्स एण्ड डेवलपपेंट, एक्सपोर्ट पोटेन्शियल ऑफ इंडियन एग्रीकल्चर : बिहार पर्स्पेक्टिव एण्ड इश्यूज, इत्यादि।
संपर्क–अनुग्रह नारायण सिन्हा समाज अध्ययन संस्थान, उत्तर पश्चिमी गाँधी मैदान, पटना।

12. **प्रो. प्रभाकर सिन्हा** भीमराव अंबेदकर बिहार विश्वविद्यालय के अंग्रेजी विभाग के अवकाशप्राप्त प्रोफेसर और सुविख्यात मानवाधिकार कार्यकर्त्ता हैं। विगत दो-ढाई दशकों से मानवाधिकार आंदोलन खड़ा करने की दिशा में सक्रिय और समर्पित। मानवाधिकार की दृष्टि से अत्यंत संवेदनशील बिहार-झारखंड में कितनी ही लोमहर्षक घटनाओं की 'ऑन दि स्पॉट' जाँच और अध्ययन। अनेकों लेख, रिपोर्टें, पुस्तक-पुस्तिकाएँ प्रकाशित। संप्रति लोक स्वातंत्र्य संगठन (पी.यू.सी.एल.) के राष्ट्रीय उपाध्यक्ष।
संपर्क–नेपाली कोठी, क्लब रोड, मुजफ्फरपुर-842002।

13. **श्री दिनेश कुमार मिश्र** पेशे से सिविल इंजीनियर हैं और राष्ट्रीय-अंतर्राष्ट्रीय स्तर पर मान्य एवं प्रतिष्ठित बाढ़ एवं जल-प्रबंधन विशेषज्ञ हैं। देश-विदेश में अनेकों राष्ट्रीय-अंतर्राष्ट्रीय सेमिनारों-सम्मेलनों में भाग लिया। नदियों, जल-स्रोतों के अध्ययन के लिए दुर्गम यात्राएँ कीं। पत्र-पत्रिकाओं

में अनेकों लेख और कई पुस्तकें प्रकाशित। 'बाढ़ मुक्ति अभियान' से संबद्ध हैं और बाढ़-प्रभावित इलाकों में जन-संगठन का काम भी करते हैं। प्रमुख पुस्तकें हैं–बाढ़ से त्रस्त सिंचाई से पस्त, कोशी : उम्र कैद से सजा-ए-मौत तक, बंदिनी महानंदा, बोया पेड़ बबूल का, Living with the politics of Floods, तथा दो पाटन के बीच में (शीघ्र प्रकाश्य)।

संपर्क–सी-7, वाटिका ग्रीन सिटी, पो-एम.जी.एम.सी., डिमना रोड, जमशेदपुर-831018।

14. **श्री शिवदयाल** हिंदी की नई पीढ़ी के लेखक-कथाकारों में विशिष्ट पहचान रखते हैं। सन् '74 के बिहार आंदोलन और उसके अनंतर निकली धाराओं से गहरा जुड़ाव। सन् '85 से 2001 तक उत्तर प्रदेश के अनपरा तापीय परियोजना (उ.प्र.रा. विद्युत उत्पादन निगम), सोनभद्र में कल्याण अधिकारी के पद पर कार्यरत रहे। उपन्यास 'छिनते पल-छिन' तथा 'खबर', 'खटराग', 'समझौता', 'मुन्ना बैंड वाले उस्ताद', आदि कहानियाँ काफी चर्चित रहीं। सत्तर के दशक और उसके बाद के कालखण्ड की पृष्ठभूमि पर परिवर्तनकामी युवाओं के जीवन को केंद्र में रखकर दूसरा उपन्यास लिख रहे हैं। वंचित बच्चों के लिए ककहरा लिखा, बाल पत्रिका एवं शैक्षिक पत्रिका तथा कुछ पुस्तकों का संपादन भी किया। संप्रति स्वतंत्र लेखन।

संपर्क–101, अनंत विकास अपार्टमेंट्स, वेद नगर, रुकनपुरा, बेली रोड, पटना-800014।